これからの公共政策学

4 政策と地域

佐野亘・山谷清志 監修

焦従勉・藤井誠一郎 編著

ミネルヴァ書房

刊行のことば

　公共政策（public policy）を対象とする研究は，政策科学（Policy Sciences）に
その起源を持つ。20世紀半ばのアメリカで行動科学やシステム論の影響を受け
て誕生した政策科学は，日本でも1970年代に関心を集め，1980年代から2000年
代にかけて各地の大学が政策系の学部・大学院を設置した。その際，さまざま
な研究分野から政策を「科学的」かつ「学際的（multi-disciplinary）」に考察す
る領域であるため，「政策科学」や「総合政策」の名称を選択することが多
かった。そうした政策科学，総合政策の研究が制度化され，「学」としての可
能性に期待が寄せられた中で，研究は2つの方向に分かれていった。

　1つは長い歴史を持つ，経済政策，金融政策，中小企業政策，教育政策，福祉
政策，農業政策，環境政策，外交政策などの個別分野の政策研究を踏襲した方向
で，経済学部，商学部，教育学部，社会福祉学部，農学部，法学部などの伝統的
な学部の中で成長した。また科学技術政策，政府開発援助（ODA）政策，都市防
災政策，ＩＴ政策，観光政策，スポーツ政策など，社会の要請に対応して生まれ
た政策領域の研究もある。さらにグローバルな喫緊課題として，宇宙政策の構築，
自然災害対策，外国人労働者対応，サイバー社会の倫理対策，「働き方改革」の
課題など，公共政策研究者が考えるべき対象は増え続けている。

　2つめの研究方向は，政策過程（policy process）とそれを分析する方法に着
目した研究である。この研究は政策分野を横断して，政策形成，政策決定，政
策実施，政策修正，政策評価，政策終了など，政策の各ステージを見ている。
政治学と行政学が主に取り組んできた分野であるが，公共事業分野ではすでに
1960年代に政策を費用便益，費用対効果の視点で事前分析する取り組みが行わ
れている。また教育分野では教育政策の形成的評価・総括的評価方式が1970年
代より成果を残してきた。さらに，政策の事前分析と予算編成の実務を結合す

i

る試みも見られ，1960年代〜1970年代初めにかけて国際的に流行した。PPBS（Planning Programming Budgeting System）と呼ばれた方式である。2003年の経済財政諮問会議の提言を受けて，これとよく似た事前評価方式を日本では再度採用した。21世紀にはいってからは政策過程をたどる方法として「ロジック・モデル」が政策実務で使用され，このロジックを支えるエビデンスを入手するために科学的な手法ばかりでなく，実務の現場に参加して観察する方法，そしてオーラル・ヒストリーの方法も使われるようになった。以上の研究方向の特徴は，政策の背景にある規範や思想，その規範をめぐる政治，市民や行政機関など政策に関与する者の責任，政策過程で使う情報，政策活動の現場の「地域」などを見てアプローチするところにある。

　ところで，公共政策の研究はアカデミズムの中だけにとどまらず，実務でも行われた。例えば行政改革会議，いわゆる「橋本行革」の最終報告（1997年）を受けた中央省庁等改革基本法（1998年）は，中央省庁に政策評価の導入を求め，それが政策評価の法律「行政機関における政策の評価に関する法律（2001年）」に結実し，評価を通じた政策研究志向が中央省庁内部で高まった。他方，政策に直接には関わらない制度の改変だと思われていた「地方分権推進法（1995年）」は，地方自治体が政策研究に覚醒するきっかけになった。多くの知事や市町村長が「地方自治体は中央省庁の政策の下請機関ではない」「地方自治体は政策の面で自立するべきだ」と主張したからであった。この改革派の首長たちが意識したのが地方自治体の政策責任（policy responsibility）であり，またその責任を果たすツールとして政策評価が注目された。そこで地方自治体の公務員研修では，初任者や課長などさまざまな職位を対象とした政策形成講座，政策評価講座が流行した。研修の講師はシンクタンク研究員や大学教員の他に，市民の目線に立つ NPO・NGO のスタッフが担当する機会も増え，政策ワークショップを通じた協働の場面が多く見られた。これはまさに時代の要請であった。

　アカデミズムの側もこうした改革と同じ時代精神を共有し，それが例えば日本公共政策学会の設立につながった（1996年）。日本公共政策学会は，その設立趣旨において，当時の日本社会が直面していた問題関心をとりあげて，グロー

バルな思考，学際性と相互関連性，新たな哲学や価値を模索する「理念の検証」，過去の経験に学ぶ「歴史の検証」を重視すると謳っている。「パブリックのための学」としての公共政策学なのである。

　さて，新シリーズ「これからの公共政策学」は，こうした日本公共政策学会の理念，そして前回のシリーズ「BASIC 公共政策学」が目指した基本方針を踏襲している。すなわち高度公共人材の養成，その教育プログラムの質保証への配慮，実践の「現場」への視点，理論知・実践知・経験知からなる政策知に通暁した政策専門家の育成などである。ただし，今回はこれらに加えその後の社会の変化を反映した新しいチャレンジを試みた。それが新シリーズ各巻のタイトルであり，例えば，政策と市民，政策と地域，政策と情報などである。とりわけ政策人材の育成は重要なテーマであり，その背景には改正公職選挙法（2016年6月施行）もあった。選挙年齢が18歳に引き下げられて以来，公共政策教育が高校や大学の初年次教育でも必要になると思われるが，これは新シリーズが意識している重要な課題である。

　もっとも，ここに注意すべき点がある。公共政策の研究は1970年代，インターネットやパーソナル・コンピューターが存在しなかったときに始まった。しかし，21世紀の今，政策情報をめぐる環境は劇的に変化した。世界各地の情報が容易に入手できるようになったため，公共政策研究はおおいに発展した。ただその一方でソーシャル・ネットワーキング・サービス（SNS）を通じてフェイク・ニュースが氾濫し，それに踊らされた悪しきポピュリズムが跋扈するようになっている。

　公共政策学の研究と教育によって，人びとに政策の負の側面を示して，回避し克服する手がかりを提供したい，それによって高度公共人材を養成したい。これが「これからの公共政策学」シリーズ執筆者全員の願いである。

2020年2月

佐野　亘・山谷清志

は し が き

　本書は「政策」が作用する現場となる「地域」という関係性を念頭に置いて論じた，7人の執筆者による共同作業である。国内・海外の地域にそれぞれ異なる問題を抱え，多種多様な政策課題が存在するが，地域問題の解決にほかの地域での経験と教訓を活かすことが有効であり，公共政策学の理論と実践両方において多くの事例研究を必要としている。執筆者それぞれの政策分野の実践の「現場」への視点，理論知・実践知・経験知からなる政策知を模索し，本書は現時点で切り取ってみせた国内・海外の政策の成功あるいは失敗の事例集でもある。

　本書は日本国内事例6つ，海外（EUと中国）事例2つを取り上げた。当初の企画では，国内事例6つ，海外事例6つ（米国2つ，EU2つ，中国2つ）の予定だったが，さまざまな事情によって4つの海外事例を割愛することになった。今後機会があればもっと多くの海外事例を紹介したいと思うが，読者の皆さんにもぜひ本書の補足として，各自で調べてほしい。国内・海外の地域政策比較によって，日本は海外から学ぶことがたくさんあるし，日本から世界に発信することもたくさんある。

　本書は防災政策，消防行政，医療政策，多文化共生政策，町並み保存政策，現業職場の委託化政策，エネルギー政策，地域のグリーン成長と生態系保全政策などの個別分野の政策研究の様相を呈している。しかしそれにとどまらず，個別の政策分野を横断して，政策学習・政策波及・地域間協力などに着目した研究でもある。公共政策学における「in」の知識と「of」の知識両方の蓄積を目指している。

　執筆者それぞれ専門も政策分野も異なるが，全員が共通しているのはフィールド調査を大事にしているところである。第1章の神戸市真陽地区の防災計画

制度の研究では，執筆者が阪神淡路大震災，東日本大震災など多くの災害現場に頻繁に足を運んだ。第6章の八王子市での清掃事業を事例とした公共サービスのあり方をめぐる研究においては，その前提として，執筆者は清掃作業員の仕事を理解するため実際に約1年間，東京都新宿区での清掃作業を体験している。第8章の怒江ダム建設をめぐる政策転換の研究では，執筆者がダム建設予定地の現場視察，北京のNGO・昆明のNGOへのインタビュー調査を継続的に実施した。

　本書はさまざまな分野の政策を扱っているため，どの章から読みはじめても特に問題がない。まず読者自身の関心分野から読んでいただいて，そのうえで，ほかの章にも理解する努力をお願いしたいと思う。それによって，自分の関心分野に関する理解がより深まることができ，地域課題のさまざまな側面をより広く理解することができる。

　「これからの公共政策学」シリーズへの参加を誘って頂いたのは，10数年前から編者のひとり（焦）が関西公共政策研究会事務局および日本公共政策学会関西支部事務局を務めているときから，ほぼ毎回出席している同志社大学政策学部の山谷清志教授である。また，もうひとりの編者（藤井）は大学院時代から山谷教授の指導を受け続けている。本書は先生のご期待に適うものとなったかどうかについてすこし不安が残るが，当時まだ研究者の卵だった筆者たちは，『政策と地域』の編集にかかわり，学生や政策現場で実務についている方たちにすこしでも役に立つ知識を提供することができたらと願っている。

　また，執筆者全員の研究にさまざまなアドバイスしていただいた先生方，いつも無条件に協力していただいている家族に深く感謝する。最後に，編集でお世話になったミネルヴァ書房の石原匠氏・島村真佐利氏に，心よりお礼申し上げたい。

2020年2月

焦　従勉・藤井誠一郎

政策と地域

目　次

地域の持続可能性と政策

1　地域問題の多様性

所変われば問題が変わる

　筆者は在外研究の機会を得て今はアメリカに滞在している。日本より遥かに広い国土面積を有し，地形も気候も人種構成も大きく異なる 50 の州にはそれぞれの地域問題がある。例えば，西海岸のカリフォルニア州は環境問題に積極的に取り組み，2013年にブラウン元知事は中国政府といくつかの覚え書き（memoranda of understanding）を合意し，気候変動問題に関して協力することを確認した。それ以後もカリフォルニア州はグリーンテクノロジー，電気自動車および二酸化炭素取引市場分野で中国との協力を確実に続けている。さらにブラウン元知事はトランプ大統領がパリ協定を離脱すると宣言した数日後に，北京で習近平国家主席と気候変動について会談し，両者間の継続的な協力を宣言した。2018年12月に，カリフォルニア州は GCAS（Global Climate Action Summit）を開催し，非国家セクターの積極的な参加を呼びかけ，トランプ政権に強いメッセージを送り，気候変動問題に関して国際社会でリーダーシップを発揮しようとしている（Pike, 2018）。また，カリフォルニア州では毎年山火事が発生し，被害の深刻さが注目され，大きな政策問題となっている。

　対照的に東海岸のニューヨーク市は世界一ごみの多い都市であり，年間 1 万4000トンのごみを出している。このごみの量はあまりにも膨大なため，ごみ収集は 2 つのシステムに分けられている。公共システムは住宅，公共機関および非営利組織の建物から出るごみを収集し，ニューヨーク市衛生局（New York's Department of Sanitation, DSNY）によって運営されている。ニューヨーク市衛生

局は世界最大のごみ処理組織であり，1年間の予算は15億ドルに上り，小さい国の予算よりも多い。残りのごみは民間システムによって収集される。2つのシステムを合わせてニューヨーク市1年間のごみ収集と処理費用は23億ドルになっている（2012年データ）（Cohen・Martinez・Schroder，2015）。埋め立て地と焼却施設をまったく保有しないニューヨーク市にとってごみ削減は大きな政策課題となっている。また，ニューヨーク市は老朽化した公共交通システムなど多くの問題を抱えている。

日本の地域問題

一方，日本の地域問題はアメリカと大きく異なり，人口減少によって2040年には全国約1700市区町村の半分の存続が難しくなると予測されている。農山漁村・山間地など過疎化地域では深刻な少子高齢化問題を抱え，さらに空き家問題，農業の後継者不足，地場産業の衰退など問題に直面している。都市部においては，東京都一極集中，若者の貧困，保育所不足，格差拡大など問題を抱えている。また，地域それぞれ具体的な課題は異なるが，防災，医療，消防，国際化など共通の問題に悩まされ，地域持続可能性の実現が重要な政策課題である。

2　地域の持続可能性

3つの "e" とは

地域の持続可能性（sustainability）とは，3つの "e"，すなわち，economy（経済），ecology（環境）と equity（社会的公正）を意味する。まず経済に関して地域単位で考える場合には，財政的な赤字が膨大になると自治体が破綻するので持続不可能になる。次に環境に関しては生態系が破壊されると地域住民の生活に深刻な影響をもたらす。最後に社会的公正に関しては，社会の中で大きな格差がなく，深刻な対立もなく，調和がとれている社会を意味する。地域の持続可能性を実現するには経済，環境と社会的公正の3つの側面においてすべて

達成することが必要である。

持続可能な発展（S D）

　持続可能性の概念が最初に出てきたのは，1987年国連のブルントラント委員会（World Commission on Environment and Development, WCED）においてである。ブルントラント委員会は「地球の未来を守るために（Our Common Future）」という報告書をまとめ，その中で，貧困問題を克服するためには開発が必要であり，環境保全も必要であると説き，この両立を目指すために持続可能な発展（sustainable development, SD）という概念を打ち出した。

　1992年，ブラジルのリオ・デ・ジャネイロで開催された地球サミット（Earth Summit）において，持続可能な発展を実現することが明記された。以降，この概念が多くの国・地域で浸透することになる。持続可能な発展を地球規模で考える場合には，国際社会全体が努力することが不可欠である。例えば，地球温暖化問題を解決するため，先進国も発展途上国も参加することが大事である。

　それぞれの地域問題を考える場合は，ローカルな観点が必要になってくる。「Think Globally, Act Locally」などのスローガンをはじめ，持続可能な発展を地域で実現するためには地域ごとに政府，企業，市民が一緒に学習し，行動していくことが必要である。そのプロセスの中で地域からの行動が強調され，それぞれの地域でアジェンダ 21 の設定が進められるようになった。1990年代にはまずヨーロッパからそれぞれの地域のローカルアジェンダ 21 が設定され，環境を守っていくという動きが出てきた。日本もいくつかの地域でローカルアジェンダ 21 が設定されたが，ヨーロッパほどの成果が出ていないのが実情である。

持続可能な開発目標（SDGs）

　2015年 9 月に国連総会で「我々の世界を変革する：持続可能な開発のための2030 アジェンダ（Sustainable Development Goals, SDGs）」が採択された。持続可

図序 - 1　持続可能な開発目標の 17 の目標
出所：国連広報センター資料

能な開発目標は，経済発展，環境保全と社会的包摂の三側面に統合的対応を求める 17 のゴールと 169 のターゲットで構成される（図序 - 1）。また，「誰も置き去りにしないこと」を中心概念とし，貧困に終止符を打ち，不平等と闘い，気候変動をはじめとする環境問題に対処するための取り組みを進めることを求めている。持続可能な開発目標は，すべての国々に対し，人々の生活基盤の向上を追求しながら，地球システムの境界の中での行動を求めている。その前提は，貧困や飢餓に終止符を打つために経済発展を促進する一方，教育や健康，社会的保護，雇用機会といった基本的人権を確保するための幅広い社会的なニーズに取り組みつつ，気候変動対策や環境保護を図る戦略が必要だという認識である（松下，2019）。

　2016年1月に持続可能な開発目標が発効され，世界は持続可能な社会の実現に向けて大きく舵をきった。「パートナーシップ」による社会的課題の解決が最も重要であるとし，企業も市民も課題達成のための実行が求められている。

持続可能な開発目標と地球システムの限界
　イギリスの経済学者ケイト・ラワースは，持続可能な開発目標が示す基本的

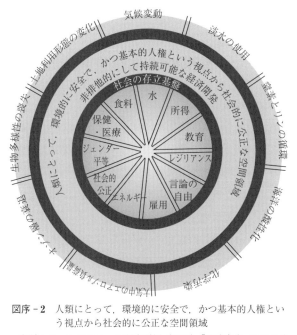

図序 - 2　人類にとって，環境的に安全で，かつ基本的人権とい
う視点から社会的に公正な空間領域
出所：ワールドウォッチ研究所編（2016）『地球白書 2013-14』
p. 29

人権という視点からの「社会の存立基盤の向上」と，ロックストロームが提示
した「地球システムの境界」の間には，ドーナッツ型の空間領域があり，これ
を「人類にとって，環境的に安全で，かつ基本的人権という視点から社会的に
公正な空間領域」として示した（図序 - 2）。ちなみにロックストロームらによ
れば，彼らが設定した 8 つの地球システムの境界のうち，すでに 3 つ（気候変
動，窒素とリンの循環，生物多様性の喪失）を超えてしまっているという。

　持続可能な開発目標が示す新たなビジョンは，基本的人権に基づく社会的基
盤の向上と地球システムの境界の中で，貧困に終止符を打ち，自然資源の利用
を持続可能な範囲にとどめ，環境に安全で，かつ基本的人権という視点から社
会的に公正な空間領域で，地球上のすべての人々が例外なくその幸福（wellbe-
ing）の持続可能な向上が図られる社会と定義できる（松下，2019）。地球システ

ムの制約の中で，持続可能な地域発展を実現するための政策が求められている。

3　政策がもたらす効果

自治体間の相互参照の重要性

持続可能な地域発展を実現するためにはどのような政策が有効なのか。この節では具体的な事例紹介を通して，政策学習・政策波及および地域間連携が持続可能な社会の実現にもたらす効果について考える。

政策学習とは，同様な政策問題に直面した他国での政策およびその社会的帰結について考察し，政策形成を行うことである。あるいは，過去の経験や新しい情報に対応して，政策の目標もしくは手段を修正する試みなどが含まれる。

政策波及とは，新しい有効な政策が自治体の間に広がっていく現象である。自治体が政策決定に際して，他の自治体の動向を参考にする行動は相互参照と呼ばれている。政策波及が起きる原因は，多くの自治体が共通の政策課題に直面することに加えて，自治体間で相互参照が行われ，他の自治体の動向を判断材料とした意思決定がなされるからだといえる。次に菜の花プロジェクトの事例を通して具体的に考える。

琵琶湖の水質汚染

菜の花プロジェクトとは，菜の花の栽培を通して地域の資源を地域で循環させ，農業を再生させ，地域を再生させようという取り組みである。このプロジェクトのスタートは，琵琶湖の水質汚染の問題からだった。1970年代，琵琶湖に大規模な赤潮やアオコが発生した。その結果，琵琶湖の水は魚が腐ったような匂いを発生し，生活に大きな悪影響が出てきた。

琵琶湖の水質改善に向けて，まず主婦たちが立ち上がった。赤潮発生の原因を色々調べたところ，「富栄養化」ということがわかってきた。「富栄養化」とは，水の中で窒素とかリンといった栄養塩が過剰に増えることである。この富栄養化が進むと，プランクトンの増殖が盛んになり，水質が悪化してしまう。

当時栄養塩の中で，特に窒素とリンが富栄養化の指標として使われた。

　洗濯用の合成洗剤の中に含まれているリンが，琵琶湖の水質汚染につながる原因になるとわかると，滋賀県の主婦たちが中心になって，「合成洗剤に代えてリンを含まない粉せっけんを使おう」という粉石鹸運動を展開した。主婦が動き出すと行政も動きだした。当時の武村知事は，琵琶湖を守るという公共福祉の目的から，合成洗剤規制の条例化を取り込んだ。

　こうして「琵琶湖の富栄養化の防止に関する条例」が1979年に滋賀県議会で満場一致で可決された。石鹸洗剤工業会は猛烈な反対運動を展開したが，市民と行政の協力によって条例は1980年7月1日に実施された。

　住民と行政の協働が大きな成果を出したという経験は，滋賀県にとって大きな意味をもつことになり，それ以後環境分野にかぎらず，滋賀県がさまざまな分野で先駆的な取り組みを進めるきっかけになった。

新たな政策課題

　1990年代に入ると滋賀県においては新たな政策問題が発生した。「せっけん運動」と並行して1970年代から「家庭から出る廃食油を回収してせっけんへリサイクルする運動」がはじまり，せっけん運動と連動して県下に広がった。

　住民・消費者団体・市町村などの協力を得て，てんぷらを揚げたあとの油など家庭から出る廃食油を回収して粉せっけんが生産された。そのための拠点の数が増え，廃食油回収の取り組みは滋賀県下各地に広がりはじめた。

　しかし，「琵琶湖条例」に対抗して洗剤メーカーが「無リン合成洗剤」の販売をはじめる中で，一時は7割を超えたせっけんの使用率が急速に低下してしまった。一方で廃食油の回収量は増大していく。せっけんが使われないと廃食油のせっけんへのリサイクルは「循環サイクル」を維持できないという深刻な問題が出てきた。

政策学習

　廃食油を資源として有効活用するためには，せっけんへのリサイクルとは別

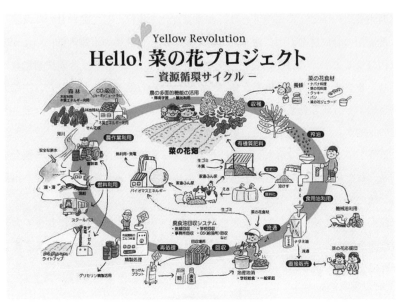

図序-3　菜の花プロジェクト
出所：菜の花プロジェクトネットワークＨＰ

　の廃食油の新しいリサイクルの仕組みをつくりだすことが大きな課題になった。その中で滋賀県の市民団体はドイツの「ナタネ油プログラム」を知ることになり，環境先進国ドイツからの政策学習につながった。

　ドイツでは1970年代のオイル・ショックを教訓として資源枯渇が考えられる化石燃料に頼らない，しかも温室効果の高いCO_2を抑える化石代替エネルギーとしてナタネ油の燃料化計画を強力に進めていた。資源作物としてのナタネに注目し休閑地を利用して，食料としてのナタネではなく，エネルギーを生み出すためのナタネ栽培を進めていた。ナタネからの燃料化は，菜の花から搾ったナタネ油をエステル転換して，油の粘度を下げることにより，軽油の代わりになる燃料，バイオ・ディーゼル・フューエル（BDF）をつくることだった。

　ドイツにおける取り組みから，「エネルギーの自立に農業がかかわっている」ということがわかり，滋賀県の市民団体は菜の花プロジェクトをスタートした

（図序 - 3）。

　まず，転作田に菜の花を植え，ナタネを収穫し搾油してナタネ油をつくる。そのナタネ油は家庭での料理や学校給食に使い，搾油時に出た油かすは肥料や飼料として使う。また，試行錯誤しながら，専門家の協力を得て廃食油からBDF をつくることに成功し，回収した廃食油をせっけんや軽油代替燃料（BDF）にリサイクルする。せっけんの利用率低下で，山積みになっていた問題の廃食油は資源の「宝の山」になった。

　この取り組みは1998年滋賀県愛東町（現在の東近江市）でスタートし，従来の廃食油の回収・リサイクル事業がこの「菜の花プロジェクト」によってさらなる広がりを見せるようになった。

政策波及

　滋賀県の「菜の花プロジェクト」に触発され，さまざまな自治体や市民団体によって同様の取り組みが生まれ，2001年には多くの市民団体が参加する「菜の花プロジェクトネットワーク」が設立された。この「菜の花プロジェクトネットワーク」はその後，毎年「菜の花サミット」を開催し，体験や成果の交流を行いながら徐々に参加団体を増やしていった。2019年 1 月現在，全国44の都道府県に119団体が関連活動を展開している。

　さらに，国内にとどまらず，菜の花プロジェクトネットワークは，韓国，中国，モンゴル，とウクライナとの国際連携まで広がっている。

　菜の花プロジェクトは大きな成果をあげているが，経済規模はドイツと比較すればまだまだ小さい。ドイツを含むＥＵ諸国では，食料自給率が100％を超えている。そこで，農作物の過剰生産に対応するため農地の数％～十数％を休閑地とする生産調整政策が取られている。ドイツでは，農地の 1 割が休閑地に充てられ，動物の飼料作物を含む食用の作物を栽培することは禁止されている。ドイツではこの休閑地にナタネを栽培することで農地をエネルギーの生産地にしている。

　日本はドイツのような休閑地政策がないため菜の花を植える農地の規模は比

較的小さい。今後の政策課題としては菜の花の生産規模を拡大することが重要である。

地域間連携

　3.11以後，菜の花の放射能を吸収する効果が注目されるようになった。菜の花は成長過程で土壌の中の汚染物質を吸収するが油には影響がないことを利用して，菜の花を栽培することを通して汚染された土壌のクリーニングにつながっていく。菜の花はチェルノブイリや福島で大量に栽培されており，放射能のクリーニング効果が期待されている。

　チェルノブイリでは7，8年前から実験を開始したが，福島でも菜の花の栽培を継続している。このように菜の花プロジェクトは，滋賀県ではじめられ，国内海外との地域間連携を通して，持続可能な地域の実現に大きな影響を与えている。

4　本書の構成

事例研究の必要性

　菜の花プロジェクトの事例からわかるように，地域それぞれ異なる問題を抱え，多種多様な政策課題が存在するが，政策学習・政策波及・地域間協力などを通してそれぞれの地域問題の解決に他の地域での経験を活用することが有効である。また，近年失敗学が注目されるように，歴史上あるいは他の地域での失敗事例から学ぶことも多くある。公共政策学の理論と実践の両方において，多くの事例研究（成功・失敗両方の事例を含む）を必要としている。

各章の概要

　本書の前半は国内事例，後半は海外事例を扱う。まず第1章では地域によるボトムアップ型の自発的な計画提案制度である，「地区防災計画制度」の神戸市真陽地区での事例を通して地域防災概念の変容を明らかにする。第2章では

市町村の安全安心を担う消防行政の制度や現状について概観したうえで，消防団しかない市町村から大都市までの消防行政の課題を提示する。第3章では医療行政や衛生行政を細かく丁寧に実行するには，住民に身近な存在である地方政府の協力が必要であるため，そうした観点から医療と地方政府の関係を説明する。

　第4章では外国人の滞在の長期化，出身国の多国籍化によって地方政府を取り巻く状況と課題の変化を分析し，浜松市の事例を通して「移民」の受け入れ拡大が予想される今後の日本の課題について考える。第5章では「町並み保存」政策と地域の受容に注目し，広島県福山市鞆町と長野県塩尻市奈良井宿の事例を比較しながら，政策の意図する結果が生じるためには地域側で何が必要となるのかを明らかにする。第6章では八王子市での「脱単純労務職」の事例を紹介し，清掃事業の委託化政策について地域側のアクターとなる，現業職員，自治体当局，住民は当該政策に対してどのように向かい合っていくべきかを論ずる。

　次に海外事例に移る。第7章では，EU諸国でも特に先進自治体を多く抱えるオーストリア・フォアアールベルク州を事例に，エネルギー政策を地域運営の中核に据えた持続可能な地域づくりの取り組みの特徴を明らかにする。第8章では怒江を事例に中国のダム建設をめぐる政策転換を考察し，地域のグリーン成長と生態環境の全体改善を目指した持続可能な地域政策について考察する。

　終章では自治の基盤の重要性を確認し，政策が地域で展開される時に密接に関係してくる自治の基盤の創出への視点を提示する。

参考文献

秋吉貴雄・伊藤修一郎・北山俊哉（2010）『公共政策学の基礎』有斐閣。

河田昌東・藤井絢子編著（2011）『チェルノブイリの菜の花畑から——放射能汚染下の地域復興』創森社。

菜の花プロジェクトネットワーク監修，藤井絢子編著（2004）『菜の花エコ革命』創森社。

松下和夫（2019）「2019年・気候変動とパリ協定長期成長戦略の展望——重要な国際

会議相次ぎ，日本の役割も問われる年」科学技術振興機構（JST）・サイエンスポータルのオピニオンＨＰ（2019年 1 月25日記事，https://scienceportal.jst.go.jp/columns/opinion/20190125_01.html）。

ワールドウォッチ研究所編（2016）『地球白書　2013-14』ワールドウォッチジャパン。

参考 URL

科学技術振興機構（JST）・サイエンスポータルＨＰ（2019年 1 月30日アクセス，https://scienceportal.jst.go.jp/）。

菜の花プロジェクトネットワークＨＰ（2019年 1 月10日アクセス，http://www.nanohana.gr.jp/）。

Chinadialogue HP（2019年 1 月10日アクセス，https://www.chinadialogue.net/）。

Columbia University HP（2019年 1 月10日アクセス，https://www.columbia.edu/）。

Lili Pike（2018）"Trump sidelined as California and China partner on climate change" Chinadialogue HP（2019年 1 月10日アクセス，https://www.chinadialogue.net/article/show/single/en/10814-Trump-sidelined-as-California-and-China-partner-on-climate-change）。

Steven Cohen, Hayley Martinez and Alix Schroder（2015）"Waste Management Practices in New York City, Hong Kong and Beijing" Columbia University HP（2019年 1 月10日アクセス，http://www.columbia.edu/~sc32/documents/ALEP％20Waste％20Managent%20FINAL.pdf）。

（焦　従勉）

第1章

地域の防災政策の変容
—— 神戸市真陽地区の取り組み ——

この章で学ぶこと

　防災政策の主たる目的は，災害リスクの適正な管理にある。災害リスクは自然の外力（ハザード）のみで決まるわけではなく，曝露，脆弱性，対応力の逆数などとの積としてしばしば表現される。防災すなわち災害リスクの軽減は，その構成要素のそれぞれに働きかける必要がある。1995年の阪神・淡路大震災を経て，政府の災害対応力に深刻な限界が露呈したことを受けて，政府は多様な国民各層の主体的参加と協働を促すための国民運動を展開し，防災対策のためのガバナンスの強化を目指した。2011年の東日本大震災以降は，さらにそれを一歩進め，地域によるボトムアップ型の自発的な計画提案制度である「地区防災計画制度」を新たに創設した。本章で紹介する神戸市真陽地区防災福祉コミュニティの取り組みは，コミュニティが中心となって，住民の命を守るために試行錯誤して生まれたアイディアに満ちあふれている。

　そもそも，災害リスクとは不確実なものであり，その管理方法に絶対的正解はない。科学的な知識を前提としつつも，それを地域でどう理解し，どう活用するかについては，最終的には地域の自治に委ねられなければならない。そのためには，行政の力を補完するための地域防災ではなく，地域の防災活動が中心となり行政がそれを支える地域防災へと変容する必要がある。

　ただし，対応中心の地域防災で軽減できる災害リスクには限界がある。中長期的なリスクの軽減に向けた土地利用規制やまちづくりを通じて，住民が主体となって曝露や脆弱性の軽減に取り組める制度や環境構築が行われなければならない。

1　災害リスクの構成要素

防災の目的

2011年の東日本大震災以降も全国各地で災害が頻発しており，防災は今や日

本のどの地域においても優先度の高い政策課題の1つである。防災政策の目的を一言で表せば，災害から人々の生命や財産を守ることだと多くの人は考える。そのことは必ずしも間違いではないが，そもそも日本列島は地震の巣であり台風の通り道に位置していることを考えると，被害を完全にゼロにすることは甚だ困難である。したがって防災の目的は，災害リスクを適切に管理（manage）することと捉える方が正しい。

災害リスクの構成要素

それでは，そもそも災害リスクとはどのように構成されるものなのだろうか。本章の議論の手始めに，まずこの問題から明らかにしていきたい。ある地域社会にとっての災害リスクは，おおよそ一般的には次のような式として示すことができる。[1]

$$災害リスク = \frac{ハザード × 曝露 × 脆弱性}{対応力}$$

ここで，右辺分子の第1項の「ハザード（hazard）」とは，その地域で災害を引き起こすきっかけとなる外力の大きさとその発生確率を示している。地震災害であれば例えば地震のマグニチュードやその発生頻度，風水害であれば例えば台風やハリケーンなどの発生頻度や規模などを表す。言うまでもなく，これらは自然の活動によって決まるものであるから，いかなる政策によってもコントロールすることはできない。このため，少なくとも防災対策にとっては所与のものとして考える必要がある。

右辺分子の第2項は「曝露（exposure）」である。これは，ハザードの影響を受ける範囲に人口や経済的資源がどの程度存在するかということである。例えば，河川沿いの低地に暮らす人口が増えれば増えるほど，その地域の水害に対するリスクは高まることになる。曝露をコントロールする政策手段としては，主に都市計画にかかわる方法が中心となる。

右辺分子の第3項は「脆弱性（vulnerability）」である。これは，ハザードか

らコミュニティや個人が受ける影響を大きくさせるような要因あるいは過程として定義される，極めて広範な概念である。脆弱性には少なくとも次の2つが含まれる[2]。第1に物理的（physical）脆弱性である。ハザードの影響を防ぐ物理的な対策の欠如ないしは不十分さによって定義される。例えば河川堤防の欠如，住宅の耐震性の欠如などが挙げられる。したがって，これらをコントロールする政策手段としては，国土保全ならびに防災施設の建設や強化といった，いわゆるハードによる防災対策が中心となる。第2に社会的（social）脆弱性である。災害をより深刻にする社会的な諸条件を指しており，例えば貧困，経済的格差，少子高齢化などはこれに該当するだろう[3]。これらは多くの場合社会政策や福祉政策の対象ではあるが，わが国の防災対策では与件として扱われている。

　最後に分母にあるのが対応力（coping capacity）である。これは文字通り，災害の被害の拡大を食い止めるための社会の対応力を意味している。ここには防災に対する人々や組織の意識の高さや，日々の訓練，対応に必要な装備などが含まれるが，単に災害が起こってからの対応だけではなく，防災対策を企画する能力など，平時のマネジメント力も含めて考えられている。対応力が分母に来るのは，言うまでもなくこの能力が高ければ高いほど災害リスクを軽減することが期待されるからである。そしてわが国の防災行政において地方公共団体や地域コミュニティに期待されているのは，主にこの部分なのである。

2　近年における災害リスク

ハザードの進化

　防災政策の展開を追う前に，近年，わが国が抱えている災害リスクがどのようなものか，前述のモデルを用いて明らかにしてみよう。

　第1に注目したいのは，近年ハザードそのものが進化しているということである。とりわけ，地球温暖化の影響はすでにわが国でも顕在化しており，短時間豪雨や大雨の発生が増加していることが明らかになっている（環境省・文部科学省・農林水産省・国土交通省・気象庁，2018）。このことから，今後も局地的大

雨の頻度や程度は増加すると見込まれており，これまでの治水計画の前提を見直す必要が生じている。

曝露人口の増加

　一般的に曝露人口の増大は人口増加を背景としていると考えられていた。都市の拡大とともに，より災害リスクの高い地域であっても居住地として開発する必要が生じたからである。ところが，わが国はすでに人口減少局面に入っているにもかかわらず，一貫して災害曝露人口は増え続けているということが最近の研究で指摘されている（秦・前田，2018）。その理由をここで詳しく論じることは行わないが，次のような事実を指摘しておきたい。人口は2008年をピークとしてすでに減少していても，若い世帯が親世帯から分離して別居住を行うため，世帯数はその後も増え続けている。そして若い世帯は郊外へ新たな居住地を求めることから，郊外の開発圧力は依然として存在するといわれており（姥浦，2016），そのことが曝露人口を増加させている可能性は高いといえよう。

脆弱性の発達

　他方で，わが国における災害脆弱性も増大している。まず物理的脆弱性について見ると，治水対策の進展や公共施設の耐震化率の向上など，これまでの政策努力によって物理的脆弱性の低下につながっていると考えられる一方で，道路・上下水道・鉄道などの社会資本の老朽化が防災面でも深刻な問題となっている。例えば，2018年6月に発生した大阪北部地震（M6.1）では，最大震度6弱を記録した大阪府高槻市において約8万6,000戸の断水が発生したが，破損した水道管は設置から55年以上経過した老朽化した水道管であったことがわかっている。

　社会的脆弱性も年々増大している。表1-1は社会的脆弱性を構成すると考えられる主要な指標について，その推移を見たものである。なお，表中括弧内の数字は統計の発表された年を西暦で示したものである。この表によれば，人口に占める65歳以上の人口割合を示す高齢化率について見ても，1995年には

表 1-1　社会的脆弱性の増大

	1960年代	1970年代	1980年代	1990年代	2000年代	2010年代
高齢化率(注1)	6.3% (1965)	7.9% (1975)	10.3% (1985)	14.6% (1995)	20.2% (2005)	26.6% (2015)
一人暮らし世帯割合(注1)	7.7% (1965)	19.5% (1975)	20.8% (1985)	25.6% (1995)	29.5% (2005)	34.5% (2015)
相対的貧困率(注2)			12.0% (1985)	13.7% (1994)	15.7% (2006)	15.7% (2015)
外国人人口割合(注1)	0.6% (1965)	0.58% (1975)	0.59% (1985)	0.91% (1995)	1.22% (2005)	1.38% (2015)

注1：総務省統計局「国勢調査」
注2：厚生労働省「国民生活基礎調査の概況」

14.6％であったのが，2015年には26.6％と急速に上昇している。1人暮らし世帯の割合も2015年には34.5％に達している。これらの世帯は災害時に家庭内での支え合いが期待できないため，例えば緊急時の避難についても，自力で困難な世帯には第三者の救援が必要不可欠となる。相対的貧困率もわずかずつではあるが上昇傾向にあり，2006年には15.7％に達している。生活困窮や低所得は，経済的な困窮だけにとどまらず，地域や人とのつながりが阻害され社会的孤立にも陥りやすく，災害時にも必要な救援を受けにくいことが懸念される。最後に，外国人人口割合についても1995年から約0.4ポイント上昇している。数字として見ればわずかだが，増加率でいうと50％である。外国人が多いということは，直ちに社会的脆弱性に結びつくとはいえないかもしれない。しかし，日本語の習熟度が低い外国人は災害時の情報収集に大きなハンディキャップを抱えている。このため，適切な避難行動が取れない，あるいは災害時に必要な支援を受けにくいなどの問題がこれまでも指摘されている。

　災害時における社会的つながりの欠如に起因する問題の一例として，「在宅被災者」と呼ばれる層の存在がある。東日本大震災では，宮城県石巻市などで，家屋の1階に住めない，トイレや風呂を利用できないといった居住性能が戻らない家に住み続ける被災者が多数生み出されたといわれている（菅野，2016）。こうした避難者は一旦は避難所などに避難したものの，その環境が悪いため，

条件は悪くとも継続して自宅で生活することを選んだ人々であるという。自宅で生活しているがゆえに行政からはその存在が見えにくく，震災から5年経過した時点でも補修しないままの住宅で暮らしている人もいた。今後ますます社会的に孤立した人々が増えてくれば，行政が支援を実施したとしてもそれが届かない人々が増えてくることを意味する。

対応力の低下

最後に対応力についてはどうだろうか。行政の災害対応力という点では，災害関連法制や計画の整備，訓練の実施などによって向上した部分も少なくはないだろう。しかし，災害対応の最前線を担う地方公共団体について見ると，災害対応以前の問題として，これらのマンパワーは戦後一貫して下落している。

図1-1は，わが国の市町村数，市町村1人当たり人口，および人口1000人当たり地方公務員数の推移を示したものである。災害対策基本法ができる1961年以前から，災害への直後対応，とりわけ罹災者の救護や生活支援などは市町村の業務であった。しかし，当時の市町村数は1万520にもおよび，1市町村当たりの人口は7000人にも満たない。当時の市町村は程度の差こそはあれ，一部の大規模自治体を除けば極めて小規模で，住民にとって身近なものであった。

2000年代に入り，平成の大合併を超えると状況は激変する。市町村数は戦後から比べると16%程度にまで減少し，1自治体当たりの人口も平均すると7万5000人を超える規模になった。こうなると，平均的な市町村はもはや住民の近隣自治を担う存在ではない。実際に2011年の東日本大震災では，地域への情報提供が遅れたり，復旧復興に向けた意思決定が行えないなどの弊害が露見した（室崎・幸田，2013）。

3　ガバナンス志向とレジリエンス志向

災害リスクへの政策的対応

このように，現代社会におけるわが国の災害リスクはますます増大している。

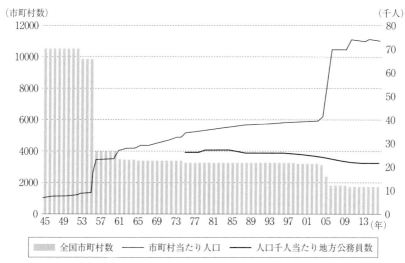

図1-1　戦後のわが国の市町村数，市町村1人当たり人口，人口1000人当たり地方公務員数
　　　　　の推移（1945年～2013年）

　出所：全国市町村数は総務省，人口は総務省統計局「推計人口」，地方公務員数は総務省
　　　　「地方公共団体定員管理調査」を参照し筆者作成

それに対して，どのような政策的対応が行われてきたのだろうか。そのすべて
を限られた紙幅で説明することはできないため，ここでは地域防災の観点から
重要と思われる政策展開についてまとめることとする。

　わが国における近年の防災対策における第1の特徴は「ガバナンス志向」で
ある。特に1995年の阪神・淡路大震災以降，政府は災害対応における中心的な
役割を引き続き担いつつも，住民や企業，ボランティアなどの非営利セクター
を含むより多くの主体と協働しながら防災を進めていく方向へと大きく舵を
切った。第2の特徴として，「レジリエンス志向」である。災害の被害とは物
理的な被害にとどまらず，むしろ災害が社会・経済活動を停止させることの機
会損失の大きさが認識されるようになった。そこで，被害を最小化するだけで
なく，いかなる事態においても社会の機能を最低限維持するとともに，早期の
機能回復を図ることで災害による機会損失をより小さくしようという考え方で
ある。以下，具体的な政策展開を見てみよう。

東日本大震災以前

　1995年の阪神・淡路大震災は6437人の死者・行方不明者を出し，東日本大震災までは戦後最悪の大災害となった。この地震を政府は事前に予知することはできず，しかも事前の想定を遙かに上回る大規模な被害をもたらした。この反省から政府の地震対策は，地震の直前予知ではなく，長期的な確率評価へと軸足を移すことになる。とりわけ，内閣府はその後，切迫性が高く，かつ社会経済的な影響が大きいと思われる地震や大規模水害について被害想定を相次いで公表した。特に衝撃的だったのは，2003（平成15）年に発表された東海・東南海・南海地震の被害想定（死者が最大で約2万5000人，経済的被害最大81兆円），および2005（平成17）年に発表された首都直下地震の被害想定（死者が最大で約1万1000人，経済的被害額112兆円）であった。これらの大規模な被害への対応は，到底政府や自治体のみの力で可能なものではなく，あえてこうしたリスクを明らかにすることで，政府は国民の防災に対する意識を高め，連携を促そうとした節がある。

　事実これらとほぼ同時期に，政府は災害対策のガバナンス強化に向けた方向を矢継ぎ早に打ち出していく。2005年（平成17）年10月には中央防災会議が「民間と市場の力を活かした防災力向上に関する専門調査会報告書」を発表し，この中で，住民組織だけではなく，企業もまた防災の主体であることを明確に位置づけ，企業の事業継続計画（BCP）の普及促進も重要な政策課題に位置づけられた。そして，2006（平成18）年4月には中央防災会議は「災害被害を軽減する国民運動の推進に関する基本方針」を決定する。ここでは「国民運動」の目的について，次のように説明されている。「自然災害からの安全・安心を得るためには，行政による公助はもとより，個々人の自覚に根ざした自助，身近な地域コミュニティ等による共助が必要であり，社会のさまざまな主体が連携して減災のために行動すること，それらの主体がしかるべき安全のための投資を行うことが必要である。そしてこの行動と投資を持続させるための社会の仕組みを作っていかなければならない。」（傍点部筆者）

　こうした国のかけ声に刺激されて，地方公共団体においても防災対策のガバ

ナンス強化に向けた動きは加速した。例えば地方公共団体では，法定計画である地域防災計画に加え，防災基本条例を制定する動きもこの頃から活発化し，現在にいたっている。地域防災計画は基本的に公的機関の公的機関による防災計画であり，住民や地域内に立地する企業はあくまで計画の客体に過ぎなかった。このため，災害時における住民・企業の責務を明確にするために，条例という立法手段を採用する自治体が広まっていったのである（永松，2008）。

東日本大震災以降

　2011年 3 月に発生した東日本大震災では，1 万8000人を超える人的被害をもたらし，東北地方太平洋沿岸部の広範な地域に，津波による破滅的な被害をもたらした。加えて，この津波に起因する福島第一原子力発電所の事故は，10万人を超える人々に遠距離かつ長期の避難を強いる結果となった。

　いくつかの地方公共団体は，津波の被害によりほぼ完全に機能を停止した。このため，東日本大震災後の災害対策の見直しにおいては，被災自治体への応援を強化するためのいくつかの法改正が行われた。他方で，絶望的なまでの被害の中にも，それまで政府が進めてきた防災国民運動の有効性や可能性を示す明るい材料も見受けられた。例えば三陸沿岸部では，大規模な津波にもかかわらず，地域ぐるみの適切な避難行動によって命が守られた事例も少なくない。津波常習地域である三陸地方には「津波てんでんこ」という教えが昔から地域の中で言い伝えられている。津波から助かるには，他人に構うことなく，それぞれが自分のいのちを守るよう必死で逃げよという教えである。とりわけ有名になったのは，岩手県釜石市釜石東中学校の児童・生徒の避難行動である。事前に指定されていた避難所も危険だと子どもたちが判断し，さらに高台へと避難した結果，多くの命が救われた。釜石市が震災前から徹底した防災教育を行っていたことから，平時における地域での防災への取り組みが非常に有効であることが改めて認識されることとなった（NHK スペシャル取材班，2015）。

避難行動要支援者名簿の作成義務化

　東日本大震災で露呈した防災課題に対処すべく，災害対策基本法が2012年～2014年にかけて段階的に改正された。そのうち，2013年に行われた改正は，地域の防災活動にとって極めて重要な影響をおよぼすものであった。

　第1に，市町村は高齢者や障がい者等，避難行動を自律的に行うことが困難な人々（避難行動要支援者）の名簿の作成を義務づけられたという点である。こうした名簿を地方公共団体が作成しようとすれば，福祉部局がもつ要介護認定情報や障がい者手帳の発行状況などの情報が不可欠である。ところが2003年に制定された個人情報保護法が情報の目的外利用を禁止していたことにより，多くの自治体は要支援者名簿の策定に二の足を踏んでいた。そこで，2013年の改正において，避難行動要支援者名簿の作成については個人情報保護法の例外に当たる旨が明記されることとなった。これにより避難行動要支援者名簿の作成はほとんどの自治体で行われるようになった。さらに，地方公共団体は，一定の手続きを経ることによって，災害の発生に備えこの名簿を民生委員，社会福祉協議会，自主防災組織などの外部機関と共有することも認められるようになった。

　すでに見たように，地域コミュニティが希薄化し，人々のつながりが薄れてくる中で，災害時に支援が必要な人を特定することは極めて困難になっている。こうした中，行政が避難行動要支援者名簿を取りまとめ，地域で共有することには極めて大きな意義があるといえよう。もちろん，これによってすべての地域コミュニティがこうした名簿を共有できているわけでは必ずしもない。名簿の提供を受けた自主防災組織やマンションの管理組合なども守秘義務が課せられるから，共有する側にもそれなりのニーズと覚悟が求められる。それでも，平時の見守りも含めて災害時の支援ニーズが高い地域では，高齢化が進む大規模なコミュニティを中心として，名簿の共有が進みつつある（高橋・扇原，2018）。

── コラム①　防災研究コミュニティの魅力 ──

　筆者の学問的なバックグラウンドは公共政策や経済学であるが，専門は何かと問われると防災と答えることが多い。とはいえ，防災学という確立された学問があるわけでもなく，意外に思われるかも知れないが，防災を専門とする人のほとんどをカバーする単一の学会も存在しない。しかし，「防災研究者」を自称する研究者というのは筆者も含めそれなりに存在している。防災研究者は，概ね共通しておおよそ次のような特徴をもっている。

　第 1 に，実践志向である。災害発生メカニズムの解明などは防災研究にとって大事だが，防災研究者に求められるのは，それを踏まえた具体的な対策の提案である。したがって研究の動機は極めて実践的である。そのため，政府の委員会などを通じて防災行政に直接貢献する研究者も少なくない。

　第 2 に，学問的バックグラウンドが極めて多様で学際的である。阪神・淡路大震災頃まで防災研究は理系が中心で文系研究者が少ないといわれていたが，最近では社会学や法学，政治学，経済学などから防災研究にアプローチする研究者も増えてきた。複雑な災害現象を把握するためにはさまざまな学問分野の知識が不可欠であり，防災研究のチームは学問領域の多様性が欠かせない。

　第 3 に，フィールド志向であるということである。災害のような非日常を記述するデータは公式にはほとんど存在しないゆえに，防災研究では現場に出て必要なデータを自分で集めることが求められる。筆者の知るある研究者は，水害による死者一人ひとりの情報のデータベースをこつこつと作成している（もっとも，こんな作業は本来政府がやるべき仕事だと，彼はいつも愚痴をこぼしているが）。ゼンリンの住宅地図からすべての被災世帯の住宅再建の足取りを追跡した研究者もいる。筆者も東日本大震災の被災地に足繁く通い，多くのインタビュー調査を行ってきたが，想像を絶する悲惨な話に思わず直面することもあり，心的に消耗することも少なくない。

　第 4 にマスメディアとの距離が極めて近い。災害発生時はマスコミの報道も過熱するため，突然の取材であっても受け手の立場になって適切なコメントを発することのできる研究者のニーズは極めて高い。また防災研究者の多くは，メディアを通じて具体的に災害被害の軽減や対応に貢献することに研究者としての重要な使命を感じている。

　以上はまったくの私見だが，一言でいえば，非常に泥臭く，また人間臭いコミュニティである。（永松伸吾）

地区防災計画制度の創設

もう１つ，2013年の災害対策基本法の改正によって新たに追加されたのが，地区防災計画制度である。簡単にいえば，市町村の中の地域コミュニティ単位で防災計画を作成し，行政に対して提案ができる制度である。

これまでも，都道府県ならびに市町村は，防災に関する計画として都道府県防災計画ならびに市町村防災計画（総称して「地域防災計画」と呼ぶ）の作成が義務づけられていた。これらは行政をはじめとする公的機関が，法律に基づき，上位計画である防災基本計画や防災業務計画などとの整合性を意識しつつ作成される。

これに対して，地区防災計画制度の特徴として以下の３点が指摘されている（加藤，2018；西澤・筒井・思穎，2015）。第１は，地域コミュニティ主体のボトムアップ型の計画であるという点である。すなわち，地区防災計画は策定義務ではなく，作成主体である地域コミュニティが自発的に行政に提案するものである。第２の特徴として，地区特性に応じた自由度の高い計画という点である。計画を提案できるのは必ずしも自治会や自主防災組織にかぎられず，地区の範囲も自由である。計画内容についても必ずしも包括的なものである必要はない。またこの提案には住民の何割の合意が必要だといった定めはない。また，第３の特徴として，継続的に地域防災力を向上させることに目的をおいており，完成度の高い計画よりも，実効性の高い取り組みを求めているという点にある。

なお，市町村防災会議は，その住民等の意向を尊重し，必要があれば地区防災計画を地域防災計画の一部に取り込んで定めなければならない。その結果として，地区の住民には地区防災計画に定められた防災活動を実践する義務が生じる（佐々木，2016）。

4　神戸市真陽地区にみる住民主体の地域防災

神戸市真陽地区の取り組み

具体的に，地区防災計画によってどのような取り組みが進められているのか。

ここでは内閣府による地区防災計画モデル地区の1つである，神戸市真陽地区について紹介しよう。⁽⁵⁾

　神戸市長田区真陽地区は，ＪＲ新長田駅の南東側に位置する地域で，住宅と商業・工業の混在する密集地である。1995年の阪神・淡路大震災では453棟の住宅を火災で焼失し，53人の人的被害が生じている。その後，一時的に人口は減少したが，復興とともに人口は回復し，現在はおおよそ6500人ぐらいの人々が暮らしている。

　もともと神戸市は，阪神・淡路大震災後に「防災福祉コミュニティ」という独自の地域防災のためのコミュニティづくりを地域に促してきた。防災福祉コミュニティとは，防災活動を日常の福祉の活動と統合することによって，防災活動の日常化を図り，多様な主体による連携で地域の防災を促進しようと神戸市により企画された。真陽地区は長田区で最も早く防災福祉コミュニティを立ち上げた地区である。真陽地区防災福祉コミュニティは，連合自治会や婦人会，民生委員などを含め19の団体・個人から構成されており，単独の防災組織というよりは地域のネットワークに近い。

　この地域が，現在最も危機感を持って取り組んでいるのが，南海トラフの地震により発生する津波である。真陽地区の標高は低く海も近いため，内閣府の被害想定によれば南海トラフ巨大地震の発生から80分〜90分程度で約4メートルの津波が到達し，8割の地域が浸水すると想定されている。地域内高齢化率はおよそ3割程度であり，地域内には要援護者も多い。どうやって全員が無事避難できるかは，真陽地区にとっての大きな課題である。

　他方で地震の大きな揺れに見舞われたのであれば，建物や家具の下敷きになった人もいるかもしれない。あるいは阪神・淡路大震災の時と同じように，町内のいたるところで火災が発生するかもしれない。津波からの避難は大事であるが，こうした人命救助や初期消火についても人々の命を守るためには必要不可欠である。住民たちが話し合った結果生まれたのが，地震発生から60分は助け合いの活動を行うという「60分ルール」である。津波の到達が予想されるまで早くても80分とすれば，残り20分の余裕がある。この時間があれば，救助

活動の従事者も安全に避難できると考えたからである。

　2013年に行われた津波避難訓練では，この「60分ルール」を組み込んだ訓練を実施した。時間の経過は10台ほどのトランジスタメガホン（トラメガ）を用いて，各自治会長が知らせる方法を取っていた。しかしながら，トラメガの音は指向性が高く，向きによってはまったく聞こえない，仮に聞こえたとしても，何を言っているかまるで聞き取れない，ということが訓練の中で明らかになった（近藤・杉山，2015）。

　住民たちは試行錯誤を繰り返した結果，2015年にはトラメガの台数を増やすことに加え，口頭で呼びかけるのではなく，トラメガに内蔵されているサイレンを用いて住民に呼びかける方法を採用することになった。そして大津波警報が出たらサイレンを鳴らし，その音が聞こえたら全員即避難するということを新たなルールとして定めた。サイレンの音は口頭の指示に比べると聞き取りやすいことはいうまでもないが，それに加え，サイレンを鳴らすだけであれば女性でも子どもでも可能であるということで，トラメガによる警報の担い手を地域の中に大幅に増やすことに成功したという。またそのことが，多くの人々にとって津波避難をわがこととして考えるきっかけになっているという。

地域全体でマップを作成

　また，具体的な避難の方法については，2013年に作成した津波防災計画と避難マップの中で「まずは国道2号線へ，目指すはJRの高架より北へ行きましょう」という明確でわかりやすい指示を平時から徹底している（図1-2）。要援護者の避難については，実際の市街地でシルバーカー，車椅子，介助車，リアカーといった資材を用いて搬送訓練を実施している。これらの資材の利用は地元の病院や福祉施設，その他事業所らの協力によって可能となっている。そして地元の大学の協力を得て，訓練で収集されたデータを元に，限られた時間で要援護者の避難は可能かどうかについて避難計画の検証を行っている（大津・北後，2017）。

　真陽地区防災福祉コミュニティでは，2014年にコミュニティとしての初動対

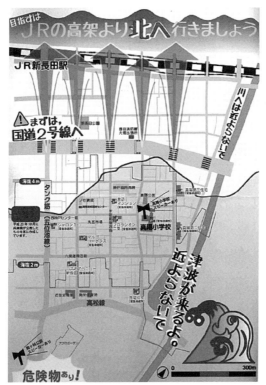

図 1 - 2　真陽地区津波避難マップ
出所：真陽防災福祉コミュニティ提供

応マニュアルを「地域おたすけガイド」として取りまとめた。津波防災計画と
このガイドは2017年 8 月に神戸市地域防災計画の中に規定されることになった。
　興味深いことに，筆者が2018年 1 月にヒアリングを行ったコミュニティの
方々は地区防災計画という言葉を知らないうえに，それが地域防災計画に位置
づけられていることも特段意識はしていなかった。もともと「地域おたすけガ
イド」は真陽地区が自発的な取り組みとして作成したものであり，「地区防災
計画を作ろう」という意識ではなかったという。当初から区役所の職員も議論
にかかわっていたことから，「市の計画との整合性は考えられていただろう」
としながらも，「基本的にわれわれが言ったことは全部受け入れてくれた」と

いう。

5　地域自治による災害リスク管理へ

地域防災のパラダイムシフト

　東日本大震災以降に導入された地区防災計画制度は，少なくともその理念において見れば，地域防災についての大きなパラダイムシフトを生み出している。すでに見たように，行政は阪神・淡路大震災以降，防災を「国民運動」として位置づけ，社会の多様な主体による協働を呼びかけてきた。そのプロセスはいわば，国民の中で肥大化した防災に対する政府への期待を抑制し，その役割を縮小すると同時に，社会の広範な主体にその役割を担って貰うことを目的としたものであった。ここにおいて，地域コミュニティは，行政の対応力不足を補完するものとして捉えられていた感が否めない。しかし，地区防災計画の考え方はそれとは異なる。ボトムアップ型の計画であるといわれているように，あくまで地域コミュニティの対応計画が先にあり，行政の防災計画はそれを補完するものと位置づけられている。言い換えれば，地域の自治に基づく防災対策を志向しているのである。

　しかしながら，このような理念で創設された制度であったとしても，計画を作ることそのものが目的化してしまう可能性は常に存在する。地域の自治による災害対策がなぜ必要かということについて，やや規範的な視点からいくつかの理由を補記しておきたい。

地域自治による防災の必要性

　第1に，防災計画はハザードのもつ不確実性を前提として検討されなければならないということである。そもそも巨大災害を引き起こすハザードが，いつどのような形で発生するのかは誰にもわからない。政府が行った被害想定は，もちろん一定の科学的な根拠に基づいてはいるものの，それが正解である保証はない。例えば真陽地区ではすでに述べたように南海トラフの巨大地震によっ

て4メートルの津波が来るとされている。27頁の図1-2を見るかぎり，国道
2号線を越えるだけではなく，さらにJRの北側までの避難を呼びかけている
のは，そうした不確実性も考慮してである。ただし，避難の距離を伸ばすこと
は住民に負担を強いることでもある。このため住民に自発的に取り組む意思が
なければ絵に描いた餅に終わるであろう。他方で，前述した60分ルールのよう
に，予想される津波到達までの時間を利用して救命活動を行うという発想も，
住民自らが津波のリスクを理解し，到達予想時間という科学的な情報を最大限
利用しつつ，十分に避難できる対策を同時に検討できるからこそ生まれる発想
である。いずれも行政の一方的な呼びかけでは実現できない。

　第2に，災害リスクの個別性・地域性である。それぞれの地域の中で具体的
にどのような被害が生じるかは，それぞれの地域における脆弱性を具体的に評
価しないかぎりイメージできない。例えば地震によりある建物のブロック塀が
倒壊すれば，それ自体人命への危機であるが，その通りが避難路として利用で
きなくなる危険性もある。このような個別具体的なリスクを把握するためには，
その地域に居住し，地域の最新の情報を有する人々の主体的な参加が必要不可
欠なのである。

今後の地域防災の展望

　最後に，いくつか今後の地域防災について展望しておきたい。すでに見たよ
うに，地区防災計画に代表される地域防災概念の変化は，近年における災害リ
スクの上昇と自治体の災害対応力の低下を背景としているが，いかに地域の防
災活動が活発になろうとも，それは多くの場合，必要なハード対策を置き換え
るほどのものにはならないという点である。例えば，河川堤防だけで災害を防
ぐことはできないが，河川堤防の不備を地域防災で乗り切るという考えは必ず
しも成り立たない。加えて，すでに見たように，地域社会の脆弱性は当面高ま
る一方であり，地域防災の担い手もますます高齢化している。地方都市では，
そもそも自治会すら機能しないような地域も発生している中で，地域防災を強
化することだけでは，災害リスクの根本的な軽減にはつながらないということ

についても理解すべきである。

　長期的な視点に立った場合，災害リスクの軽減に向けて今後必要なのは，「曝露」をどれだけ減らせるかである。言い換えれば，災害リスクの高いところに新たに人々の生活の場を設けることをやめ，すでにある人間の社会経済活動をより安全な地域に移す，あるいは人々の生活空間を集約化し，集中的な防災投資を行うといった方策は，今後避けて通れない課題である。土地利用規制にかかわるこうした政策には多くの利害がかかわることから，決して簡単な問題ではない。しかし，地域防災が本当の意味で地域による自治を志向するのであれば，まちづくりもふくめ，地域が災害リスクの管理に総合的に関われるような仕組みを実質化していく必要があるだろう。

注

(1)　災害リスクに関するここでの用語はいずれも国連防災戦略（UNISDR）の定義に沿っている（United Nations, 2017）。

(2)　国連防災戦略（UNISDR）では，脆弱性の分類としてこれ以外に，経済的（economic）脆弱性と環境的（environmental）脆弱性を列挙しているが，必ずしも多くの人々の定義の一致を見ていない。

(3)　国際的にはこれ以外にも教育の欠如，公衆衛生の欠如，民主的制度の欠如，自由の欠如といったものまで含めて議論することが多い。

(4)　正確にいえば，都道府県防災会議ならびに市町村防災会議である。

(5)　以下の真陽地区に関する記述の一部は「『60分ルール』で地域を守る　訓練のリアリティを追求する」『C＋Bousai／地区防災計画学会誌』vol. 2, 新建新聞社を参考にした。

参考文献

姥浦道生（2016）「災害リスクと土地利用コントロール」『日本不動産学会誌』第29巻4号，61-65頁。

NHK スペシャル取材班（2015）『釜石の奇跡——どんな防災教育が子どもの"いのち"を救えるのか？』イースト・プレス。

大津暢人・北後明彦（2017）「市街地の津波避難訓練における住民による災害時要援

護者の搬送速度と輸送力——神戸市真陽地区におけるシルバーカー，介助車，車いすおよびリヤカーを用いた屋外の搬送避難」『日本建築学会計画系論文集』第82巻734号，837-846頁。

加藤孝明（2018）「みんなで育てよう『地区防災計画』」『月刊自治研』第60巻702号，24-30頁。

環境省・文部科学省・農林水産省・国土交通省・気象庁（2018）『気候変動の観測・予測及び影響評価統合レポート2018——日本の気候変動とその影響』。

近藤誠司・杉山高志（2015）「地域防災実践におけるアイデンティティの変容——神戸市長田区真陽地区の津波避難対策を例に」『地区防災計画学会』第1号，13-16頁。

佐々木晶二（2016）『最新 防災・復興法制』第一法規。

菅野 拓（2016）「必要な人に届かない支援——漏れのない制度の構築を」『日経グローカル』第284号，44-47頁。

高橋和行・扇原淳（2018）「自治体における避難行動要支援者名簿の共有・活用の現状とその分析」『地域安全学会論文集』第33巻，215-223頁。

永松伸吾（2008）『減災政策論入門』弘文堂。

西澤雅道・筒井智士・金思穎（2015）「地区防災計画制度の創設の経緯並びにその現状及び課題に関する考察」『国土交通政策研究所』第56号，138-149頁。

秦 康範・前田真孝（2018）「全国ならびに都道府県別の浸水想定区域内人口の推移」『日本災害情報学会第20回研究発表大会予稿集』24-25頁。

室崎益輝・幸田雅治編著（2013）『市町村合併による防災力空洞化——東日本大震災で露呈した弊害』ミネルヴァ書房。

United Nations General Assembly（2017）*Report of the open-ended intergovernmental expert working group on indicators and terminology relating to disaster risk reduction.* （2019年1月20日アクセス，https://www.unisdr.org/we/inform/publications/51748）

■ ■ ■

読書案内

永松伸吾（2008）『減災政策論入門』弘文堂。

　国民の生命や財産を守ることだけを目的とした防災対策ではなく，ありとあらゆる

リスクに対して人間の尊厳ある生を守ることを目的とした減災政策へとパラダイムを変える必要性を説いた本。公共政策の理論で防災や災害対策をどのように説明できるかについても解説されており，本章で興味をもった読者にはぜひ一読を勧めたい。

畑村洋太郎（2011）『未曾有と想定外——東日本大震災に学ぶ』講談社。
　災害対策を考えるに当たっては工学的な発想と社会科学的な発想のどちらも不可分である。本書は「失敗学」の創設者であり第一人者である著者が，東日本大震災の被害を目の当たりにして考えた防災対策のあり方がつづられている。津波をハードで封じ込めようという発想によって建設された防潮堤が，むしろ津波被害を拡大させた可能性を指摘している。工学的視点に基づき災害対策を根本から考えるきっかけとして非常に優れた書。

大西裕編（2017）『災害に立ち向かう自治体間連携——東日本大震災にみる協力的ガバナンスの実態』ミネルヴァ書房。
　大規模災害時に行政が行わなければならない災害対応業務は膨大であり，多くの場合被災した自治体が単独で行うことは困難である。このため，ほかの自治体からの応援を受けて業務を実施する必要がある。他方で，地方自治体はそれぞれ独立した政府であり，それぞれの首長をトップとする指揮系統を有している。こうした地方自治の仕組みを前提としつつ，災害時に効果的に対応を可能とする自治体間の連携のあり方について，わが国を代表する政治学者・行政学者らが取り組んだ本格的な学術書である。防災行政に関してよりアカデミックな議論に興味のある読者にはぜひおすすめしたい。

練習問題
① 近年発生した大災害を事例として，その背景にある被害拡大の要因について，本章で示した災害リスクの式に当てはめて説明してみよう。
② あなたの住む地域に水害ハザードマップを調べてみよう。そしてもしもその通りの水害が発生するとした場合，無事人々を避難させるには，どのような人々とどのようなことについて検討しなければならないか，列挙してみよう。

（永松伸吾）

── コラム②　「避難」と「情報」をめぐる政策過程 ──

　2017年九州北部豪雨災害，2018年西日本豪雨災害と毎年のように豪雨災害が発生しているが，こうした豪雨災害が発生する度に問題になるのが自治体による避難の呼びかけである。災害対策基本法では，避難勧告や避難指示については市町村長が行うこととなっているが，これらをいつどのような場合にどこを対象として行うかは，市町村の防災担当職員にとって頭の痛い問題である。

　もしも避難の呼びかけが遅れれば，事態の進行に避難が追いつかず人的被害が生じてしまう。他方で，あまりに早すぎる避難の呼びかけは住民の切迫感が伴わず，避難行動に結びつきにくい。結果として無駄な避難，いわゆる「空振り」を増やすことにもなりかねない。

　さらに災害の発生はほとんどの場合局所的である。ピンポイントで災害発生予測ができない以上，避難の呼びかけはある程度まとまった地域で行わざるをえない。その結果，個々の住民にとって最適な避難のタイミングや必要性とは必ずしも一致しない。

　これらは避難に内在する固有の問題であり，決して政策によって解決できるものではない。だからこそ，災害避難を行政任せにせず，自分や家族，地域で考え，判断することが大事なのである。

　ところが，最近は住民避難の促進が重要な公共政策課題とみなされるようになり，その裏返しとして住民の避難率の低さが問題視されるようになってきた。そして避難を促すための災害情報の提供について多くの政策的エネルギーが費やされている。あたかも住民を避難させることが行政の責任であるかのような論調も目立ってきた。その背景にはどのような政策過程があるのだろうか。

　まず，ひとたび人的被害が発生すればマスコミが黙ってはいない。行政対応への批判的な報道が行われ，まるで不適切な行政対応によって人的被害が発生したかのような印象が視聴者に刻まれる。ここ最近，特にテレビは避難に関する報道に熱心である。テレビ離れが加速するといわれる中，災害避難の問題はテレビのもつリアルタイム性と公益性をＰＲする絶好の機会なのだ。

　政治家はこうしたマスコミ報道に敏感に反応し，その都度行政対応や災害情報のあり方について専門家を集めた検証が行われる。単に検証するだけでなく，制度改革が伴った方が政治家の手柄になる。

　例えば気象警報について，2013年に警報よりもさらに切迫した危険性を示すために「特別警報」が創設され，その後運用されている。特別警報は，そもそも出された時点ですでに災害が発生していてもおかしくないぐらいの切迫した警報だったはずだが，実際に運用され出すと，「死者が出ているにも関わらず，特別警報が出されなかった」

という批判が出るようになった。そのうち超ウルトラスーパー特別警報が創設される
かもしれない。

　また2016年には「避難指示」が「避難指示（緊急）」と呼ばれるようになった。理
由は避難指示が避難勧告よりも緊急性が高いことをわかりやすく示すためだという。
しかし「大雨警報（土砂災害）」と「土砂災害警戒情報」では，カッコのついていな
い後者の方が危険度が高いことになっている。

　さすがにこれではまずいと内閣府もようやく腰を上げ，防災情報に付随して災害危
険度を5段階で示す方法が2019年から導入されることとなった。これによって，乱立
する災害情報の危険度が「直感的に」理解しやすくなるということなのだが，逆にこ
れにお墨付きを得て災害情報がさらに乱立する可能性も否定できない。

　そもそもこうした災害情報が乱立する理由の1つは，科学技術の社会貢献が求めら
れていることにもあるように思われる。科学技術の予算獲得のためには，その研究が
どのように社会に役立つかを明らかにする必要がある。本来的には地殻現象・気象現
象のメカニズム解明が目的の研究であっても，そこで得られたデータを用いて災害情
報を提供しますと研究計画に書けば，より予算を獲得しやすい。

　市町村にとってもこうした災害情報は便利である。避難の呼びかけを完全にマニュ
アル化してしまい，こうした災害情報とリンクさせてしまえば，行政の裁量の余地を
なくすことができる。その結果避難の呼びかけが遅れて犠牲が出たとしても，少なく
とも当日の判断の責任は回避できる。こうしたマニュアル化の成果によって，数十万
人から百万人規模の避難勧告が出されることも昨今は珍しくなくなった。しかし，こ
れらの市町村も腹の底では全員の避難など望んでいない。1995年の阪神・淡路大震災
の避難者数は最大で約32万人だった。本当に数十万人が避難したらそれ自体が大災害
である。

　だが，実際にはそうした大規模避難が必要な場面もある。例えば大規模河川の決壊
などにより都市部の基礎自治体がまるまる水没するようなケースも想定されるからだ。
それに備えた広域的な避難体制を構築することは行政が行うべき重要な政策課題のは
ずなのだが，基礎自治体にとって自らが消滅するような事態を想定した対策は相変わ
らずタブーである。

　以上のような事情をすべて理解すれば，自分の命を自分で守ることがいかに大事か
ということが改めてわかるのではないだろうか。（永松伸吾）

第2章

市町村の消防行政
—— 小規模消防本部の現状 ——

―― この章で学ぶこと ――

　消防行政は社会安全にとって，極めて重要な行政分野である。平常時は，消火やレスキュー，救急などを行う。また災害時，事故時の初動においては，ファーストレスポンダー（緊急事態へ最初に対応する行政組織）として被災者の救助という緊急性の極めて高い応急対応を行う。そして近年は，マルチハザード社会の到来とともに，消防の活動は CBRNE 災害（化学・生物・放射性物質・核・爆発物による特殊災害：国家的緊急事態時の武力攻撃災害への対応・国民保護活動も含む）への対応にまで広がってきている。国民の生命と安全を守る，欠くことのできない行政分野である。

　戦後，消防行政は，官設消防（国営消防）から市町村（自治体）消防へと地方分権され，70年以上にわたり市町村中心に運営が行われてきた。消防組織法で，市町村は地方自治の本旨に基づき，当該市町村の区域における消防を十分に果たすべき責任を負うとともに，その消防の責務を果たすために必要な経費は当該市町村が負担するとされ，市町村消防の大原則のもとに，各市町村による自立的な体制整備が進められてきた。他行政分野と比較して，ナショナルミニマム（国が保証する最低水準）よりも，ローカルオプティマム（地域が選ぶ最適水準）が浸透してきた行政分野であるといえる。そのため，市町村の消防行政の中心となる消防本部の地域間格差は大きく，特に問題となるのは，小規模消防本部の多さである。全国に，2017（平成29）年4月時点で約730の消防本部が存在しているが，管轄人口の度数分布を見ると，管轄人口10万人以下の小規模消防本部が，全国の消防本部の約6割を占めている。本章では，市町村の安全安心を担う消防行政の制度や現状について概観したい。

1　自治体（市町村消防）の原則

市町村の消防責任と管理責任

わが国の消防行政を概観するうえで，まず押さえておかねばならないのが，

わが国の消防行政が，国でも都道府県でもなく，市町村中心に運営されている
ということである。消防組織法第6条，第8条は，市町村が消防責任を負い，
その費用を負担すると定めている。また第7条および第9条は，消防行政を市
町村長が管理し，消防機関（消防本部，消防署，消防団）は，市町村が設置する
と規定している。さらに第36条は，国や都道府県は消防責任を負わず，市町村
消防を管理することもないと定めている。無論，国や都道府県も消防関係事務
を行う（国に関しては第2条〜第5条，都道府県に関しては第38条）が，市町村消防
への関与は，指導・助言などにとどめられている。これら指導および助言によ
る関与は，法的強制力を伴わないものである。

　市町村の消防責任と市町村長の管理責任について，さらに説明を加えると，
前述の通り消防組織法の第6条は，市町村は管轄区域内の消防を十分に果たす
べき責任があると，市町村の消防責任を定めている。しかし，消防責任を果た
す方法については特に限定していないので，一部事務組合，広域連合，事務委
託等の広域処理方式や相互応援によってでも構わないとされている。つまり，
消防本部の市町村単独での設置が財政的に厳しい市町村は，周辺の市町村と共
同で消防本部を設置し，その費用を出し合い消防事務の共同処理を行うことや，
他の市町村消防本部に委託金を払って，消防事務を代わりに実施してもらうこ
とが可能ということである。また第7条も，市町村消防は当該市町村長が条例
にしたがい管理すると，市町村長の消防に対する管理責任を定めている。これ
は，消防事務を処理するために実施機関として設けられている消防本部や消防
署，住民による消防組織である消防団に対して，市町村長が指揮監督権を有す
るということである。ただ，この指揮監督権は，「条例にしたがい」という言
葉に示される通り議会の民主的監視を受ける。また消防機関に対し直接ではな
く，それぞれ両組織の長である消防長または消防団長を通して指揮監督するべ
きだというのが国の見解である（総務省消防庁監修，2006）。

市町村の消防に要する費用

　市町村消防の原則に対応し，市町村の消防に必要な経費も当該市町村が負担

しなければならないと消防組織法第8条は定めている。市町村の消防に要する費用とは，市町村が消防責任を果たすための経費すべてのことで，消防施設の設置管理費，消防本部や消防署，消防団の維持運営費などが該当する。このように，市町村の消防に要する費用の自己負担が規定されているのは，消防責任をもつ市町村の自主性や自立性を確保するためである。

　よって，消防費の財源は，主に使途が限定されていない一般財源によって賄われている。市町村の財源には，用途が限定されずに市町村が自由に使える一般財源（地方税，地方譲与税，地方交付税など）と，用途が限定されている特定財源（国庫支出金，地方債，手数料，特定寄附金など）がある。消防費の主な財源である一般財源の内，特に地方税，地方交付税が占める部分が大きい。地方交付税は，地方公共団体の地方税の不足分を補う制度である。当該地方公共団体の財政需要を算定した額（基準財政需要額）が，財政力を算定した額（基準財政収入額）を超える額が交付される。市町村の消防費も，この基準財政需要額の算定の際に計算に入れられている。また，例えば災害が発生した際に，市町村の消防にかかわる特別な財政需要がある場合は，特別地方交付税で措置される。さらに，救急自動車は，交通安全対策特別交付金の充当対象施設となっている。

　このように，消防費は主に一般財源からの支出が原則であるが，特定財源からも支出可能なものもある。特定財源の主なものとしては地方債と国庫支出金があるが，消防施設の整備に要する経費（建設事業費など）に関しては起債することができる。また，2002（平成14）年度から，「災害等に強い安心安全なまちづくり」を推進するため，防災基盤整備事業および公共施設等耐震化に対して地方財政措置を講じるとして，防災対策事業が実施されている。例えば，この防災基盤整備事業では，防災拠点施設，初期消火機材，消防団に整備される施設，消防本部または消防署に整備される施設，防災情報通信施設などの整備や，緊急消防援助隊の編成に必要な車両，資機材等の整備が，財政措置の対象となっている。ここ19年間で，消防費の自治体予算の総額に対する割合は3.4%〜3.8%の間で推移している。

市町村の消防力

　この消防財政により，市町村が消防行政を行ううえで必要な人員および消防施設が整備され，維持運用されている。このような市町村が保有する人的資源や消防施設といった組織資源を，消防行政では「消防力」と呼んでいる。以前は，「消防力の基準」という国が定める市町村消防本部の人員数，消防施設に関する最低限の整備目標があったが，2005（平成17）年に市町村消防本部の自主性に任せる「消防力の整備指針」に改正された。なお，消防が消火活動を行ううえで必要な消防水利に関しても，「消防水利の基準」という，その配置等に関する最低限度の基準がある。

　消防施設とは，主に市町村が設置する消火栓，防火水槽，消防車両，消防資機材，消防署，公衆用火災報知機などを指す。消防職員の教育機関である消防学校は主に各都道府県で設置運営されているが，これも消防施設に含まれる。なお大都市の消防本部は，単独で消防学校を運営している場合もある。例えば，東京の場合，東京消防庁の消防学校である東京消防庁消防学校と東京都の消防学校である東京都消防訓練所（東京都総務局所管）が設置されている。東京消防庁の管轄区域外の市町村消防本部職員の教育を後者では行う。ただ一元化が進んでおり，両者は同じ建物内にあり一体の運営が行われている。大阪府も，大阪都構想の流れで，重複行政解消の目的で，2014（平成16）年に大阪府立消防学校と大阪市消防学校を統合した。

2　市町村の消防機関の制度

市町村消防本部，消防署

　では，消防組織法は消防行政にかかわる消防機関としてどのような組織を定めているのであろうか。市町村レベルにおける公助の消防機関としては，市町村消防本部および消防署を，また地域住民による共助の消防機関としては消防団を定めている。そして，国レベルの消防機関としては，総務省消防庁を置くとしている。

　まずは，市町村によって運営される消防機関である消防本部および消防署から見ていきたい。消防組織法は市町村に対して，その消防事務を処理するための機関として，消防本部，消防署，消防団のうち，その全部または一部を設けなければならないと定めている（第9条）。この条文を見るかぎりでは，これら消防機関のいずれか1つを設置すればよいように思われるが，消防本部を設けず消防署のみを設置することはできないとする解釈が一般的である。一方で，消防本部か消防団のいずれか1つだけ設置するという選択肢は許されている。そのため，近年では極めて少数になったものの，消防本部を設置せずに消防団だけ設置する町村も未だ29町村（2017（平成29）年4月時点）存在する。また，消防本部は設置されているが，消防団が未設置の消防団非設置市町村も数年前までは存在した。

　消防本部は市町村の消防事務を統括する機関で，一般的に予算，人事，庶務，企画，統制などの事務処理をするとともに，消防署が設置されていない場合には第一線的事務もあわせて行う。現在，約732消防本部（2017（平成29）年4月時点）が全国にある。消防署は火災の予防，警戒並びに鎮圧，加えて救急事務そのほか災害の防除，災害被害の軽減等の消防活動を行う機関である。消防ポンプ自動車などを配備し24時間体制で消防職員が常時待機の体制をとっていなければならない。消防署は消防本部の下位組織であるが，消防署長が独自で権限を行使できる場合があるので1つの機関とされる。2017（平成29）年4月時点で，1718消防署が全国に設置されている。

　なお，消防行政では，24時間体制で火災や救急に市町村消防本部が対応する部分を「常備消防」，地域住民で構成された消防団が非常時参集で火災に対応する部分を「非常備消防」と呼ぶ。また，消防本部が設置されている市町村を「常備市町村」，消防本部が設置されておらず消防団しかない市町村を「非常備市町村」という。さらに，非常備市町村に消防本部が設置されるか，これら市町村が消防本部の管轄下に入ることを「消防の常備化」という。そして，全国の市町村で消防本部の管轄下にある市町村の割合を「消防の常備化率」と呼ぶ。わが国の戦後の消防行政の歴史は，消防の常備化の歴史ともいえる。戦前の消

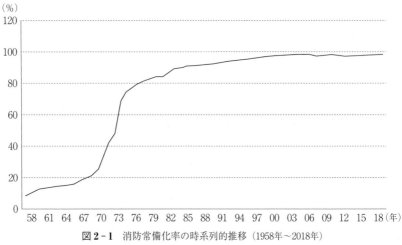

（%）

図2-1 消防常備化率の時系列的推移（1958年～2018年）

出所：国家消防本部（各年度）『わが国の火災の実態と消防の現状』，自治省消防庁（各年
度）『消防白書』の統計データより筆者作成

防は，国が大都市部にのみ24時間体制の官設消防署を設置し，国土の大部分の
消防は，非常備消防である消防団の前身組織（明治以降は消防組，1939［昭和14］
年以降は警防団）が担っていた。そのため，1948（昭和23）年に自治体消防制度
がスタートした後も，消防本部や消防署をすぐに設置できる市町村は少なく，
消防団しかない市町村（非常備市町村）が大多数を占めた。その後も進展のス
ピードは遅く，1960（昭和35）年4月1日時点でも消防の常備化率は13.2%に
とどまった。やっと1960年代後半になってから常備化が進み，1975（昭和50）
年には77.7%になる。そして2017（平成29）年4月時点で98.3%まで進展して
いる（図2-1）

　消防本部は市町村の組織であるので，消防本部，消防署の位置，名称，管轄
区域は条例によって定めている。しかし，消防組織法が組織設置の根拠法と
なっていることから，地方自治法や条例，規則が設置の根拠法となっている首
長部局（市長→副市長→各部局）とは系統を異にしている。一般には，組織系統
上は首長の直下から枝分かれしているパターンが多い（図2-2）。これは，市
町村の首長部局においても火災等が発生し，消防本部による原因調査等の対象

首長部局

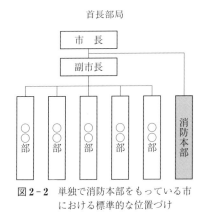

図2-2　単独で消防本部をもっている市
における標準的な位置づけ

となる場合があることから，当事者が自ら調査を行う事態を避けるため，消防本部の首長部局からの一定の独立性を確保しているのである。

　全国の消防本部のうち，最も組織規模が大きな消防本部が東京消防庁で，1万8500人の職員数を擁している。一方，全国で最も職員数の少ない消防本部は三宅村消防本部で，その職員数はわずか17人である。管轄人口や管轄面積にも差があるので，総務省消防庁が定めた消防力の整備指針における人員整備指針（当該市町村はどの程度消防職員を整備するべきかという国の指針）の充足状況を見ると，小規模消防本部ほど国の人員整備指針の充足状況が低調な傾向が見られる。また，1万8500人の大きな消防本部がある一方で，30人以下の消防本部も複数存在する。このような小規模消防本部が二交代制で業務遂行可能な人員数は10人以下となり，同時に編成可能な消防隊や救急隊も限られる。同時多発的な事態への対応体制としては必ずしも十分ではなく，人員不足から複数の業務を掛けもつ兼務体制とならざるをえないので専門性は向上しない。

　これら消防本部や消防署で勤務する職員は，消防職員と呼ばれる。大きく，現場に出動する職員と出動しない職員に分けられる。前者には消防吏員，後者には事務職員，技術職員などが該当する。消防吏員は，一般職の地方公務員（市町村職員）であり，通常の市町村職員と異なり，服制，階級，礼式が制定されている。なお，東京消防庁をはじめ一部の消防本部では，消防吏員を消防官，

消防吏員以外の事務職員等を消防職員と呼称している場合もある。これは消防吏員とその他の職員を識別するための便宜上の呼称であり，国家行政職員を意味する「官」とは異なる。消防吏員の階級は，消防組織法に基づき消防庁長官が定める消防吏員の階級の基準（1963［昭和37］年消防庁告示第6号）を参考に，市町村の規則で定めている。最下位の消防士から最高位級の消防総監まで10の階級がある。[(4)]

広域行政で運営される消防本部

　平成の大合併が一段落した現在（2019［平成31］年1月時点），約1700の市町村が全国に存在するが，消防本部数は732なので数が合わない。それは，732消防本部のうち約39％に当たる290団体が，前述の一部事務組合，広域連合，事務委託といった広域行政（広域的な連携の仕組みを活用し，複数の地方自治体が協力して，事務事業を実施すること）の制度を用い，消防事務を複数の市町村で共同処理しているからである。その構成市町村数は1108市町村となり，常備化市町村の約65％に当たる。

　これらの広域行政の制度のうち，市町村消防で最も多く活用されているのが一部事務組合の制度である。一部事務組合は，名称通り，地方公共団体のさまざまな事務の一部（例えば消防事務）を共同処理することができる制度である。地方自治法第284条2項は，2以上の地方公共団体がその事務の一部を共同して処理するため，協議により規約を定め総務大臣または都道府県知事の許可を得て設けられる特別公共団体と定めている。執行機関である組合管理者，議決機関である組合議会を有し，管理者は構成団体の長から，組合議員は構成団体の長および議会の議員の中から選任される。設置は当該市町村議会の議決を経て行う協議により組合の規約を定め，それは総務大臣または都道府県知事の許可を得て設置される。一部事務組合が成立すると共同処理することとなった事務は，当該市町村の機能から除外される。ゆえに一部事務組合が設置されると構成団体の消防本部や消防署は消滅し，新たに一部事務組合の消防本部や消防署によって事務が遂行されることとなる。一部事務組合の設置により，市町村

の境界を越えた広域的な消防活動が可能となり，また行政水準の向上や財政規模の小さい団体において消防本部や消防署の設置が容易になるなどの利点があるとされている。

　また，地方自治法第284条第3項は，広域連合の制度を定めている。一部事務組合同様，地方公共団体の組合の一類型である。一部事務組合の制度との決定的な違いは，地方公共団体のさまざまな事務の一部ではなく，より総合的な事務を行うことができるという点である。広域連合は，ＥＵをモデルにつくられた制度である。構成地方公共団体の独立性を維持しつつ，広域連合として議会をもつことができ，その長および議員を公選で選ぶこともできる。

　なお，例外的な事例として留意が必要なのが東京消防庁である。地方自治法は，わが国の事実上の首都である東京の一体的・統一的な地域づくりを行うため，都区制度を設けている。都区制度とは，東京の中心部に市町村と同格の基礎的自治体である特別区（23区）を設置し，市町村が処理する事務のうち一体的に処理する必要のある事務については，都が代わりに処理するという制度である。東京特別区が半自治体と呼ばれる所以である。この本来市町村の固有事務であっても特別区（区）には認めず東京都の事務としているものの中に，消防事務や防災事務も含まれる。よって東京特別区は，消防本部を設置して消防行政を行うことができないこととなる。一方，消防組織法は市町村消防の原則のもと，都道府県消防を認めていない。そうなると，制度上，特別区も東京都も，東京特別区エリアの消防行政を行うことができないこととなってしまう。その制度的整合性をつけるため，消防組織法第18条は23区を実在しない1つの市と見なし，その消防本部として東京消防庁を設置しているのである。よって一見，特別区の一部事務組合のようであるが，特別区を1つの市と見なして例外的に市町村長ではなく都知事が管理するということになっているのである。また，東京都下の市町村は，稲城市，大島町，三宅村，八丈島を除き，皆東京消防庁に毎年委託金を払って消防事務の委託を行っている。稲城市を除く多摩地域の市町村においても，東京消防庁の消防署所が設置され，消防や救急サービスを行っているのはそのためである。

消防団

　前述の非常備消防の部分を担う住民消防組織が消防団である。消防組織法は，第９条で市町村に地域住民によって構成された消防組織である消防団の任意設置を認めるとともに，第18条で消防団の設置をする場合は，設置，その名称および区域は市町村の条例で定めるとしている。消防団は，江戸時代の町火消から続く歴史ある住民消防組織である。主として，火災の警戒および鎮圧そのほか災害の防除および災害による被害の軽減等の消防活動に従事する機関である。地域住民によって組織される市町村の公的機関であり，団員は通常は各自の職業に従事し，有事の際に非常時参集し消防活動に従事する。よって，非常勤の団員がほとんどであるが，過去には消防団常備部や機関員常備の体制をとっていた消防団には常勤の団員がいた。住民の有志によるボランタリーな防災組織であるが，自発的に活動する無償ボランティア団体と異なり，制服・階級，指揮命令が存在し，万が一の場合の公務災害補償などの保障制度，出動手当てなどの報酬が与えられる。つまり公的有償ボランティアであり，団員の身分は非常勤の特別職地方公務員である。

　消防団は，市町村区域に単独又は複数設置されている。一般的には，市町村で１つの消防団が設置されている場合が多いが，例えば兵庫県神戸市のように，複数の消防団が設置されているケースもある。消防団の組織構成も消防団のもとに複数の分団，部，班などが設置されている場合が多いが，地域によって異なり統一的な組織が定まっているわけでない。消防吏員同様に階級が消防団にもある。これも地域によって異なるが，一般的には団長，副団長，分団長，副分団長，部長，班長，団員という職名が，そのまま消防団員の階級名となる。団員の採用は本人の志願で任命は消防団長が行う。消防団長は市町村長が任命するが，団に関する事務は消防職員など，常勤の市町村職員が行う場合が多い。消防団は消防本部および消防署からは独立した機関であり，前者との間に上下関係はないが，消防組織法第18条第３項の規程により，消防本部を置く市町村の消防団は，消防署長または消防長の管轄のもとに行動するものと定められている。

　戦後の，非常備消防から常備消防へという消防行政の流れが加速する中でも，消防団しかいない非常備市町村や常備消防が小規模な地域においては，消防団が大きな役割を果たしてきた。一方で常備化によって役目を終えたという誤解などから，過去の産物という認識が広まった時期もあった。しかしながら，阪神・淡路大震災以降，共助の重要性が見直される中で，消防団の役割・必要性というものが再認識されつつある。また現在においても，地方の消防本部が小規模な地域では，初期消火等の消火活動における消防団の重要性は高い。警察の1人勤務の駐在とは異なり消防活動には一定人員数の部隊と特殊車両等の機械力が必要で，特に中山間地域をはじめ少数集落が広域に点在する区域に常備消防組織を満遍なく配置することは不可能だからである。したがって，そのような地域では，今後も消防団が初期消火における重要な消防力とならざるをえない。また，都市部においても大規模災害発生時に公助だけでは災害応急対応は行えない。共助の組織である消防団の助けが必要不可欠である。

　また現在，消防団が抱える深刻な問題として，団員の高齢化と団員数の減少がある。コミュニティの崩壊に伴い，消防団員になろうという若者が減少しつつある。1950年代前半に，200万人を超えていた消防団員数は，85万人（2017［平成29］年度時点）にまで減ってきている。常備化の普及により，消防団員数が減少したという要因も大きかったが，近年は総務省消防庁も消防団員の確保を重要施策の1つとしている。

　また消防団は水防団も兼務している場合が多い。水防団は，水防法第5条の規定により設置される水防に関する防災組織である。一般に消防団が水害時だけ水防団として出動する。消防団と水防団の名称を使い分けるのは，設置根拠法が消防組織法と水防法と違うからである。監督官庁も総務省消防庁と国土交通省と異なる。

国レベルの消防行政の制度および現状

　以上のように，消防行政は市町村を中心に運営が行われているが，消防組織法第2条は国に監督官庁として総務省消防庁を置くと定めている。戦前は，内

務省警保局が警察行政の一環として消防行政を行っていた。しかし，戦後は警察行政から独立し，総理府消防庁，総理府消防本部と組織体制を変え，1960（昭和35）年に地方行政を管轄する自治省発足と同時にその外局となった。これにより，国レベルの消防行政は地方行政の一環として行われることとなった。そして，2001（平成13）年の省庁再編により，自治省が郵政省および総務庁とともに総務省に統合されたことにより，総務省の外局となって現在にいたっている。

　従来，消防庁は，地方公共団体に対して指示権も人事権ももたず，また実働部隊ももたない，主に①企画と立案，②消防関連の研究，③自治体消防の幹部消防吏員の教育のみを行う政策庁であった。しかし，阪神・淡路大震災では，大規模災害時のオペレーション活動を，消防庁が行えないことに対する批判があったため，2004（平成16）年の消防組織法改正で，消防庁は大規模災害時の被災地に対する垂直補完体制の強化を行った。阪神・淡路大震災直後に創設されていた市町村消防本部による被災地への広域応援部隊である緊急消防援助隊を法制化し，本部隊に対する消防庁長官の出動指示権を規定した。これにより消防庁は，災害対応のオペレーション業務も行う政策実施庁となり，今まで認められていなかった市町村消防への指示権も確立した。消防長官に部隊の出動を指示するという権限が認められたことで，緊急消防援助隊は事実上の国の実働部隊となったことを意味している。消防組織法第37条の規定は，消防庁長官の都道府県および市町村への助言，勧告，指導を定めたものである。消防庁の見解としては，指示権創設以前は災害発生時の消防活動における消防庁長官発意の関与ができなかったが，指示権創出により市町村消防の原則は当然の原則としつつも，国家としての責任が明確に位置づけられたことにより，災害現場における実践的かつ具体的な助言，勧告，指導ができるようになったとするものである（山口，2005）。

　消防庁は独自にプロパー職員の採用は行っておらず，消防庁職員は本省である総務省採用の総務事務官または総務技官が消防庁に出向し務めている。消防庁職員は総務官僚であるが，警察庁の警察官僚のように消防官僚とは呼称しな

い。また，警察庁職員は，警察庁長官以下みな警察官であるが，消防庁職員は
消防吏員ではない。無論，一般職の国家公務員であり，市町村消防本部の消防
吏員のように地方公務員ではない。だが，災害時等に着用する消防吏員の制服
や作業服に似た消防庁職員活動服およびそれにつける消防吏員の階級章に準じ
た職員章を制定している。ちなみに，都道府県や市町村の首長部局には，消防
関係職員と呼ばれる消防関係の業務を行う行政職員がいる。消防関係職員は，
都道府県においては，知事，副知事以下，消防所管事務担当部局や消防学校の
行政職員が該当し，市町村においても市長，副市長以下，消防所管事務担当部
局の行政職員が該当する。消防関係職員も，消防庁職員同様，消防吏員に似
通った制服および作業服が設定され，階級章に似たデザインの職名章（消防庁
職員の職員章とも異なる）が設定されている。

都道府県レベルの消防行政の制度および現状

　消防行政は，市町村消防を原則としているので，都道府県がかかわる部分は，
決して多くはない。消防組織法においても，制定当初は都道府県にかかわる規
定はなかった。しかし1952（昭和27）年の改正で，市町村消防を原則としつつ，
その助長育成を図るため，都道府県の所掌事務が明文化された（消防組織法第
29条）。消防にかかわる都道府県の主な所掌事務としては，①消防学校の設置
および，市町村の消防職員や消防団に対する教養訓練，②当該都道府県と市町
村の連絡および市町村相互間の連絡調整などが挙げられる。また，2003（平成
15）年の改正で，都道府県による航空機を使用した市町村消防への支援制度が
導入された（消防組織法第30条）。

　これらの所掌事務のうち，消防学校と航空機（ヘリコプター）を用いた市町
村支援制度は，ほぼ同じ目的が背景にある。消防学校もヘリコプターも，政令
指定都市などの大都市部の消防本部は独自で所有しているが，そうでない市町
村では財政的事情から独自に消防学校やヘリコプターをもてない市町村の支援
を，広域的自治体である都道府県が行うという市町村消防に対する垂直補完の
側面をもっている。ちなみに，大都市の消防本部が所有するヘリコプターは

「消防用ヘリコプター（消防ヘリ）」，都道府県が所有するヘリコプターは「防災用ヘリコプター（防災ヘリ）」と呼称される。名称は異なるが，活用用途は変わらない。兵庫県の場合は，神戸市が消防ヘリ，兵庫県が防災ヘリを所有する。ただ神戸市消防局が兵庫県の防災ヘリ運用も受託し，一体的に運用している。以前は，兵庫県警察本部の方に防災ヘリの運用を受託していたが，警察ヘリの出動案件がどうしても優先されるため，神戸市消防局に委託した。

3　消防の任務

消防の任務の範囲

　では，消防の仕事とは何か。消防組織法の第1条では，消防の任務の範囲が規定されている。消防の任務は，①火災に対して予防，警戒，鎮圧，救護などあらゆる方法により国民の生命，身体および財産を守ること。②災害一般に対して事前に原因を除去し，災害が発生した場合において被害の拡大の防止および縮小を図ること，③災害や疾病による傷病者の運搬を適切に実施することである。ここでいう消防には，消防庁および都道府県，市町村の消防機関が含まれるとされている。①の消防の任務は，消防庁においては消防制度の企画立案，都道府県においては消防職員の教養訓練や消防思想の普及宣伝など，そして市町村の消防機関においては予防査察や消火活動といった直接的な予防，警防活動を通して達成しているというのが消防庁の見解である。また②の被害の拡大防止および縮小を図る任務の対象となる災害は，水害，火災，地震のほか，これらに類する暴風，豪雪，津波，山崩れその他の自然災害のみならず，テロなどの化学災害，原子力災害などの特殊災害も幅広く含む（消防基本法制研究会，2014）。さらに，交通事故，水難事故，労働災害や高所，濃煙，有毒ガス，酸欠等の事故も対象となる。そして，災害一般に対して事前に原因を除去する任務には，予防や火災原因調査活動などが該当する。さらに，③の傷病者の運搬とは，救急活動のことである。本条から消防の仕事は，主に①警防活動，②火災予防活動，③救急活動などがあることがわかる。それぞれどのような活動か

次に見ていきたい。

警防活動

　警防活動とは，火災などの警戒・鎮圧ならびに傷病者の迅速な救出・救護および，人命救助等の一切の活動をいう。つまり警防活動には，火災の消火活動から事故や災害時の救助（レスキュー）活動まで含まれる。消防の最も原点となる活動である。各市町村消防本部が警防規程を定めている。消防法第24条は，火災発見者の消防機関への通報義務を定めている。119番への救急・救助の通報は消防本部の指揮指令室で受信され，最寄りの各隊へ出動指令が発される。このような指揮指令業務も警防活動の1つである。また，警防活動と救助活動は区別されて分類される場合もあるが，広義の定義でいうと警防活動に含まれる。救助および消防（消火）と救急は同じ現場活動ということで，警防部局にまとめている消防本部が多いからである。救助は災害や事故の被災者を救出する業務である。レスキュー隊が救助工作車に搭乗し現場に駆けつけ，救助資機材を用い救助活動を行う。救助の対象は，交通事故，水難事故，山岳事故，地震，CBRNE などの特殊災害など，幅広い。

　消火活動に関しては，消防における重要度は変わらないものの，建材の耐燃化の向上や後述する予防活動の成果などもあり，近年は大規模な火災や火災件数が減少傾向にあり現場活動経験が少ない消防吏員が増えてきたとの指摘もある。救助活動に関しては，近年は大規模災害に対応する体制が強化される傾向にある。新潟中越地震では東京消防庁のハイパーレスキュー部隊が注目され，それを参考にして全国の政令市と中核市の消防本部に特別高度救助隊・高度救助隊が創設された。特別高度救助隊や高度救助隊は，通常のレスキュー部隊よりさらに高度の救助技術をもつ部隊で，隊員は火薬を使用できる資格やクレーン車などの特殊車両の運転免許をもっている。また，国内における大規模災害時の広域応援の部隊として，緊急消防援助隊や海外の災害の際に出動する国際消防救助隊もある。

救急業務

消防行政の主要業務の中でも救急は新しい業務である。しかし，高齢化社会の到来とともに救急の需要は急増しており，救急行政を無視して現在の消防行政を語ることは難しい。次に，消防行政の制度と現状について概観したい。

現在，救急は搬送患者の救命救護活動まで行うが，当初は病院までの搬送救急活動に限定されていた。まず救急対象の拡大までの経緯について見ていきたい。1964（昭和39）年に救急業務が消防機関の活動として法制化された結果，市町村に救急業務の実施が義務づけられ救急業務の内容も明確になった。救急業務の内容は，災害により生じた事故などによる傷病者を救急隊が医療機関などに搬送することと規定され，その対象は災害・事故による外傷傷病者の搬送を当初想定していた。

その後救急業務の対象は，1986（昭和61）年4月の消防法改正により，従前の災害により生じた事故などに加え，政令で定めるこれらに準じた事故その他の事由で政令で定めるものによる傷病者が対象とされた。具体的には1986（昭和61）年8月の消防法施行令改正により，生命に危険をおよぼし著しく悪化するおそれがある症状を示す疾病者で医療機関などに迅速に搬送するための適当な手段がない場合であるとし，外傷傷病者のみならず疾病患者の搬送も対象となり救急搬送対象が拡大した。これは当初想定していた外傷性傷病者よりも疾病（いわゆる急病）による事案が急増し，現実にこれらを救急搬送していたことから現状を追認する形で改正されたものである。現在の救急出動件数の割合においても，疾病が2位の交通事故を5倍近い件数で引き離し1位を占めている（総務省消防庁，2013）。

消防機関の救急業務が法制化された翌年，受け入れる側の医療機関についても「救急病院等を定める省令」が厚生省令として制定され，医療機関の受け入れ告示制度が導入された。しかし1960年代後半に急増する救急件数による受け入れ拒否の問題が発生したことから救急受け入れ態勢が見直され，救急告示制度の補完的システムとして重症度の度合いで一次（救急医療施設，休日・夜間急患センターなど），二次（救急告示医療機関など），三次（救命救急センター）の救急

医療施設が整備されている。救急隊員の資質については，制度発足時の背景が外傷性傷病者の救急搬送にあったため，明確な基準は定められておらず事実行為として応急処置が行われていたに過ぎなかった。その結果，現在は行われていない仮死状態の傷病者に対するカンフル注射が行われていた。それが1957（昭和32）年10月の傷病者の事件捜査で担当検事から医師法に抵触する可能性を指摘され，東京都内の救急自動車から注射器および注射薬を降ろす事態となった（吉澤，2008）。

　その後，救急業務の内容は，1964（昭和39）年3月3日付消防庁長官通知による「救急業務実施基準」により定められた装備資機材を使用して行うものとされ，1978（昭和53）年消防庁告示による「救急隊員の行う応急処置等の基準」により処置の基準が定められた。しかし医師法は，医療行為ができる身分を厳格に決めている。そこで1986（昭和61）年の消防法，消防組織法の一部改正で，それまで事実行為として行ってきた応急処置が，法的根拠に基づく正当業務行為として法制化された。救急隊員の応急手当は，医療行為に該当するものの身分的な許可ではなく，やむをえない場合の緊急避難的行為とされたのである。そして1991（平成3）年4月救急救命士法が可決成立し，救急隊員の救命処置が厚生大臣免許による業務として位置づけられた（消防大学校，2000）。

　救急隊の運用形態はほぼ全国的に統一されたものとなっているが，他の部隊を含めた運用形態は消防本部間で異なる。特に救急隊の人員の配置は消防本部によって随分違い，専従体制の消防本部もあれば，専従の救急救命士に加えて消防隊員や特別救助（レスキュー）隊員が兼務体制で勤務しているところもある。東京消防庁のように規模が大きく人員に余裕がある消防本部では専従体制が導入しやすいが，小規模消防本部では救急救命士はともかくも，他の隊員は兼務体制というケースが多い。

予防業務

　予防はあまり一般には馴染が薄いが，火災が発生した場合の被害軽減を目的とした消防の重要な業務である。建築確認と並行して行われる消防同意，建物

への消防用設備の設置の指導，危険物の規制，防火対象物への予防査察，民間事業所の自衛消防組織への指導育成，再発防止を目的とした火災原因調査などが予防業務の範囲である。消防同意とは，建築確認前に消防機関が消防設備や建築物の防火に関する法令に問題がないかを確認し，問題がなければ建築に同意する仕組みである。防火対象物への予防査察は予防消防業務の核となるもので，消防法に定められた規制が遵守されているか立入検査等で確認し，違反が見つかった場合は行政指導や行政命令を出して問題の改善を図る活動である。さらに，火災原因調査は同様な火災が再度発生しないように，その火災の原因を実地調査や実験などから明らかにする業務である。警察も火災原因調査を行うが，放火の火災原因調査が主な目的である。消防の行う再発防止のための火災原因調査とは目的が異なる。

　予防消防は戦後にわが国の消防に導入された業務である。戦前は，この予防消防の発想がわが国の消防行政にはなかったために，火災の延焼面積は大きく，死傷者も多く経済的損失金額も大きかった。戦後，予防消防が導入されたことで，わが国の火災時の焼失面積，死傷者数，損失金額の減少に大きく寄与している。従来，不特定多数の人間が出入りする，デパートやホテルなどの特定防火対象物への取り組みが中心であったが，予防消防の取り組みの成果もあり，これら建物での死傷者は減少傾向にある。一方，近年は一般家屋での死傷者が多いことから，火災報知機設置の義務化など，一般家屋の予防が重要視されはじめている。

　予防消防は警防や救急と比較し地味な存在であるが，それが潜在的に助けている人命は多く，消防行政の中でも重要な業務である。ただ，慢性的な人員不足の小規模，中規模消防本部では，悪質な違反が見つかっても訴訟リスクを避け行政命令を出さず，法的強制力のない行政指導を繰り返すだけにとどまる場合が多い。裁判を抱えるとこれら消防本部では日常業務がまわらなくなってしまうからである。

― コラム③　救急需要の増加への対応 ―

　わが国の市町村消防は救急業務も実施している。消防行政の中でも救急は後から正式に加わった新しい事務である。救急が消防の仕事と法律に定められたのは，1963（昭和38）年からである。

　ところが近年の救急行政の需要増加は急激である。今や救急サービスの需要は年々増加し，すべての需要に対応できない状況が近年生じている。119番してから現場に救急隊が到着するまでの時間の全国平均は，1997（平成9年）で6.1分であったが，2017（平成29）年には8.6分に拡大している。一般に緊急を要する患者を救命するためには，5分以内に救命処置を施さねばならないといわれており，すでにその時間をかなり上回っている。救急要請増加の問題で特に問題とされるのが，医療機関へのタクシー代わりに救急自動車を要請する悪質な利用者の存在である。救急要請件数の抑制と適正化については，広報活動による市民意識の向上が主な対策内容となっているが，救急業務の有料化の議論も近年されるようになった。ただわが国では救急業務の有料化に対する慎重論も根強く，まだ導入にいたってはいない。

　近年，その有効な対応策の1つとして注目されているのが，コールトリアージである。119番通報時の内容で緊急度・重症度を判定し，救急搬送の必要がないと判断した場合，本人の同意を経て，医療従事者による救急相談サービスを提供するというものである。ただコールトリアージはオーバートリアージ（実際の症状より深刻な事態を想定しトリアージを行う）であれば良いが，アンダートリアージ（実際の症状より軽い事態を想定しトリアージを行う）の危険性がある。アンダートリアージを防止するため，東京消防庁は，♯7119の制度を導入している。これは専門性をもった医療従事者も，24時間体制でいる状況下でコールトリアージを行うというものである。ただ医療従事者を24時間体制で確保するのは，小さな消防本部には財政的負担が大きすぎる。今後，♯7119のような制度を全国的に普及させていけるかが大きな課題である。

　なおそのほかにも，救急需要増加への対応として行われているのが，ＰＡ連携や民間救急会社の活用である。ＰＡ連携とは，救急車が出払っている場合に代わりに消防車が出動して応急処置をし，救急車が到着するまでの時間稼ぎをするというものである。また比較的急を要しない，病院から病院への転院搬送を民間救急会社に任せる消防本部も増えてきている。なお民間救急会社のサービスは，一般には転院搬送に特化した救急搬送業務である。ただ日本救急システムのように，社員が全員救急救命士で搬送業務のみならずプレホスピタル（病院前救急：救急車の中で救急救命措置を行うこと）を実施する企業も現れはじめている。（永田尚三）

4 広域応援の制度

相互応援協定から緊急消防援助体の設立へ

また，大規模災害時の消防行政の制度として広域応援制度がある。これは，1つの市町村だけでは対応不可能な大規模災害に対して，相互に助け合うことを旨とする制度である。従来は，個々の市町村が平時より互いに相互応援協定（消防組織法第21条第2項）を交わし，いざ相手側の管轄区域で大規模災害が発生した場合に救援部隊を派遣するという制度が一般的であった。しかし阪神・淡路大震災で相互応援協定で派遣された部隊間の連携が上手く取れなかったことや，国（自治省消防庁）に実動部隊がいなかったことで批判を受けたことから，緊急消防援助隊が設立された。

緊急消防援助隊は，大規模災害時の人命救助活動をより効果的かつ迅速にできるよう，全国の消防機関相互による援助隊を構築するため，1995（平成7）年6月に創設された。市町村消防側が被災地に派遣できる部隊（当初は救助，救急部隊等，後に消火部隊，特殊災害部隊，航空部隊，水上部隊も登録部隊として含まれた）を事前登録しておき，いざ大規模災害が起きた時に，都道府県単位で部隊を編成し出動するというものである。事前登録制にしたのは，当初緊急消防援助隊の根拠法がなかったので，消防組織法第44条による応援措置要求の枠内で円滑に出動するためである。

緊急消防援助体の制度化と増強

しかし当初は要綱設置という形でスタートし，大規模災害発生時には，消防庁長官の要請により被災地に出動し，被災市町村長の指揮のもとで活動することを任務としていた。緊急消防援助隊を定める法律上の規定がなく，派遣に要する経費も市町村の自前であった。

そこで総務省消防庁は，消防審議会の「国，地方の適切な役割分担による，消防防災，救急体制の充実に関する答申（2002（平成14）年12月24日）」を受けて，

2004（平成16）年4月1日施行（2003（平成15）年6月改正）の消防組織法の改正により緊急消防援助隊を制度化するとともに，緊急消防援助隊に対する消防長官の指示権を定めた。また派遣に要する予算および必要な装備を整備するための予算も国から支出されることとなった。

　総務省消防庁は緊急消防援助隊の増強を図っており，2017（平成29）年4月1日時点で全国727消防本部から5658隊が登録され，さらに2027年度末までに6000隊の登録を目指している。なお，2008（平成20）年7月1日付消防庁次長通知（消防応第104号）により，「大規模地震における緊急消防援助隊の迅速出動に関する実施要綱」が策定されている。これにより，概ね震度6以上の大地震発生を要件として，あらかじめ都道府県知事と市町村長に出動準備の要請を行っておき，地震発生と同時に出動する体制になった。また同通知に基づき緊急消防援助隊運用要綱も2008（平成20）年7月2日付で改正され，都道府県知事による都道府県隊応援等実施計画の策定を努力規定から義務規定に変更し，発災時には都道府県知事が災害対策本部に消防応援活動調整本部を設置するとともに，部隊移動については消防庁長官に加えて都道府県知事の指示も可能なものとしている。

　例えば東日本大震災は福島第一原発事故を併発したが，原子炉冷却のため放水活動が必要となった。自衛隊や警察とともに消防も放水活動を行った。この時に最初に出動したのは，東京消防庁の緊急消防援助隊であった。東京消防庁やいくつかの大都市消防本部にしか，放水活動に必要な装備や専門性をもった人材が居なかったからである。ただ，前代未聞の危険を伴う業務であったため，この時国は出動指示ではなく出動要請を東京都知事に対して行った。出動要請は，指示より一段強制力の弱いもので断ることが可能である。身分上は東京都の地方公務員である東京消防庁職員に，管轄区域外で危険な業務を行わせることへの国の一定の配慮からである。

5　消防行政における政策的課題

消防の課題

　消防行政における政策的な大きな課題が，小規模消防本部および消防非常備町村を今後如何に解消するかである。消防の主な業務としては，警防，救急，予防があるが，これら地域ではそのそれぞれにおいて課題が見られる。

　警防においては，建物の耐然化の進展により大火は減少傾向にあるが，2016年の糸魚川大火では，大規模火災への対応に小規模消防本部の保有する消防力では不十分である現状が改めて明らかとなった。そして，大規模自然災害発生時の，被災地への広域応援活動も，日常の消防活動をぎりぎりの組織資源でまわしている小規模消防本部にとっては，大きな負担となっている側面がある。

　また救急においては，小規模消防本部では，予防にまわす人員確保が難しく，その結果として予防査察の実施率の低さや違反（消防法上の規制を守らない危険な建物）の放置につながっている。総務省消防庁の統計によると，火災の予防に当たる専従職員の充足率は全国平均で70％弱，予防査察の実施率も31.4％（1999年度）と非常に低い。

　さらに火災原因調査では火災の原因を特定をするため，火災の再現実験などの研究機材や実験環境が必要となる場合がある。中核市以上の市は，独自で保健所がもてるので，保健所付属の研究所やそこの機材を火災原因の検証に用いることが可能である。また大都市消防本部も，独自の研究所を保有している場合があるので，そこで火災原因の特定を行うことができる。一方，小規模消防本部は，このような実験を行う機材や環境がなく，また実験を行って火災原因を検証する人材が居ない。そのため，小規模消防本部では不明火（火災原因が特定できない火災）が多く，本来火災原因調査が目的とする類似の火災の再発防止につながらない。

救急の課題

そして救急では，高齢化社会のため救急需要の増加が年々続いている。それは小規模消防本部の管轄地域においても例外ではない。限られた救急車や救急隊員で，救急需要の増加に対応しなければならない。小規模消防本部以上に深刻なのが，消防非常備町村の救急である。消防団は救急搬送を行うことができないため，役場や医療機関が救急搬送を実施している。しかし，消防の常備市町村では確保されているプレホスピタルケア（医療機関に搬送するまでの救急車内で行う応急救護）の水準が確保されていない。他地域では助けられる命が助けられない事態が生じている[6]。

そのため，総務省消防庁は，全体のおよそ90％を占める管轄人口30万人未満の消防本部の解消を視野に入れた広域再編を2018年3月末まで実施していた。必ずしも，当初の想定通りには進まず，改めて4月1日より期限を6年間延長し，体制の立て直しを図っているところである。ただ消防の広域再編は，小規模消防本部と一緒に消防一部事務組合を結成するか，小規模消防本部の消防事務を事務委託の制度で受託しなければならない，大規模消防本部や中規模消防本部にとってメリットが少なく，期限延長後も難航が予想される。

非常備町村の救急問題は一刻の猶予もない，また今後一部の小規模消防本部は，過疎化や住民の高齢化の影響で消防サービスの低下が危惧される。これら地域では，非常備消防である消防団への依存度が極めて高いが，全国的に消防団の減少が大きな問題となっており，これら地域も同様である。すでに，団員の定年の引き上げを毎年のようにせざるをえない町村も出てきている。例えば，このような地域の消防，救急事務に関してのみは，都道府県が市町村に代わって行うなどの，従来の市町村消防の枠にとらわれない柔軟な消防体制の検討が今後求められる。

注

(1)　消防職員とは，消防組織法の第12条に基づき消防本部および消防署に置かれる市町村の職員で，消防吏員およびその他職員のことを指す。

(2) 以前は，常備部をもつ消防団も存在したので，常備消防＝市町村消防本部，非常備消防＝消防団とはならなかった。

(3) 通常，消防隊は消防ポンプ自動車1台に5名で搭乗し，救急隊は救急自動車1台に3名で搭乗する。二交代制の場合，休みなども考慮すると，その倍にさらに2名から3名程足した数の人員が必要となる。つまり，30名という職員数は，消防隊1隊および救急隊1隊かいずれか2隊程度を，最小構成でぎりぎり編成できる人数となる。同時に，火災や救急が発生した場合や，大規模な火災などには対応が困難な人員数である。

(4) 具体的には消防総監，消防司監，消防正監，消防監，消防司令長，消防司令，消防司令補，消防士長，消防副士長，消防士の10階級がある。

(5) 併せて，特別区間の地域間格差を是正するために，特別区の税収から都が一部徴収して再配分を行う都区財政調整制度がある。

(6) 非常備町村の中には，民間の救急会社に救急事務を委託するところが近年出てきている。宮崎県美郷町と徳島県勝浦町で，これら2団体は日本救急システムという民間企業に救急事務の委託をしている。日本救急システムは社員全員が救急救命士の資格をもっており，常備市町村の救急と同様のプレホスピタルケア（病院に到着するまでの間の救急車内での救急救命処置）が可能となる。ただこれら2つの団体は，非常備町村の中でも人口規模が大きく財政的にも恵まれた団体である。複数の非常備町村が，日本救急システムへの委託を一旦検討し，財政上の理由から断念している。

参考文献

消防基本法制研究会（2014）『逐条解説　消防組織法　第三版』東京法令出版。

消防大学校（2000）『消防教科書救急Ⅰ』財団法人全国消防協会。

総務省消防庁（2013）『平成25年版救急・救助の概要』。

総務省消防庁監修（2006）『逐条解説　消防組織法』東京法令出版。

村上研一（2005）「消防団の活動環境整備の在り方について——消防団の充実強化に向けた組織・制度の多様化」『消防防災』第12号，東京法令出版，16-22頁。

山口祥義（2005）「平成17年度消防庁組織体制の充実強化概要」『消防防災』第12号，東京法令出版，27-42頁。

吉澤一彦（2008）「忘れてはならない消防救急をいま振り返る」『プレホスピタル・ケア』第84号，東京法令出版，6-9頁。

■　■　■

読書案内

消防基本法制研究会（2014）『逐条解説　消防組織法　第三版』東京法令出版。

　消防行政の制度を知るうえで，欠くことのできない本である。消防行政の柱となる法律としては，消防組織法と消防法がある。消防組織法は制度，消防法は規制について定めた法律である。本書は前書について国の法解釈について説明している。

永田尚三（2009）『消防の広域再編の研究——広域行政と消防行政』武蔵野大学出版会。

　消防白書と併せて読むと，消防行政の実態および課題，動向を深く理解できる。わが国で多数を占める小規模消防本部の課題とは何か。またその見本のため，国が実施している消防の広域再編のメリット，デメリット等について，詳しく分析を行っている。

総務省消防庁監修（2018）『消防白書（平成30年度版)』日経印刷。

　消防行政の現状，課題など，消防行政の全体像を知ることができる。現時点で，総務省消防庁が何を課題と考えているかを理解するうえで，非常に重要な文献である。また，最新の統計が載っており，全国的な動向が分かる。

練習問題

① 　消防事務の共同処理の方式として，どのような制度があるか。3つ挙げよ。
② 　常備消防とは，具体的に市町村のどのような機関を指すか。

（永田尚三）

― コラム④　消防団の活性化策 ―

　大きな災害が発生すると，行政（公助）のみでの対応は不可能である。地域住民の助け合いの体制（共助）が必ず必要となる。わが国における，その共助体制の中核が，消防団である。わが国には，災害に対応する代表的共助の組織として，消防団のほかに，コミュニティレベルの住民防災組織として自主防災組織が存在する。ただメンバーは，主に自治会や町内会の役員で構成され，高齢者が多いため，訓練等への参加率も全国的に低く，災害時に，どこまで機能するか疑わしい部分がある。そのような視点からいうならば，日頃から訓練されており，災害時に実効性をもって活動できる共助組織は，わが国では唯一消防団しかない。

　ただ，その消防団の衰退現象に歯止めがかからない。団員数が年々減少し，1955年には194万人だった団員数が，2017年には85万人まで減った。また，若者が消防団に入団しなくなり，高齢化にも歯止めがかからない。1975年に33.3歳だった消防団員の平均年齢は，2017年には40.8歳となっている。これら問題の主要因は，団員になる層のサラリーマン化と，地域コミュニティの崩壊である。以前は，消防団員になるのは，地域に昼間でもいる農家や商店主だった。ところが，それらの層の多くがサラリーマン化してしまった。平日，他地域で働くようになると，地域社会との繋がりは相対的に希薄になる。その結果，消防団に入らない地域住民が増えた。

　また，消防団は，戦前の消防組から続く住民組織である。戦後に，市町村消防制度が導入され，市町村の行政が24時間体制で火災等に対応する常備消防と，地域住民が非常時参集で消防活動を消防団として実施する非常備消防の併存体制が，全国の市町村において現在一般的である。ただ，そのような状況が生じたのは実は1960年代半ば以降のことである。それまで全国市町村の多数は，財政的な事情から消防事務を実施しておらず，火災の対応をする組織は市町村内に消防団しかいない地域の方が多かった。よって，地域社会の中での消防団の重要性は，現在とは比較にならないほど高く，成人男性を問答無用で入団させる文化が，地方においては非常に根強くあった。このようなインフォーマルな強制力が，地域コミュニティの崩壊，生活スタイルの変化等で弱まったことも，消防団員減少の要因の１つである。近年は，総務省消防庁も，消防団の活性化策に力を入れ，女性消防団員や学生消防団を増やす施策や，活動内容を限定し入団のハードルを下げた機能別団員や機機能別分団の制度を創設し，団員数の増加を図っている。ただ，複合的な要因が背景にあるため，なかなか有効な対策が見つからないのが現状である。ドイツなどの消防団では，若者獲得のため小学校の下級生ぐらいから子どもを消防団に入れ，活動に早期から馴染ませる施策が成果を上げている。わが国にも，少年消防クラブの制度があるが，消防団員獲得に繋がっていない。今後，少年消防クラブの体制強化と，消防団との連続性確保が求められる。

（永田尚三）

第3章

医療行政における地方政府

——医療制度の変化とその対応——

この章で学ぶこと

　医療自体は古くから存在するけれども，あてになる技術へ変貌したのは近代以降のことである。医療が高度化すると，医師の技量を公的に認定したり，高度な医療を実践する病院をつくったり，高額になった医療費を保障する仕組みをつくったりする必要が生じる。こうした大掛かりな仕組みは，政府のように公的な組織でなければ担えない。その意味で医療とは，近代技術と近代国家の産物なのである。

　日本の医療の発達は西洋医学と大きく異なっていたので，近代化とともに政府が医療制度を構築した。また国家の政策目標は時代に応じて異なったので，医療制度も相応の変化を経験した。医療行政や衛生行政を細かく丁寧に実行するには，住民に身近な存在である地方政府の協力が必要であり，本章はそうした観点から医療と地方政府の関係を説明する。

1　医療問題の多義性

問題としての特性

　人間は生涯を通じて何度か病気や怪我を経験する。風邪や切り傷などの軽症もあれば，足切断やがん，認知症のような人生にかかわるものもある。医療とは，疾病の治療と健康維持のための技術であり，一方で治癒の可能性はその時代の技術水準に依存する。例えば虫垂炎（盲腸）は，現代ならば普通の技術で治る病気だが，治療法や診断が確立するまでは致命的重病だった。

　ところで現代の医療は，あてにしてよい技術と認識されている。僻地だったり経済的に困窮したりして，受診機会が制限されることは社会的に望ましくない。だから医療の公共性を実現するために公金を用いても，普通は誰も異論を

唱えない。その意味で，医療とは科学技術であり，同時に社会制度でもある。さらに，医療は医師と患者の間で実践されるので，社会的・経済的に対人サービスと呼ばれる[(1)]。

さて，こうした特徴から医療の「問題」を考えてみよう。問題とはあるべき状態と現状の間で認識されたギャップである。だから，問題とは「進展が遅い，達成が充分でない」というものもあれば，そもそも関係者間で目標地点の合意がない，といったものもある。医療の技術面に着目すれば，例えば iPS 細胞による網膜再生の研究開発をもっと促進すべきだと「医療の問題」を捉える人がいる一方で社会制度としての医療では，受益と負担に乖離が生じていることが問題だ，とか，救急患者のたらい回しを防ぐためにどうするか，といった「問題」を解決しようとする人もいるだろう。また，対人サービスこそが医療の本質だと考えると，患者の思いを大事にした医療が必要だとかセカンドオピニオンの導入が望ましいと「問題」を把握する場合もある。治療薬の承認プロセスの問題や出生前遺伝子診断の可否など，医薬行政や生命倫理にまたがるなど，「問題」は幅広い。

つまり医療には個別の問題は存在するが「医療問題」と総括できる単一の公共課題はない。しかも個々の課題は相互に排他的かもしれない。技術が進歩して治療可能性が増せば，一方で医療費の負担は増す。出生前診断が普及すると判断の材料は増えるが，一方で生命は選別してよいかという問題も生じる。

制度としての医療

本章ではさしあたって健康回復の仕組みとして医療を考える。一般市民にとって医療が身近だというのは，すぐ近くにちゃんとしたお医者さんがいること，しかも治療費は一般家庭で払える程度であることを意味する。これを物理的アクセスと経済的アクセスの保障と呼ぶことにしよう。国民の健康を維持するために医療を保障することは，近代国家の重要な任務である。そして，国家の責務として医療政策を実施し，個々の国民に政策効果を浸透させるためには，住民に直接接触できる地方政府の協力と動員が不可欠なのである。

　次節では公的制度としての医療システムを概観し，２つのアクセスを具体的に説明しよう。次に，地方政府が活用する具体的な手段（設備や人員，権限）を具体的に理解したい。また，政策環境は時代によって変化するが，地方政府はそれに対応して医療政策を変容させていった。地方政府は万能ではなく，むしろ限られたツールで医療制度を具体化している。そうした限界や制約，環境変化を考慮に入れたうえで地方政府の将来的な医療実践の方向性を最後に示す。

2　医療を理解する視点

歴史の関数としての医療

　本章の冒頭でも記したように医療自体は極めて古い営みであり，文明のあるところには医療があった。例えば古代ギリシアで患者を収容し養生させたアスクレピオス宮殿は，今日でいう病院の原型である。しかし科学技術としての医学は千年以上の停滞を経験した。思弁的な古代・中世哲学が医学にも影響し，また人体解剖が禁じられたので，実証的な病理研究が進まなかったからである。例えば発熱や痛みはミアズマ（瘴気）によって起きると考え，衛生の配慮が乏しかった。中世の病院では複数患者が１つの病床を共有しリネンも交換しなかった。入院患者は９割が死亡し，医師や看護師まで感染死した。医学が急速に発達するのは，消毒と麻酔が普及して外科治療が安定し，また細菌学の発達で病理学が確立した19世紀末だった。医療は，人類史全体から見ると祈りや呪術のような宗教行為と区別が曖昧な時期が長かった。

　ところで社会制度が変化する際には，既存の社会機能が前提となって進化するので，社会背景の違いが国ごとに異なったシステムを形成する。政治学ではこうした現象を経路依存（path-dependency）と呼ぶ。医療でいうと，西洋社会では修道院が病院（ゲストハウス）を建設し修道女が看護師を務めた。入院患者は症例を学ぶ最適の「教材」なので，医師は病院附属の医学校で学び卒業して医師になった後は同業組合（ギルド）に加入して結束した。一方，江戸時代の日本の医師は市中の個人診療所で治療にあたった。弟子として技量が水準に

達した医師志願者は，親方から免許皆伝されて独立し流派の一員を名乗った。また診療自体は仁術なので課金せず，収益は医師が調合した漢方薬の謝礼（薬礼）の形で得ていた。

　こうした医療制度の発達経路は，近代化した後も医師の身分や機能，医療機関のあり方に大きく影響する。日本で医薬分業が徹底されなかった背景にこうしたなごり（遺制）があり，薬剤師の地位が先に確立した西洋社会と異なる医療体制が形成されたのである。また，同じ西洋社会でもイギリスでは家庭医と専門医が厳密に区別される一方，アメリカの医師は日本と同様に何らかの専門を持っている。このように，制度発達の歴史的な経緯の違いで現在の「到達点」が異なる歴史的なシステムが医療なのである。医療を理解する第1の視点は歴史性である。

健康保険と医療供給

　19世紀半ばに医療技術への信頼性は高まった反面，医療費自体も高騰し[(2)]，従来のように個人で医療費を負担できなくなった。つまり新たな医療課題として，医療経済という観点が浮上した。そしてその一般的な解決法は国家による疾病保険の構築だった。

　社会福祉が個人責任だった近代初期の社会では，疾病は失業を招き貧困に直結した。そうした貧困層が集住するスラムは都市衛生的に極めて危険な存在でもあった。そのため，医療に対する経済アクセスの保障は，社会不安の緩和（革命の予防）に必要な仕組みだった。健康保険は，19世紀末にドイツで始まり世界各国に普及した。また世界大戦から始まった傷病兵医療が全国民を対象とした制度へ拡大した。

　日本の健康保険は，1911年の工場法制定が端緒である。1922年に被用者保険（以下，社保）が制定され，1938年には市町村を単位とする地域保険（国保）が始まった。両者は社会不安や高度国防国家建設を理由とした国策の一環だったが，医療アクセスの経済的保障自体は世界が福祉国家化する流れに沿った施策だったので，戦後も制度の成長と拡大は続いた。1961年に全市町村で国保実施

が義務づけられ，国民は何らかの健康保険に加入する国民皆保険体制が完成した。ただし，日本の疾病保障は社保がまずあって，それに該当しない者が国保に加入する仕組みになっているが，国保は社保より負担が重いなど保険間格差が大きく，公正の観点からその是正が政治的課題となった。また，保険治療はさまざまな制約が設定されるうえに，戦前の健康保険の診療報酬設定は安かった。そのため医師たちは保険を嫌っていたが，戦後の経済混乱や保険範囲の拡大によって，医療自体が健康保険に取り込まれていった。1950年代の後半までに，健康保険制度にかかわる諸問題は，医師や厚生省などの当事者に加えて，患者・保険料負担者としての国民にも大きな関心事となっていた。こうした現象を医療の保険化と呼ぶ。保険化した医療では医療経済が中核的課題となり，医療価格を公的に決定する中央社会保険医療協議会（中医協）が政治的紛争の場となった。

　一方，医師（人）や病院（場）はどう整備されただろうか。西洋医療の原型が存在しない日本では，1875年に「医制」が発布されて漢方医学から西洋医学へ大胆な切り替えが行なわれた。政府は国立・県立の医学校を設立したほか，医術開業試験を実施し私塾などに通った独学者に医師への道を開いた。細菌学者として高名な野口英世も試験合格による医師だった。帝国大学や官立大学，医学専門学校の新設や大学昇格が続く中で開業試験は1916年に廃止され，医師養成は学校に一本化された。これを医育の学校化という。

　また明治中期から大学や軍，県，赤十字社，済生会など公的病院が設立されたが，医療機関の中心は個人の診療所や病院だった。日本の医療供給は，開業医を主軸に公的整備を抑制する点に特徴があるが（川上・小坂，1992：28-29），戦中期から戦後にかけて状況は激変した。戦前の総動員体制形成は医療にも適用され，医療機関は新設の日本医療団に統合されて公営医療が志向された。また戦後に制定された医療法は，病院が医療の中核だと規定した。さらに結核が克服されたことで治療の中心は脳疾患やガンに移行したが，これらは病院でしか対応できないものだった。このように医療の中心が病院に移動することを医療の病院化，あるいは病院の世紀への転換（猪飼，2010）という。

以上に見たように，医療の政策課題とは経済的・物理的な受診機会の確立であり，政府の医療関与とは2つのアクセスを向上させるべく国民の支持を調達することにほかならないことがわかる。

公衆衛生と政府

1880年代にコッホとパスツールが細菌学を発展させ，疾病の真因が把握できるようになった。一方，明治期の日本は頻繁に伝染病が流行し大量の死者を出したので，政府にとって衛生行政を徹底して社会不安を抑えることは重要な国家目標となった。衛生行政は内務省衛生局が所管したが，地方における政策実施は警察が担当した。当時の衛生状態の特徴は，主たる死因が結核だったことと乳幼児の死亡率が高かったことである。こうした状況は，第2次世界大戦中に大きく変化した。中国や東南アジアの戦線が拡大する中で，総合的な軍事力強化，例えば農村部を含めた国全体の衛生を改善し頑健な兵士を確保する必要に迫られた。そこで軍は，1933年の厚生省独立を支援して国保の全国展開を後押しした。しかし，より具体的に衛生状態を改善するには，乳児死亡率を低下させ成年男子の結核に丁寧に対処しなければならない。そこで公衆衛生を学んだ看護師を町村に駐在させて母子保健や結核対応を実践した。これが保健師制度の発端である。

従来は戸籍・学事・兵事に限定されていた市町村の任務は拡張され，経済農事振興や保健衛生が含まれるようになった。1930年代に保健所法が制定され公衆衛生行政が拡大したが，その実効性を上げるためには，専門知識をもったスタッフが一定の裁量幅のある実践を地方レベルで行うことを必要とした。福祉国家化が世界的に進展する中で，敗戦後もこうした取り組みは継続した。特に，府県保健所と市町村の国保保健婦は，予防医学を地方政府が徹底する際に不可欠な存在だった。明確な権限が与えられた実施機関の存在と専門スタッフの配置は，衛生行政の全国的浸透をもたらした。

3　地方政府と医療

保険者としての地方政府

　福祉国家の発達には地方政府の能力が前提となっている（北山，2011）が，前節で述べたように衛生行政の浸透も，能力ある地方政府の存在が前提であった。それでは医療制度全般で地方政府はいかなる役割を果たすのか。

　日本は皆保険制度を採用しており，国民は大企業・官公庁の被用者とその家族が加入する組合健康保険／共済組合（以下，組合健保），中小企業の被用者と家族が加入する協会けんぽ，そしてそれ以外の自営業者や農業，高齢者が加入する国民健康保険（以下，国保）に三分され，被保険者も概ね三等分される。国保の保険者は各市町村であり，保険料率は市町村ごとに設定されその差は最大で3倍におよぶ。

　国保財政のうち保険料収入は総額の4分の1しかなく，収入の大部分は国庫補助や他保険の支援金に依存している（次頁表3-1）。国庫補助は1950年代半ばに創設され，当初は市町村の事務費負担を軽減する目的で始まった。その後，高止まりしがちな国保保険料を軽減して保険格差を是正するため医療費給付の2割助成へと拡張された。また本来，国保は特別会計で運営されるが，政策的な配慮で一般会計から補助を行っている。一般会計繰入金は自治体の内部助成なので助成を増やした分だけ一般会計の政策を抑制する。こうした状況を前提とすると，地方政府は健康保険を通じて医療制度にどう関与するだろうか。

　市町村は保険者として国保財政の健全化を強く志向する。国保は今述べたように外部資金に依存し，また療養給付費はインフルエンザの流行や新薬の導入，病院の増床など非行政的要因で変動するため，二重に自立していない。特に，医療需要は供給が規定するサービスであり，一方で市町村は供給管理権限をもたない（西村・柿原，2006）。つまり国保財政は他律的で，地方政府が主体的に介入する余地は少ないが，国保財政の管理者として医療費の膨張に警戒感はもつ。とりわけ，被用者が少なく住民の多くが国保に加入する農村部では，もと

表 3-1 2020年 国保財政概要

収入費目	額（億円）	率
保険料	25,417	22.33%
国庫補助	35,231	30.95%
府県補助	10,815	9.50%
一般会計繰入金	5,967	5.24%
前期高齢者交付金	36,250	31.85%
他項目	149	0.13%
小計	113,829	

出所：厚生労働省報道発表により筆者作成

もと財政力が弱い中で国保の重みが増すため，その運営は自治体財政にとって決定的であるだけに警戒感は強まる。

　他方で，市町村は，外部資金獲得を働きかける構造上の動機がある。再選を目指す首長はバランスよく政策を実施したいので，一般会計の自由度が失われる国保繰入金の増額には慎重である。自由度と国保財政の両方を維持するには，第1に国庫補助を増額し，第2に他保険からの拠出金を拡大しようと試みる。国保加入者は平均所得が相対的に低いので，補助の拡大は自治体に共通する利益である。一方，社保は動機や推進主体が首長ほど切実でも具体的でもないので，国保の圧力行動を充分にかわしきれなかった。例えば組合健保の構成員とは，雇用主と従業員だが，拠出金の増額阻止は経営者や労組の日常で中心的な争点でない。さらに首長は自民党の政治家系列ネットワークで集票の要となるため，市町村を代表する国保側の要求に自民党は協力的だった（宗前，2012）。

　市町村の財政均衡を図る府県と保険者である市町村は，自治体財政を均衡させるため医療経済に強い関心をもっていることがわかる。

地方政府の保健機能

　一般に地方政府は医療需要を管理しにくいが，政策実施の手段（制度装置）をもたないわけではない。地方政府に必置される制度装置が保健所・保健セン

ターである。2章3項で述べたように，日本の衛生行政は当初警察活動の一環
だったが，昭和期に乳幼児保健や結核予防に対する関心が高まった。そこで保
健婦規則が制定されて公衆衛生を専門とする看護職が，全国に新設された保健
所や市町村国保組合で活動した。保健婦は当時としてはかなりの高学歴を要件
とし，特に市町村においては希少な専門職だった。戦後の日本は GHQ の統制
下にあったが，新憲法が地方自治を尊重し，また GHQ の衛生福祉局（PHW）
は技官を優遇した。さらに，法律や予算でも地方政府の衛生行政を支援した。
1947年に保健所法が全面改正され，厚生省・県・保健所にいたる行政体系の一
元化が確立し，773カ所の保健所設置や3万1500人の定員が認められた。さら
に保健所長には医師の必置が法定され，食品衛生や伝染病予防を含む総合衛生
行政拠点として重視された。

　市町村の保健婦の処遇は不安定だったが，国保制度が安定しさらに皆保険化
したことで，疾病の予防や予後対応の主力として重用されるようになった。
1978年には，市町村保健婦の身分が国保会計から一般会計へ移管され，技術吏
員として自治体内に正式に位置づけられた。日本の市町村保健は乳児健診や国
保の健康診断，高齢者ケアや精神障害者ケアを含め総合的に実施されているが，
高度に標準化された保健師による予防医学活動は，均質的かつ高水準だといっ
てよい。

地方政府の医療機関

　日本の医療は開業医中心主義だとはいえ，採算に困難を抱える地域では，受
診機会の公平性を担保するため地方政府が病院を直営することがある。そもそ
も，日本社会には病院の原型がなかったので，明治時代の病院整備は公的セク
ターが中心的な主体だった（福永，2014）。それでは医療体制における公立病院
は現在，どのような状況にあるだろうか。

　医療法は，20病床以上を有する医療機関を「病院」とし，20未満ないし無床
の「診療所」と区別している。ところで個人が開業する診療所は当然として，
大型医療機関である病院でも公立は施設数の10％弱，病床数の12％を占めるに

表3-2 日本における医療機関の分布

総病床 1554879 総施設数 8412			病床シェア	施設数	平均病床
地方政府 (11.8%)	県	53258	3.4%	198	269
	市町村	130230	8.4%	627	208
民間 (67.1%)	医療法人	865116	55.6%	5766	150
	学校法人	55873	3.6%	113	494
	社会福祉法人	33851	2.2%	198	171
	生協	13416	0.9%	81	166
	会社	9671	0.6%	38	255
	その他法人	45465	2.9%	216	210
	個人	20109	1.3%	210	96

出所：平成29（2017）年医療施設調査（厚生労働省）データから筆者作成

過ぎず，私立主体の傾向が観察できる（表3-2）。ただし公立病院の規模はやや大きく医療機能が高度であると推察される。病院はこのほかに，国（大学含む）や赤十字社・済生会などの公的医療機関が運営するものがある。

　公立病院は料金収受を伴う公営サービスであり，水道事業や市営交通と同様に地方公営企業に位置づけられる。公営企業は，企業会計を採用し経営の効率性が比較対照できるよう設計されている。ただし，医療の公共性を実現するための公営なので，私立病院なら発生しないコストが公立病院には存在する。市場で供給されないという意味で「政策医療コスト」と呼ばれるこうした費用は，病院の経営努力では解消できないので地方政府の一般会計から繰り入れて経営を維持している。

　次にビジネスとしての病院の特性を考えてみよう。第1に医師や看護師などのスタッフは労働の流動性が高い。そのため人件費は開設者自治体の財政事情に関係なく，業界の一般的水準を保障（それはしばしば高額になる）しなければならない。また，労働集約的であるうえに多様な職種が働く医療では，特別な人事管理が必要である。第2に，病院は建物や検査機器など高額な装置を装備

する。つまり，経費として多額の減価償却を毎年計上せねばならず赤字になり
やすいが，他方で投資を怠れば患者の受診選択対象から外れて経営を悪化させ
かねない。さらに人事面に注目すると，病院の経営管理部門は，ローテーショ
ン人事で派遣された地方政府の一般行政職員が就くことが多い。さまざまな部
署を異動する行政職員にとって病院経営の専門性を深める動機は生じにくい一
方，専門職の集積する病院で事務部門は最も専門性に欠けている。そのため公
立病院では，管理部門と診療部門に不信の構造が生じやすい。このように，公
立病院は地方政府にとって金銭的・非金銭的な保有コストがかさむ装置である。

　ただし，保健所・保健センターと違って公立病院は自治体必置機関ではない。
非保有自治体が新たに公立病院を開設することはまれで，保有自治体も民営化
や独立行政法人化により運営を外部化する傾向にある。直営を維持する自治体
も，外部から病院経営に実績のある医師を病院管理者に招いたり，病院事務採
用区分を設けて事務職のプロパー化を進めたり，経営の専門性を深めつつある。
いずれにせよ，公立病院という存在は地方政府内部の医療政策を左右するほど
強い影響力をもたないし，また医療体制全体においてもその方向性に影響力を
もたないという意味で限定的・周縁的な存在といえる。

地方政府の人的資源

　政府が立案した政策が社会に浸透するには政策自体に説得力が必要で，その
ために政府内に専門職を多数保有している。中央レベルで医療政策を立案・調
整する厚生労働省は，医師資格を持つ官僚（医系技官）を300人弱保持し，政策
立案の正統性を高めている。それでは地方政府はどうか。

　公立病院の医師は地方公務員の身分をもつものの，診療業務を主務とし政策
形成に関与しないためここではカウントしない。医師総数32万人のうち地方政
府に所属するものは約1200名おり，その80％（900名強）が保健所に，残り
（240名）が本庁に勤務する。つまり，政策を立案する「ビジネススーツの公務
員医師」は医療界で例外的存在といってよい。ただし医師の絶対数が少ない地
方では，地方政府に医系公務員が存在すること自体で医療政策の正統性を担保

する可能性はある。

　地方政府でより普遍的に存在する専門職は先にも述べた保健師である。地方政府で働く３万8000人の保健師のうち２万8500人（75％）は市町村に所属する。また地方公務員総数は330万人（1997年）から280万人（2011年）に減少したが，保健師は２万5000人から３万1000人へ逆に増加した。この傾向の背後には，高齢者の施設入所を抑制し在宅ケアを拡大するケアの地域化が存在する。高齢化が進むと疾病構造は慢性化する。それをすべて施設で対応すると医療経済の面からも患者の生活環境（生活の質・QOL）からも好ましくないため，治療やケアが在宅化された。そうした医療と生活を媒介し支援する専門職として保健師が重用されるようになったのである。また教育課程が標準化されている保健師が遍在するということは，都市部から農村まで高度な人材が浸透することを意味する。対人サービスでもある保健医療政策で実効性の高い政策立案を行うためには，地域ニーズを正確に把握し，問題を適切に構造化する必要がある。地方政府内の保健師は，制度が導入された昭和初期からその高い専門性ゆえに希少な存在だったことはすでに述べたが，現代の地方政府においては地域ニーズに基づく問題解決の主役としてその存在感を高めている。

　とはいえ，保健師にせよ公務員医師にせよ，彼らの立案する政策がどの程度医療行動に影響を与えるかは，結局地方政府が有する政策資源（財源や権限）に依拠する。これまでの分析から公衆衛生行政について地方政府の存在が比較的大きいとは断定できる。

4　政策環境の変化と地方政府の対応

戦後の衛生行政

　医療の機能を理解するには，医療制度の外側にいかなる環境変化があり，政府はどのように対応したかという変容の過程を概観する必要がある。そして，公衆衛生行政が本格的に展開されたのは戦後のことである。先述したように占領軍の PHW は局長のサムス准将（軍医）やオルト看護課長（看護師，公衆衛生

── コラム⑤　軍医と戦後医療 ──

　現在，医学部は人気の進路で入試難易度も高い。経済の先行きが不透明な現代社会で，賃金が高く，再就職も容易で地域を選ばず働ける医療職に志望が集まるのは当然ではある。

　医療職の待遇が良いのは，そうしても賄えるからだ。無資格者の医療行為は法律が禁じているので，まずは医者を集めないと医療は成り立たない。健康保険のおかげで，患者は財布を気にせず受診できる。その分だけ医療機関の収入が上がり，また医療費の保険給付は後から必ず振り込まれるので売上金回収を心配しなくてよい。医療の値段は全国一律の政府公定価格で医師・患者の双方に明快だ。

　ところが1950年代に健康保険が広まるまでの医療は，今の美容整形外科とかあるいは美容院と同じで，医師が決めた料金を患者に全額請求する自由診療制だった。医療費を払える所得層は街にいるから医師は都市部に集中し，農村では開業がむずかしい。しかも腕一本のサービス業で医療費回収も自己責任だったから，現在の医師ほど安泰な職業ではなかった。

　戦前の教育制度は，義務教育の後に中学（5年）・高校（3年）・大学（3年，医学部は4年）がおかれていた。例えば医学部より1年短い工学部を卒業して給料の高い大企業の技師になれば，充分に確実な人生が送れる。だから名門医大でも，昭和初期は定員の確保に苦労した。

　ところで1930年代に中国や東南アジア戦線の拡大を見込んだ軍部は，作戦のために大量の軍医を必要としたが，既存の医学部は人気薄だった。そこで中学卒で入学し外科を中心に5年だけ学ぶ臨時医学専門部（略称は，医専）を全国の大学に附置したが，その学生の中に漫画の神様・手塚治虫がいた。氏は高校入試に失敗し，浪人すると徴兵されるので大阪大学の医学専門部に進んだのである。医専は正規の大学より2年短く，急造したので教育体制も十分でなかった。そのため，高度知識を要する病院に医専卒の医者は向かないうえ，当時は医専卒業生がたくさんいたので，戦後は医師過剰の時代となった。以前なら保険契約が求める診療手順や使える薬剤などの細かい制約を嫌って敬遠していた健康保険を取り扱うようになり，また場所を選ばず職のあるところに赴任した。

　こうして，保険による安価な，しかも高い水準で均質的な医療制度ができた。制度はしばしば偶然に起因するが，戦争遂行のために軍医を大量養成したことが良質な医療制度の前提になってしまったというのは，その典型例だといえる。（宗前清貞）

修士）ら技術専門職が日本側に制度形成の助言を行っていた[5]。医療行政における当時の関心事は感染症予防と食糧確保にあったが，感染症専門医でもあったサムスにとって前者は重点的に対処すべき課題だった。第3節で述べたようにPHW は保健所機構を整備し発展させたが，これは同時に，当時の国民病であった結核に対応することも意味した。当時，都道府県（以下「県」と略記）庁の保健部局の標準編成名称が「衛生部」だったことはその傍証といえる（稲垣，2015）。その後，結核を含めた感染症が沈静化し栄養状態も改善されると，残された課題は新生児と高齢者の保健に絞られた。実は両者の状況は昭和期を通じて好転していたが，第1に乳児死亡率は偏差が大きく，第2に工業化・都市化する日本社会に高齢者の家族福祉は適合しなくなっていた。そのため，保健活動の主軸は赤ちゃんとお年寄りにシフトした。地方政府でも民生部へと部局名を改称する例が多く見られた。

　高度経済成長期に入ると様相は一変する。第1に経済成長は被用者保険の加入者拡大を生むとともに市町村国保の実施が義務化され，先述した医療の保険化が進行した。これは医療供給の拡大として理解できる。一方，厚生省看護課が廃止されたり保健所定員が削減されたり予防活動が縮小するなど，保健から医療への転換が生じたともいえる。第2に結核が克服され，がんや交通外傷などの外科需要が増大した。そのため救急体制や病院整備が急務となった。すなわち医療の病院化が進行したのである。この時期にはブームともいえる病院の拡大が見られたが，他方で病床の地域的ミスマッチも顕在化し始めた。軍病院や結核病院を前身とする病院は，医療需要の少ない非都市部に多く残されていたからである。また，戦後ずっと4000人程度が維持された医学部定員を倍増させるために，医学部新設が国策として進められた。いわゆる一県一医大政策である。1970年〜1979年にかけて34学部が新設されたが，卒業生は卒後しばらく病院で修練するために，医学部増設が医療の病院化を加速させた。第3に医療の発達と経済状況の好転は長寿化をもたらした。しかも国民の受診機会は拡大したので，健康リスクの高い高齢者の医療費負担増が顕在化した。これに対応するため，当初は一部の自治体で，1973年には国の施策として老人医療費が無

料化された。これは，医療経済上の一大争点である高齢者医療費問題の発端となった。

　二度のオイルショックを経験して低成長時代に入った1980年代以降，拡大を基本とする公衆衛生重視から医療経済のバランス重視へ，医療環境は大きく変化した。特に医療費の増大を防ぐために，経済的動機づけで受診抑制を図る制度が導入された。老人保健制度や健保法改正による自己負担額の増大などはその典型例である。また，医師に対する社会的な視線も冷えていった。高度成長の時代に，日本医師会（以下，日医）は診療報酬引き上げで連戦連勝の戦果を上げた。その頂点が1971年夏の保険医総辞退で，これは全国の開業医が健康保険契約（保険医登録）を取り消すという医療ゼネラルストライキだった。このとき，日医は報酬引き上げに成功するが，長期的には国民からの「保健衛生の守護者」ともいうべき信頼が消え，医療経済重視路線への抵抗力を失うのである。もう1つの問題は，日本では医療制度が充実している一方で社会福祉制度が貧弱なので，本来なら福祉的ケアが必要な高齢者を，住宅が狭いとか老人福祉施設は高額だといった社会的理由で入院させる事例が増えたことである。徐々に自己負担が増えたとはいえ，1970年代〜1980年代にかけて入院に要する本人負担額は極めて低い。しかも病院からすればベッドが埋まるということはそれだけ医業収益が高まるのであるが，他方で実医療費と自己負担額との差額は国や保険者（すなわち現役世代）の負担となる。医療と福祉の峻別は，当事者のQOLにとっても国家財政にとっても重大な課題となりつつあった。

医療に対する地方政府の権限

　日本の医療制度では，医師免許や医学教育課程を除いて医療供給に関する政府の権限はほとんどないが，地域医療計画の策定とそれに基づく病床規制は数少ない例外である。計画は県が策定し，病床過剰地域では新規病床が設置できない強い権限である。

　老人医療費が1973年に無料化されたことは前項で述べたが，その結果老人医療費は急増した。患者の自己負担分である医療費の3割は国と自治体が助成す

るが，残りの7割は保険給付なので，医療費全体が増大すると，保険者の負担が増す。高齢者の大半は国保加入者であり，もともとの負担が重い国保の現役世代にはさらなる負担を強いた。しかも公費負担や国保繰入金の増額は一般会計の歳出を抑制する以上，すべての国民にかかわる問題でもあった。そのため，無料化実施の2年後には大蔵省が自己負担金導入を申し入れ，制度の綻びは早期に明らかになった。1982年夏に老人保健法が制定され，保険間調整制度である老人保健制度が導入されたほか一部自己負担金が設定された。

　この頃から厚生省内部では，医療制度を持続するために財政バランスを重視する考えが台頭していった。具体的には患者の負担を増して受診抑制を図るもので，老人医療費の自己負担設定や社会保険の本人負担増などはその典型例である。ところで情報の非対称性に基づく医療需要は供給主導で形成されるが，特に病院は典型だった。病院の本質はホテルと同じ空間ビジネスで，今日埋まらない病床は永遠に売れない。空床を避けたい病院側と，老人医療費の無料化で負担なく入院できる患者側の意向が一致した結果，非医療的な入院，すなわち「社会的入院」が生じる（印南，2009）。そこで政府はまず，病床の拡大を規制し供給誘発需要を抑制するべく，1985年に医療法を改め（第1次改正），医療計画の策定を県に義務づけた。医療計画の本来の意図は，医療機能の体系的配置（特に偏在の解消）だったので，まず県内を初期治療の1次医療圏（市区町村を単位とする），広域で最高度の医療を提供する3次医療圏（全県1区），そして入院を前提とした受療範囲として2次医療圏（県内複数）が設定された。病床基準は県の審議会で検討し，2次医療圏単位で設定される。そのため，医療機関の設置や再配置をめぐる政治過程は，県を舞台に展開されることとなった。この後，医療法は4度にわたって改正が実施され，非急性期病床の規制（2次，4次）や医療対策協議会の設置（5次）など，医療需要の抑制に関する権限を県に対して与えてきた。

　権限は上限値の設定に関することであり，個別病院の機能変更や改廃を命じる規制権限ではない。ただし上限値を審議する以上，医師会などの関係者は協議を無視できない。県は，「場」を通じてアクターを媒介する機能を有してい

るのである。

医療におけるケアの導入

　前項で1980年代には医療と福祉の峻別が求められたと述べたが，両者の境界はそれほど明瞭ではない。高齢化も一因となって慢性疾患が疾病構造の中心になると，健常者と入院患者という二分法では実態を把握しきれなくなった。医療経済のバランスを求めるならば，医療的処置を必要とするものには入院加療を実施し，福祉ケアを必要とするものには経済的アクセスを保障して社会的入院が医療へ流入するのを防ぐ必要がある。後者に対処するものが介護保険制度だった。介護保険は国民健康保険を制度的に模写して創設され，保険料と公費補助をプールしたうえで，規定の料金に基づいたサービスの現物給付を行い，利用者は一部自己負担をする仕組みである。したがって，介護保険の主体は市町村であり，介護事業計画の立案や65歳以上の被保険者保険料を決定する義務がある。そのためには高齢者の健康ニーズを把握せねばならず，市町村は高齢者保健と介護保険運営の双方の責任を負っている。ただし国保が内包する保険料格差の問題を回避するため，介護保険の運営は全県の市町村で構成される介護保険広域連合や一部事務組合に広域化され，保険料の平準化を図った。

　ところで介護保険制度が導入された時，先発国はそれほど多くなかった。言い換えると日本が早期に制度導入したことは，高齢化の進展に危機感を有していたことのあらわれである。医療・保健・介護の連携は徐々に進んだが，高齢者ケアの在宅化は充分に進まない。そこで，医療や介護，予防（保健）に加えて，住居や生活支援も組み込んだのが地域包括ケアである。これは旧広島県御調町で高齢者の寝たきりを根絶するために，医療者が患者宅に出向いて適切なリハビリ実施を行うなど，「攻めの医療」を実践したことを元にしている。同町で，寝たきりを含めた重篤な患者が減り医療費も削減されたことに国が注目し，2014年に医療介護総合確保推進法を制定して地域包括ケアの全国実施を決定した。同年の診療報酬（健康保険における医療行為の価格一覧）改定では地域包括ケア加算を新設し，医療機関が包括ケアに取り組む経済的誘因を設定した。

地域包括ケアとはさまざまなケアを適切に配列することであり，患者に即したケアマネジメントが不可欠である。そのため市内を適切な規模に区割りしたうえで，各区に設置された包括支援センターがマネジメントを行う。それらは委託契約を結んだ民間セクターに外部化されており，第1にこうしたケアマネジメントが中立公正に機能しているかどうか，第2に地方政府の内部にケアマネジメントのノウハウが蓄積されないことが危惧されている。特に，包括ケアを推進した動機は医療経済バランスへの関心だったので，「安上がりな介護保険」と誤認される例も多い。また，御調の先駆的事例が示すように，地域包括ケアは医療機能を中心にしている。先述したように公立病院は自治体必置機関ではないので，自前の病院をもたない自治体の包括ケア推進には困難を伴う。

　医療のケア化に伴う地方政府の役割は，市町村を中心に重視されるようになった。しかし包括ケアを進めるための前提を市町村は必ずしももたないために，ケアにおける地方政府の可能性はそれほど明るいものではない。

5　超高齢社会のなかの地方政府

地方政府のふたつの選好

　これまでに見たように，医療制度に対する地方政府のかかわりは多様だが，大きく2つの特徴がある。第1に医療費の膨張を強く警戒し，第2に公衆衛生を実現する能力と装備をもっている。超高齢社会が到来する未来において，地方政府はいかなる役割を果たすのだろうか。

　少子高齢化の進展によって，地方財政に占める社会福祉費（民生費）の割合は着実に増している。医療においても，持続可能な高齢者医療の構築が中心的課題であり，保険医療の変化も介護保険や地域包括ケアシステムの導入も，最も切実な動機は医療費の抑制にあった。財政状況は可視化しやすく，悪化がもたらす弊害を考えれば財政健全化が優先されるのはある意味で当然である。しかし地域社会の根源的な役割とは，人々が快適かつ健康に暮らすための基盤[6]であり，社会資本の整備はそのためにあるはずである。つまりまちづくりとして

地域社会を再構築するためには，いくつかの条件を考える必要がある。第1に，社会ニーズの多様性に対応するため，まちづくりの主体は官公庁や公務員に加えて，NPO や企業など多様な市民の参加が求められる。第2に，公的サービスの提供水準やその負担水準について住民が合意する必要があり，その意味では結果より過程が重視される。第3に，しかしこうした活動は経験と知識に基づく常設機関を必要とするので，まちづくりの中核は地方政府にならざるをえない。

地方政府が果たす役割

　今後の地方政府は，切実なニーズのうえに地域的合意を形成する存在でなければならない。高齢者を含めた健康づくりの追求には，公衆衛生行政を遂行してきた地方政府の能力が重要な前提となる。そして今後の地方政府はむしろ，こうした公衆衛生の専門知識，特に保健師たち技術職をを活用することが重要である。第3節で述べたように保健師らの教育課程は高いレベルで標準化されているうえに，社会学に基盤をもつ保健師教育は地域社会形成にとって応用性があるからだ。

　また健康のまちづくりは，地域活力の維持にとっても有意義である。医療や福祉サービスはクライアントのいるところで成立する土着性の高いビジネスであり，雇用や定住の前提になるからである（宮本，2014）。今後の地域社会で，医療や介護の重みが増すことに疑問の余地はない。ただし，そこでは地域の現況と未来の落差を埋める企画能力が必要であり，医療や介護を含めた生活支援の専門知を多面的に活用することが，地方政府には求められている。

注

(1)　治療に必要とされる「医学」は，応用生物学を基盤とする科学技術であるが，一方で医療にまつわる資源配分のあり方を研究するものが医療経済学である。さらに医療が社会の中でどのような役割を果たしているかを考えるアプローチが医療社会学や医療人類学である。

(2)　本文で述べた医療技術革命が起きる前のアメリカの医療費は診察室で25セント，往診で50〜75セント程度だった（アッカークネヒト，1983：241-243）。アメリカの消費者物価指数は1870年から現代までに約20倍になっていることを考慮してもなお，当時の医療費は廉価だったことがわかる。

(3)　保険は疾病リスクを集団化して個人の過剰負担を避ける仕組みである。だが，農業や零細企業，退職者を主体とした国保構成員の平均所得はサラリーマンより低い。病気になる確率は所得に関係ないので，国保の保険料率は高くなり，同じ所得なら国保保険料が相対的に高額になる。加えてサラリーマンの保険料は雇い主と本人が折半するが，国保には雇い主負担がない分，負担は増す。

(4)　被用者は定年退職した後に地域保険に移行し，社保が高齢者を抱えない一方で国保が大量に高齢者をカバーしなければならないため，社保は国保に対して高齢者医療費の分担を行う。これが前期高齢者交付金である。

(5)　なお戦後の医療行政改革は GHQ の強権ではなく日本側の協力により浸透したと考えるべきである。日米両国の専門家で構成される医学教育委員会（CME）の議論をもとに改革は進められたが，日本側の参加者は英米留学経験をもち PHW の発想と親和性の高いものが多い。また厚生省も医系技官を中心に，専門知識重視の PHW の方針を歓迎していた。その結果1946年春に厚生省の6局中3局（公衆衛生・医務・予防）長が医官ポストとなり技官の待遇は向上した。

(6)　WHO（世界保健機構）憲章の定義では，「健康とは身体的・精神的・社会的に完全に良好な状態であり，たんに病気あるいは虚弱でないことではない」とされ，健康は心身に加えて社会的な観点から理解している。近年では「ヘルス・プロモーション（健康づくり）」という理解によって，高齢者や障害者なりの健康を追求する視点が支配的である。

参考文献

アッカークネヒト，エルウィン（1983）『世界医療史――魔法医学から科学的医学へ』井上清恒・田中満智子訳，内田老鶴圃。

稲垣浩（2015）『戦後地方自治と組織編成』吉田書店。

印南一路（2009）『社会的入院の研究』東洋経済新報社。

猪飼周平（2010）『病院の世紀の理論』有斐閣。

川上武・小坂富美子（1992）『戦後医療史序説――都市計画とメディコ・ポリス構想』勁草書房。

北山俊哉（2011）『福祉国家の制度発展と地方政府――国民健康保険の政治学』有斐閣。

宗前清貞（2012）「自民党政権下における医療政策――保守政党の社会政策と利益団体」『年報政治学 2012-1』木鐸社。

西村周三・柿原浩明（2006）「医療需要曲線と医師誘発需要をめぐって」西村周三・田中滋・遠藤久夫編『医療経済学の基礎理論と論点』勁草書房。

福永肇（2014）『日本病院史』ピラールプレス。

宮本太郎編著（2014）『地域包括ケアと生活保障の再編』明石書店。

■　　■　　■

読書案内

池上直己・J.C.キャンベル（1996）『日本の医療――統制とバランス感覚』中央公論新社。

　政治学者と医療管理学者による共同研究の成果で，日本の医療制度を包括的に叙述した医療研究の必読書。歴史的経緯と医療供給体制に着目した点に特徴があり，医療経済と医療供給のバランスを重視する日本の医療が世界的に優れたものであることを明らかにした。

猪飼周平（2010）『病院の世紀の理論』有斐閣。

　医師のあり方の変化する過程を丁寧に分析する歴史書。医師の勤務場所と修行の場所が変化する様子を観察し，「場」としての病院が医療の中心となる経過を描く。同時に，来たるべき高齢社会で「病院の世紀」は終了し，ケアを主体とする医療を必要とすることを予言する。本章の結論は，この著作の理論を参照している。

及川和夫（2008）『村長ありき――沢内村　深沢晟雄の生涯』れんが書房新社。

　岩手県の寒村で生命行政の徹底を貫いた伝説的村長の生涯を通じて，自治体における保健行政のあり方を考える好著。医療資源にも財政力にも恵まれない自治体が，強い信念と体系的な施策によって関係者の情熱を引き出し，地域全体が保健の重要性を認識する過程は，自治行政のあるべき姿と言って過言でない。

木村哲也（2012）『駐在保健婦の時代　1942-1997』医学書院。

　日本の地方政府では当然とされる保健師制度がいつ，どのような経緯で生まれ，そしてその手法をどうやって生み出したかを描くオーラル・ヒストリー（聞き取り調査）。当事者の迫真の語り（ナラティブ）は，制度が生成する過程を生き生きと描いていると同時に，戦争が生み出した福祉制度という皮肉もまた明らかになる。

練習問題

① 　医療問題のうち，政治上の論点（テーマ）となりやすいものはなんだろうか。またなぜなりやすいのだろうか。

② 　日本の健康保険制度のうち，地方政府が主管する制度は何か。どのような制度上の課題を持つかを簡潔に答えなさい。

③ 　地域包括ケアとはどのような制度だろうか。またそれが必要になった背景について簡単に答えなさい。

（宗前清貞）

── コラム⑥　日本の医療は追いつけ追い越せ？ ──

　手本にする欧米に追いつこうと発展してきたのが近代日本の歴史です，と言われて違和感のある人はいないだろう。実際，江戸時代の日本には，病院もなく，医師は皆漢方医で外科の知識がなかった。遅れた状態から大いに挽回したのが現代日本だと思える。

　ところで現在の日本医療は世界的にどう評価されているだろう。医療の質を評価するには，平均寿命と乳児死亡率を測ると良い。医療水準が高ければ長寿のはずだし，また病気に弱い赤ちゃんが助かるのは水準の高い医療機関があちこちにあるからだ。そして日本の平均寿命は，女性と男女合算が世界一にランクされる長寿国である。また，乳児死亡は，1000出産当たり 1.90。イギリス（3.70）やドイツ（3.10）やアメリカ（5.70）と比べて圧倒的に低く，日本の下には欧州の小国が 2 つあるだけだ。こうした医療環境は大金を投じたおかげなのだろうか。

　ところが GDP に占める医療費比率（その国の経済でどのくらい医療費を使っているか）を見てみると，先進国の真ん中あたりに位置する。病気がちで医療費がかさむ高齢者比率が高い日本がその程度で済んでいるならば医療費支出は低い。つまり「良いのに安い」のが日本の医療といえる。

　これは国や企業や医療機関が努力した結果ではあるが，日本では予防医療（公衆衛生行政）が発達していることが大きい。日本の地方政府は公衆衛生看護師（保健師）を大量に雇用して保健行政を実施しているが，看護制度の母体であるイギリスやアメリカでもこれほど大規模に取り組んでいない。

　地方政府が衛生行政を担うようになったのは戦時中だった。そもそも保健福祉行政担当の独立官庁として厚生省が1938年に設立されたのは，当時の陸軍が支援したからである。健康に生まれた赤ちゃんが増えて人口を伸ばし，結核患者の若者を早期に発見・治療して健康な兵隊を増やす。つまり衛生行政は軍事大国化するための手段だったのだ。

　しかし理由は何であれ，住民に身近な市町村で衛生を徹底する行政が日本では着手された。そして幸いにも戦時体制は長く続かず，国防上の動機で創設された保健行政は，普遍的な福祉を達成するための道具へと変貌した。1950年代の日本では，まだ乳児死亡率はずっと高かったが，保健福祉の向上を地方政府が地道に探索してきた行政の歴史こそ，世界一安全な出産環境をもたらしている真の原因なのである。（宗前清貞）

第4章

外国人集住都市の政策
―――「ニューカマー」をめぐる課題への対応―――

―― この章で学ぶこと ―――

　1990年施行の「出入国管理及び難民認定法（入管法）」の改正によって，「定住者」という就労に制限のない在留資格が設けられた。これにより，ブラジルをはじめとした南米出身の日系人たちが多数来日し，主として工場労働者として働き定住するようになった。当初は短期の「デカセギ」と考えられていた彼ら／彼女たちニューカマーたちではあったが，滞在は長期化して日本で家族を形成するようになり，事実上の「移民」として生活している。

　しかしながら，基本的に「移民を受け入れるための政策」がない日本においては，教育，社会保障，外国人登録などの国レベルの制度と，ニューカマーたちの現実の生活との間で，大きなギャップが生まれることになる。外国人が集中して住む地域を抱える地方政府は，「地域内連携」と「地域間連携」の2つの戦略を通じてこうしたギャップを乗り越えようとしてきた。

　その後の日本では，外国人の滞在の長期化，出身国の多国籍化などが進み，外国人と地方政府を取り巻く状況や課題も刻々と変化してきた。この章では，外国人集住都市の地方政府の経験を振り返ることで，「移民」の受け入れ拡大が予想される今後の日本の課題について考える。

1　「移民政策」なき移民の受け入れ

なぜニューカマー集住都市の経験を見るのか

　日本は現在，歴史的に経験したことのない，少子高齢化による人口減少局面にあり，労働力不足とそれによる経済活動の縮小が懸念されている。そこで議論の俎上にのるのが，減少した分の労働力を外国から受け入れることで補おうとする「補充移民」である。しかしながら，日本では専門技術者等は受け入れ

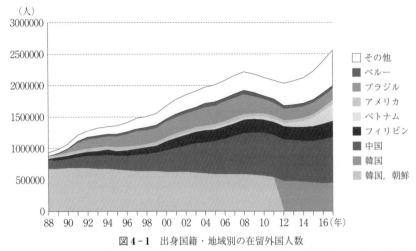

（人）

図 4-1　出身国籍・地域別の在留外国人数

注：2011年までの「中国」は台湾を含んだ数であり，2012年末以降は台湾のうち既に国
　　籍・地域欄に「台湾」の記載のある在留カード及び特別永住者証明書の交付を受けた人
　　を除いた数である。また，2011年までは韓国と朝鮮を合わせて「韓国・朝鮮」として計
　　上していた。
出所：法務省「在留外国人統計（2011年までは旧登録外国人統計）」より作成

る方針であったのに対して，「単純労働者」の受け入れは（表向きには）行われ
てこなかった。

　それでは単純労働に従事する外国人が日本国内に入ってきていないのかとい
えば，決してそうではない。図4-1を見ても明らかなように，平成の約30年
間は「内なる国際化」が進行した時代であった。1980年代後半からの「バブル
景気」の時代に労働力の不足が問題となると，「ニューカマー」と呼ばれる南
米出身日系人を受け入れた。当初彼らは「デカセギ」労働者であり，景気後退
後にはブラジルなどに帰国すると考えられていたが，実際には相当数の日系人
が定住するようになった。また，外国人技能実習生や留学生も増加し，日本に
も「事実上の移民」がすでに多数存在する（2016年の1年間に流入した移住者数は
OECD加盟国の中で第4位である。移民の定義については，コラム⑦を参照）。

　ただその一方で，特にニューカマーたちは特定の地域に集中して住んでいる
ために，外国出身の住民に関する政策課題は局地的なものとされることが多

かった。しかし，2018年末の入管法（出入国管理及び難民認定法）改正（2019年4月施行）によって，新たな在留資格が設けられることになった。一定の知識・経験を要するとされ家族の帯同が認められない「特定技能1号（最長5年）」と，熟練した技能が求められ家族の帯同が認められる「特定技能2号（更新の上限なし）」がそれである。⁽¹⁾こうした「外国人材（＝外国人労働力）」の長期滞在化・定住化をさらに受け入れることを決めた日本において，外国出身者に関する政策課題は，今後は全国どこででも見られるものとなるだろう。ニューカマー集住都市の経験は，その先行事例なのである。

入管法改正とニューカマー

「ニューカマー」とは，時期としては1980年代以降に来日し長期滞在をしている外国人であり，旧植民地出身者である在日韓国・朝鮮人の「オールドカマー」に対してそう呼ばれている。いわゆる「バブル景気」のただ中にあった80年代後半の日本にとっての大きな課題が，労働力不足であった。特に製造業における非熟練労働は「きつい・汚い・危険」の頭文字をとって「3K労働」といわれ，当時の若年層からも避けられる傾向があった。しかしながら製造業の現場では，単純労働を支える人材が必要であり，こうした単純労働者の不足を補ったのがニューカマーであった。

1990年に施行された入管法の改正では，「定住者」という在留資格が新たに設けられ，かつて日本から移民としてブラジルやペルーなどに渡った人たちの子ども（日系2世）や孫（日系3世），その配偶者たちに「定住者」という資格が与えられた。これにより彼らは日本国内に居住し，単純労働も含めて職種の制限がなく就労できることになったのである。この入管法改正の結果，ブラジルを中心とした南米出身の日系人が多数来日し，主に工場労働者として働くようになった。⁽²⁾「正面玄関」では単純労働者としての外国人を受け入れていない日本が，いわば「サイドドア」「バックドア」からニューカマーを受け入れたのである。次頁の図4-2は，1980年代〜2010年代にかけての外国人登録者数を出身国籍別に表したものである。1990年代前半にはブラジルからの南米出身

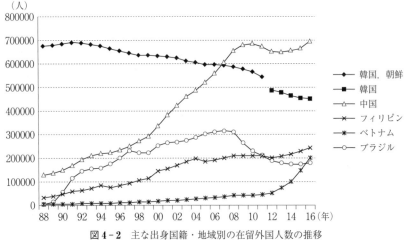

（人）

図4-2　主な出身国籍・地域別の在留外国人数の推移
注：「中国」と「韓国・朝鮮」・「韓国」の扱いについては，図4-1に同じ。
出所：法務省「在留外国人統計（2011年までは旧登録外国人統計）」より作成

日系人や中国からの留学生，研修・技能実習生等により在留外国人が増えたこと，そして，2000年代以降は中国に加えてフィリピンやベトナムなどのアジア系の留学生・技能実習生としての入国者が増加していることが読み取れる。

ニューカマーの集住現象

　1990年代に急増したのが南米出身の日系人ニューカマーの第1の特徴とするならば，第2の特徴は居住地域の集中にある。雇用の機会の多い地域，具体的には製造業が盛んで下請け工場などが集まっている地域に，ニューカマーは集中して住むようになった。東海道の工業地域に位置する，静岡県浜松市や愛知県豊田市がその典型例である。豊田市にはトヨタ自動車が，そして浜松市にはスズキやヤマハのような製造業の大企業の本社や工場があり，周辺には下請け工場も多数存在する。こうした地域に，日系ブラジル人が集中して住み，工場に勤めるようになった。図4-3は，浜松市の1989年からの登録外国人の数を表したグラフである。1990年代初頭に急増しており，景気変動の影響を受けながらも2008年のリーマンショックまでは増加傾向が続いていた。

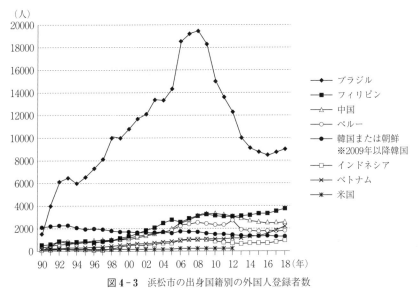

（人）

図4-3　浜松市の出身国籍別の外国人登録者数

注：2005年7月には，浜松市と周辺11市町村が合併して，新浜松市となった。
出所：浜松市国際交流協会ＨＰより作成

　ではなぜ，彼らは浜松市などの特定の地域に集中して住むようになったのか。第1の理由は，雇用の機会である。例えば，静岡県の有効求人倍率はバブル期の1990年には2.01倍という高水準を記録していたし，次頁の図4-4からもわかるように，リーマンショックまではバブル崩壊後も全国平均よりも高い水準を維持していた（浜松商工会議所，2018）。こうした良好な雇用環境が，南米系ニューカマーたちを浜松市などの工業地域に引き寄せたのである。

　第2の理由は，多数のブラジル人が集住することによってエスニック・コミュニティが形成されたために，後から来た人たちにとって住みやすい環境が存在していたからである。コミュニティの中では，仕事を紹介してもらうことができるし，生活面でもブラジル人向けの食料品店があり，ポルトガル語の週刊新聞が発行されて生活情報を得られるなどのメリットがあった（池上編著，2001）。また，周囲にブラジル人が多数いるために，日本語の能力を十分に身につけていなくても生活することができたし，ブラジル人の同僚たちが多くい

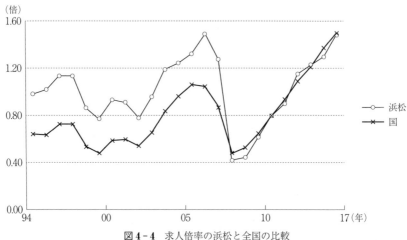

図 4 - 4　求人倍率の浜松と全国の比較

出所：浜松商工会議所（2018）より転載

る職場においても言葉の問題で困ることがなかったのである。

ニューカマーをめぐる政策課題

　こうして特定の地域，例えば浜松市や豊田市の公営住宅などに南米系ニューカマーたちが多数居住して近隣の工場で働くことになったのであるが，それに伴ってさまざまな問題が顕在化することになった。まずは，生活ルール・生活習慣などの違いによるトラブルである。例えばごみの出し方であったり，バーベキューによる煙や騒音などが，ニューカマーの人たちと近隣の住民とのトラブルの元になった。

　次に，外国人や外国にルーツをもつ子どもの教育に関する問題である[3]。義務教育の年代ではあるが日本人ではない（就学の義務が課されていない）ので学校に行かせない，あるいは通わせることができない「不就学児童」や，たとえ学校に通うようになっても日本語での授業についていけずに学校に適応できないという問題が顕在化した。また，日本語の修得は子どもたちだけではなく，働いている大人についても課題となった。上述のように職場ではそれほど日本語を使わなくても就労できるので，日本語を習熟しないままで働くことができた

からである。

　そして，「セーフティネット」である社会保障制度への未加入問題である。日系ブラジル人労働者の雇用形態は，請負業者を通じて工場等に派遣されるという「間接雇用」の形式が大半を占めた（2006年に実施された浜松市による調査による南米系ニューカマーへの調査によれば76.4％）。日本の社会保障制度は主に職場・企業を単位として加入することが一般的であり，雇用形態と結びついている。ニューカマーたちの仕事を斡旋する請負業者に対しては受け入れ企業側が社会保険加入を確認する義務がなかったために，加入漏れとなっているケースが多かった。同じく2006年の浜松市の調査によれば，健康保険については32％が，さらに年金については実に64.7％が未加入状態であった。

　このような教育や社会保障，そして外国人登録などについての政策課題は，主に国の制度に関係するものであった。ニューカマー集住都市の地方政府は，外国人住民の増加と滞在の長期化という現状と，外国人の長期滞在を前提としていない国の諸制度との間のギャップに，直面することになったのである。

2　移民政策の構成

出入国管理政策

　ここで，移民・外国人に対する政策について整理をしておこう。移民政策は，出入国を扱う「出入国管理政策」と，入国後の社会への社会参加と包摂の局面を扱う「社会統合政策」あるいは「共生社会政策」とによって構成される。しかしわが国においてはこれまで，「出入国管理」と「社会統合・共生社会」を統括するような移民政策・外国人政策の基本的な政策文書や法律は存在していなかった。「移民政策」という言葉にいたっては，外国人の受け入れの議論の際には繰り返し「移民政策とは誤解されないように配慮し」や「移民政策とは異なるもの」という枕詞がつけられ（2014年，2016年の「日本再興戦略」，2015年，2018年の「経済財政運営と改革の基本方針（骨太の方針）」など），議論すること自体が一種タブー視されてきたような状況にある。

表4-1 1990年以降の外国人の受け入れ拡大

1990年	改正入管法の施行，在留資格「定住者」「研修」の新設
1993年	外国人技能実習制度の開始（研修とあわせて最長2年，1997年に3年に延長）
2002年	外国人技能実習制度の対象に「畑作・野菜」を追加
2008年	留学生30万人計画（2020年までの目標） インドネシアとの経済連携協定（EPA）で看護師・介護福祉士候補生の受け入れ開始（2009年にフィリピン，2014年にベトナムを追加）
2010年	外国人技能実習制度の在留資格を「技能実習」に一本化，労働者としての地位に
2012年	外国人登録制度の廃止と住民票への一本化，外国人高度人材ポイント制の導入
2016年	在留資格に「介護」を新設
2017年	外国人技能実習制度に「介護」の追加
2019年	改正入管法の施行，「特定技能1号」「特定技能2号」の新設

　一方で，出入国管理政策については基本的な方針が存在し，入管法や「出入国管理基本計画」がそれにあたる。その基本姿勢は，単純労働力としての外国人労働者の受け入れを否定する表向きの方針とは別に，実態としては漸次的に受け入れを拡大するというものであった。ここで1990年代以後の，外国人の受け入れ拡大について確認しておこう（表4-1）。

　外国人技能実習制度は，それまでの海外現地法人での研修制度などをもとにして1993年に制度化されたものである。外国人がわが国における研修・実習で培った技能・技術・知識などを出身国に移転するという「国際貢献」の理念によるものとされ，「技能実習は，労働力の需給の調整の手段として行われてはならない（技能実習法・第3条第2項）」とされている。それにもかかわらず，人手不足の分野において，実習生たちがしばしば劣悪な労働環境の中で低賃金労働者として扱われている実態が指摘されている。受け入れ人数も対象職種も実習期間も拡大し続け，その数は実に30万8000人にものぼる。また，留学生は週28時間以内のアルバイトが「資格外活動」として認められ，29万8000人の留学生がこのカテゴリーで就労をしており，こちらも事実上は相当規模の労働力となっている（厚生労働省「外国人雇用状況」の届出状況まとめ・2018年10月末現在）。

　このほかにも，「高度人材」の受け入れや，国家戦略特区による外国人の受け入れなどの枠組みがあり，日本経済の活性化を期待できる外国人の移住と就労が認められてきた。特に第2次安倍政権（2012年〜）以降は，経済成長戦略

の観点から，外国人労働者の正面からの受け入れを加速してきたといえる。これについて明石は，「移民の受け入れは形式上認めないのに外国人の移民化は妨げない」という状況をつくりだし，すでにある矛盾をさらに顕在化させると指摘している（明石，2017）。

社会統合・共生政策

移民政策を構成するもう1つ，社会統合・共生政策について整理するために，2008年に欧州評議会が立ち上げたプログラムである「インターカルチュラルシティ（ICC）・プログラム」による，移民や少数者に対する社会統合政策についての類型を見てみよう（Phil Wood ed., 2009）。

無政策：移民や少数者は，継続的な影響を残さないような，都市には関連を持たないもしくは一時的な現象であるとみなされるか，歓迎されない存在であるとされる。それゆえに，政策対応の必要性が認識されない。

ゲストワーカー政策：移民は一時的な労働力であり，最終的には出身国に帰る存在としてみなされる。それゆえ，政策は短期的なものとされ，移民が「先住の」市民に対する影響を最小化するようにデザインされる。

同化政策：移民や少数者は，永住者として受け入れられるが，できるかぎり早く吸収されるべきだと想定される。受け入れ側コミュニティの文化的規範からの差異は推奨されず，国家の一体性への脅威とみなされる場合には反対や抑圧されることさえある。

多文化主義（multicultural）政策：移民や少数者は，永住者として受け入れられる。受け入れ側コミュニティの文化的規範からの差異は，反人種主義的行動に裏づけされた法と制度によって推奨・促進される。しかし状況によっては分離や隔離につながるリスクを伴う。

多文化共生（intercultural）政策：移民や少数者は，永住者として受け入れられる。受け入れコミュニティの文化的規範からの差異を維持することは法と制度において認められている一方で，共通の基盤や相互理解と共感・

共通の願望をつくりだすような政策と制度，活動に価値が置かれる。

　西欧諸国における社会統合政策の展開については，2000年代以降に移民がかかわる大きな事件が起こったことで，移民の分離をもたらし社会統合を阻んでいるとして多文化主義政策への批判が高まり，多様性を尊重する新たなアプローチとして，異なる文化的背景をもつ集団間の交流を通した社会統合への関心が高まってきたとされる（山脇，2012）。

　次に，1990年代以降の日本の社会統合・共生政策の展開について簡単に振り返っておこう。まず，総務省は2005年6月に「多文化共生の推進に関する研究会」を設置し，今後検討するべき課題の提起を行ったほか，地方自治体に多文化共生の推進する担当部署の設置や指針・計画の策定を求めた。そして，2006年12月には外国人労働者問題関係省庁連絡会議が「『生活者としての外国人』に関する総合的な対応策」を決定し，「日本語教育の充実」や「行政・生活情報の多言語化」などを掲げた。さらに，2008年のリーマンショック後のいわゆる「派遣切り」で多くのニューカマーが離職を余儀なくされた際には，内閣府に定住外国人施策推進室が設置され，2009年4月からは行政情報を多言語（日本語，英語，ポルトガル語，スペイン語）で発信するための「定住外国人施策ポータルサイト」が内閣府のホームページに開設された（2018年7月に閉鎖）。

　2018年7月には外国人の受け入れ環境の整備についての司令塔機能は法務省が担うとする閣議決定が行われ，同年末の入管法改正によって法務省の入国管理局は2019年4月に「出入国在留管理庁」へと格上げされた。だが，伝統的に出入国管理政策を中心に担ってきた法務省が社会統合・共生政策についても司令塔機能を担うには，大きな課題があるといえるだろう。2018年末に政府がまとめた「外国人材受入れ・共生のための総合的対応策」でも，多言語による対応やワンストップ相談体制の整備，日本語教育の充実など，外国人の生活環境の整備についてのこれまでの施策の延長や各論的なものにとどまり，社会統合・共生政策に関する包括的で基本的な方針を示したとは言

い難いからである。

3　地域内連携──浜松市の協業の事例

地方政府と地域内諸機関との連携

　日本最大のブラジル人集住地域となった浜松市は，定住外国人の急増に際してさまざまな施策を行っていくことになった。だが地方政府として対応をするべき政策課題は多く，その範囲も多岐にわたっていた。浜松市はどのように対応したのだろうか。

　第1の対応は，市役所そのものによる組織的な適応である。浜松市の組織では，1991年に国際交流室が企画部の中に設置され，1999年に国際室に再編されたあと，2003年には国際課に変更されている。外国人市民への母国語による情報提供が重視されて，浜松市では外国人と接する場面の多い部署には，ポルトガル語やスペイン語，英語などに堪能な職員が配置された。また外国語によるパンフレット類が多数作成され，1994年からは外国人向けの浜松市公式の多言語生活情報サイト「カナル・ハママツ（CANAL HAMAMATSU）」がスタートした。同サイトは，2019年10月現在では英語，ポルトガル語，中国語，タガログ語，スペイン語と「やさしい日本語」の6つの言語で開設されている。

　第2に，外郭団体を通じた施策の実施である。浜松市は地方政府の中では比較的早い時期から国際化に向けた取り組みを行っていたが，その主軸になったのが浜松国際交流協会（HICE）である。1982年に公共部門と民間部門の協力のもとに，浜松商工会議所の中に任意団体として設立された。協会は外国人居住者に対して生活情報を提供する新聞やハンドブックを，1984年からは英語で，1992年からはポルトガル語で発行し始めた。1991年には財団法人として認可され，2010年からは公益財団法人に改組されている。HICE は積極的に情報提供活動を実施しており，例えば，機関誌の『HICE NEWS』は毎月1回発行されている（かつては日本語・英語・ポルトガルの各言語版が発行されていたが，現在では日本語にルビをふり，部分的に英語とポルトガル語を併記するスタイルになっている）。

1992年には浜松市の施設「浜松市国際交流センター（2008年に「浜松市多文化共生センター」に改称)」が，2010年には「浜松市外国人学習支援センター」がオープンし，HICE が受託して市や市民ボランティアと連携しながら運営にあたっている。「多文化共生センター」の中には情報カウンターや相談コーナーがあり，HICE のカウンセラーやスタッフが，多言語による情報提供や生活相談などの支援活動を行っている。例えば入国・在留手続きに関しては入国管理局と連携をするなど，外国人市民に対してワンストップでさまざまな相談に対応できる体制をつくっている。また，外国人住民が多く居住する地域へは，外国人と共生する自治会活動を支援するために通訳や講師の派遣，地域イベントの企画支援なども行っている。そして，「外国人学習支援センター」では，外国人の大人から子どもまでを対象にした総合的な学習支援拠点として，外国人のための日本語教室や日本語ボランティア養成講座，外国人支援者になるためのポルトガル語講座などが開かれている。

　第3に浜松市では，外国人住民による参加のチャンネルづくりも行っている。まず2000年には「外国人市民会議」が創設された。外国人市民が参画するこの会議では，例えばごみの出し方について，自治会連合会役員や清掃管理課職員との話し合いや市長を交えての意見交換が行われた。さらには浜松市だけではなく国の出先機関など，他の行政機関（法務省浜松支局や入国管理局浜松出張所，職業安定所や労働基準監督署，警察署など）とも議論が行われた。身近な住民問題から法的制度に関することまで，幅広い論点について話し合いがなされたのである。2001年度の会議からは任期ごとにテーマが選定されるようになり，教育と文化交流，地域ルールの理解の促進，安心・安全のための都市づくり，外国人市民の地域参加，情報提供の充実，子どもの教育などのテーマで議論がなされた。そして任期の最後には，市長に対する提言として取りまとめられた。2008年には，地方自治法第138条の4第3項に基づく条例設置による附属機関として「浜松市外国人市民共生審議会」に改組された。一般公募の外国人市民委員8名と学識経験者2名から構成され，以後も「カナル・ハママツ」のリニューアルの際に意見を聴取されたり，提言を取りまとめたりしている。

── コラム⑦　「移民」の定義にまつわるタテマエとホンネ ──

　国際連合の移民に関する国際機関である国際移住機関（International Organization for Migration：IOM）は，移民を次のように定義している。

　「当人の⑴法的地位，⑵移動が自発的か非自発的か，⑶移動の理由，⑷滞在期間に関わらず，本来の居住地を離れて，国境を越えるか，一国内で移動している，または移動したあらゆる人（IOM ホームページ）」。

　このように，国際的には多くの専門家の間で移民や移民政策を広く捉えようとしているといえるだろう。その一方で日本政府はこれまで，「移民」をできるだけ狭く捉えようとしてきた。「外国人材」の受け入れ拡大を決めた安倍内閣は，次のように「事実上の移民政策」だという見方を否定している。

　「国民の人口に比して，一定程度の規模の外国人をその家族ごと期限を設けることなく受け入れることによって国家を維持していこうとする政策については，（中略）これを採ることは考えていない（奥野総一郎衆議院議員の質問主意書に対する2018年3月の安倍内閣による答弁書）」。

　本章第2節で述べたように，外国人の受け入れに関する議論では繰り返し「移民政策ではない」ことが強調されてきた。「人口減少にともなう人手不足を補いたい」というホンネと「日本で根強いとされる移民アレルギーを刺激したくない」というホンネとの狭間で，苦肉の策としてつくられたタテマエがこうした「移民政策」の捉え方だといえるのかもしれない。

　しかしながら，日本社会は多種多様な形で多くの「外国人」をすでに受け入れており，2018年10月時点で外国人労働者は146万人あまりにのぼる（厚生労働省『外国人雇用状況』の届出状況まとめ）。外国人労働力がなければ，日本国内の経済活動もままならない状況にある（本章の「読書案内」の『コンビニ外国人』を参照）。「移民政策は（必要）ない」というタテマエと，「すでに外国人頼み」というホンネとの間には大きな乖離がある。

　政策を考える際に，言葉の定義は決定的に重要である。政策によって何を・どこまで解決しようとするのかという，「問題の範囲」が決まることになるからだ。政策決定にあたり政治的な合意を得ることは必須の条件であるが，実態と異なる定義をすることで誤った政策対応や望ましくない不作為を招くのは，好ましいことではないだろう。（中井　歩）

外国にルーツをもつ子どもの教育をめぐって

　長期間在留する外国人の家族が増えるにしたがって，浜松市においても重視されたのが外国人の子どもたちへの教育問題であり，とりわけ不就学問題であった。不就学状態に陥りやすい外国人市民の子どもを指導するために，当時の浜松市につくられたのが，カナリーニョ教室である。カナリーニョ教室（カナリーニョはかわいいカナリアの意味で，カナリア軍団はブラジルのナショナル・サッカーチームの愛称）は外国人市民会議の提言を受けて，（不就学・就学の両方の）外国人の子どもの実情に合わせた教育機会を提供するために，2002年度に市内の３カ所で開設された。教室は外郭団体によって運営され，約10人のポルトガル語を話せる教員がいた（ブラジル人および日本人）。短期的な滞在やブラジルへの本国への帰国が見込まれる子どもがいる一方で，長期的な滞在が考えられる子どもがいるなど，外国人の子どもの実情は多様であった。日本語とポルトガル語のバイリンガルで基本教科を指導するカナリーニョ教室は，多様な子どもの実情に合わせて教育サービスを提供しようとする意欲的な試みであったといえる。

　リーマンショックによる雇用状況の悪化の後に帰国するニューカマーが多く見られた一方，彼らの定住化傾向は明白になった。浜松市は2011年度からは「外国人の子ども不就学ゼロ作戦事業」を開始し，地元自治会や警察，NPO団体などの関係機関とともに，外国人の子どもの就学状況の把握や就学に向けた支援，そして就学後の定着支援を通じて不就学の解消に取り組んでいる。不就学の恐れのある家庭への訪問調査から就学ガイダンス，そして日本語学習支援や母国語による初期適応支援まで，きめ細かな支援ができる体制・「浜松モデル」を構築している。

　このように，地方政府としての浜松市は，市役所内外の資源を動員し，市内の機関や団体，そして施策の対象となる外国人自体とも協業しながら，変化して多様化する行政課題に対応してきたのである。

4　地域間連携──外国人集住都市会議の事例

外国人集住都市会議の設立と内容・テーマ

　南米系日系人・ニューカマーが多数居住する外国人集住都市の地方政府は，地域内の連携だけではなく，同様の政策課題を抱える他の都市とも連携をするようになった。こうした地方政府と地域の国際交流協会などから構成されているのが，2001年に発足した「外国人集住都市会議」である。外国人住民にかかわる施策や活動状況に関する情報交換を行う中で，地域のさまざまな問題の解決に取り組んでいくことを目的として設立されたものである。

　2001年5月7日に，当時の浜松市長・北脇保之の呼びかけにより13の都市が集まって浜松市で第1回会議を開催し，設立趣旨が了承された。10月19日には「外国人集住都市公開首長会議」が浜松市で開催され，外国人住民との地域共生に向けた「浜松宣言及び提言」が採択された。そして11月30日には，総務省，法務省，外務省，文部科学省，文化庁，厚生労働省，社会保険庁の5省2庁に対して「浜松宣言及び提言」の申し入れを行った。

　同会議が最初に取り上げられたのは，教育，社会保障，外国人登録制度の3つのテーマであった。これらの制度はいずれも国の制度であるため，自治体単独で解決できる問題ではない。そのため同会議では，単なる議論や情報交換にとどまらず，国の機関に対して制度変更や施策の実施，予算措置などを求める提言を行ったのである。

　まず教育については，外国人の子どもたちの不就学の問題や日本語教育を含めてきめ細やかな教育が必要であるとして，そのために必要な追加の教員（加配教員）や通訳者を配置するため，そして不就学や授業についていけない子どもたちのための学校・教室を設立するための補助金を検討するよう政府に求めた。次に社会保障の領域では，国民健康保険や年金・介護保険がセット加入になっている社会保険制度を，永住しない外国人の存在を前提にしたものに改定されるべきであると指摘した。また，雇用する側の企業についても責任を明確

化して社会保険等への加入を促すべく，罰則を含めた指導体制の強化が必要だとした。そして住民基本台帳とは別立てであった外国人登録制度については，行政サービスを外国人住民に届けるために，その見直しと簡略化を求めたのである。

　同会議は年度ごとに会員都市と東京都内とで開催され，関係省庁の担当者も参加する中で，会員都市による研究報告と提言，そして中央省庁に対する要望がなされていくことになった（表4‐2）。同会議による提言や要望のいくつかは，制度改革につながっていった。例えば，外国人登録制度については2012年に廃止され，住民基本台帳に一本化されることになり，外国人も地方自治体の「住民」として位置づけるようになった。こうして，地方政府は社会保険料の納入確認などの行政事務を効率化できるようになったのである。また，教育に関しては，文科省は日本語の能力が十分ではない子どもに対して，日本語と教科を統合して指導するためのカリキュラムを開発し，2014年には「特別の教育課程」として正規の教育に位置づけた。なお，会員都市は次第に拡大し，最大時の2012年には29都市にものぼった（103頁表4‐3）。

　表4‐2から明らかなように，同会議で取り上げられるテーマは時期によって変わってきている。例えば東日本大震災があった2011年には「多文化共生社会における防災のあり方」がテーマの1つとして取り上げられ，災害時における外国人に向けての情報提供のあり方や地域の防災活動について議論された。[5]「ニューカマー」を行政からの情報が伝わりにくい「情報弱者」にしてしまうのではなくて，もっと積極的に地域を支えてもらおう，という議論が行われた。外国人市民の人たちに日頃から適切に情報を提供し，コミュニケーションを取ることができていれば，彼ら／彼女たちも地域の防災活動において活躍してくれるようになるというのである。このように，「外国人市民にも地域社会の担い手になってもらおう」という姿勢が，次第に色濃く表れるようになっていた。「外国人住民が多数住んでいることが自治体にとっては解決するべき課題である」というところから，「外国人市民は地域を支える有力な資源である」「多様性を活かしたまちづくりをしよう」という発想に変化してきたことが見て取れ

表4-2　外国人集住都市会議の開催と主なテーマ・内容など

開催日程	会議の開催地	主な内容・テーマ，提言など
2001年10月	静岡県浜松市	「浜松宣言及び提言」 教育：公立学校の日本語等の指導体制の充実，就学支援の充実 社会保障：医療保険制度の見直し，外国人の労働環境整備 外国人登録：外国人登録制度の見直し
2002年11月	東　京	「浜松宣言及び提言」の実現 省庁間の外国人政策を総合的に調整する組織の早期設置を要望
2003年11月	愛知県豊田市	厚生労働省課長の基調講演：外国人青少年の教育と就労問題 シンポジウム
2004年10月	愛知県豊田市	教育：教育体制の整備，不就学，外国人学校の支援について 社会保障：改正労働者派遣法，日系人に対する就業支援事業，長期滞在外国人の社会保険加入 コミュニティ：外国人登録制度の見直し，外国人に関する総合的な政策推進体制の整備
2005年11月	三重県四日市市	外国人の子どもたちに関する意見発表，パネルディスカッション 「規制改革要望書」を内閣府に提出
2006年11月	東　京	教育：義務教育前の支援，公立小中学校における外国人児童生徒の受け入れ，義務教育年齢を超過した子どもに対する具体的施策について，外国人学校への支援について 外国人政策全般の改革について
2007年11月	岐阜県美濃加茂市	生活者としての外国人と地域コミュニティとの関わり 地域における企業の外国人への支援及び自治体との連携 外国人児童生徒の教育について
2008年10月	東　京	生活者としての外国人と地域コミュニティとの関わり，企業の外国人への支援，外国人の子どもの教育 生活や就学・就労に必要な日本語を習得するための機会の保障 多文化共生社会の実現に向けた取り組みの推進

2009年11月	群馬県太田市	「緊急提言」 経済危機を踏まえて，生活者としての外国人住民が自立し， 　日本人同様に権利が尊重され義務の遂行が求められる 　「外国人受け入れ方針」を定めること （仮称）外国人庁の設置 外国人の子どもの就学を義務化，公立学校への人的・財政 　的措置，外国人学校の法的位置づけの明確化
2010年11月	東　　京	「外国人受け入れ方針」を定め，（仮称）外国人庁の設置 　をすること 日本語学習機会を保障する制度の導入 「災害時相互応援協定」の締結，連携した緊急時の対応
2011年11月	長野県飯田市	多文化共生社会における防災のあり方，外国人の子どもの 　教育について，外国人住民とともに構築する地域コミュ 　ニティ 「日系定住外国人施策に関する行動計画」の分野別討議
2012年11月	東　　京	日本語学習機会の保障，外国人の児童生徒・若年層に対す 　る教育の支援，外国人住民を含めた地域防災体制の構築 （仮称）外国人庁の創設
2013年10月	滋賀県長浜市	多文化共生社会における防災のあり方 義務教育及びその前後を含めた支援の必要性について 地域における雇用の安定と日本語の習得について
2014年11月	東　　京	外国人庁の設置をすること 外国人住民の多様性を生かしたまちづくりを主要テーマへ 多文化共生社会の実現に向けて邁進
2015年12月	静岡県浜松市	外国人政策の総合調整・推進する司令塔の機能を持つ国の 　組織の設置 多文化共生に取り組んできた基礎自治体として，実現に向 　けた取り組みを推進
2017年1月	愛知県豊橋市	多文化共生に係る外国人政策を総合的に実施するための外 　国人庁の設置 外国人住民の多様性を都市の資産として地域の魅力や活力 　にする
2017年11月	三重県津市	外国人受け入れ後の社会統合政策が進められるような体制 　の整備 外国人住民も日本人住民もともに学び成長できる多文化共 　生社会を目指す

出所：「外国人集住都市会議」ＨＰ，報告書等より作成

表4-3　2012年12月現在の外国人集住都市の会員都市

- 群馬県　伊勢崎市，太田市，大泉町
- 長野県　上田市，飯田市
- 岐阜県　大垣市，美濃加茂市，可児市
- 静岡県　浜松市，富士市，磐田市，掛川市，袋井市，湖西市，菊川市
- 愛知県　豊橋市，豊田市，小牧市，知立市
- 三重県　津市，四日市市，鈴鹿市，亀山市，伊賀市
- 滋賀県　長浜市，甲賀市，湖南市，愛荘町
- 岡山県　総社市

出所：『外国人集住都市会議東京2012報告書』より作成

る。そして，2015年には規約も改正され，同会議の目的の中に「外国人住民の持つ多様性を都市の活力として，外国人住民との共生を確立することを目指す」ことが追加された。

　ただし，このことは集住都市の直面した社会保障や教育などの政策課題が過去のものになったことを意味するのではない。例えば次の項で見る外国人児童・生徒の教育機会の確保について，同会議は国に対して支援を拡大するべく繰り返し要望している。依然として国の制度と地域での現実との間にあるギャップの中で，地方政府の苦悩は続いているのである。

教員配置についての国への働きかけ

　外国人集住都市が連携して国に要望をした事例の1つとして，外国人の児童生徒にかかわる教員の基礎定数化の展開を見てみよう（外国人集住都市会議，2017）。

　文部科学省では2016年の4月の段階で，外国人や発達障がい児などの特別な支援を要する子どもが増加する中で，公立小中学校でこうした指導にあたる教員を確保するために，義務標準法の改正と予算計上を目指していた。それまでのように（いじめなどの）特別な課題に応じて毎年の予算折衝で決められていく「加配教員」ではなく，学級数に応じて自動的に決まる「基礎定数」に盛り込むことで安定的な教員の確保を求めたのである。これに対して，同会議も反応した。11月2日に松野文科相に提出した要望書では，日本語教育の充実や

「特別の教育課程」のために必要な指導者を安定的・計画的に配置することと，そのための教員の基礎定数化を求めたほか，きめ細かな指導体制の充実のために日本語指導支援員，母語支援員を拡充することなどを求めた。ところが，同17日に公表された財務相の諮問機関・財政制度審議会による「平成29年度予算編成等に関する建議」では，以下のように予算要望を拒否し，まずは集住地域の地方政府が企業と連携するなどの自助努力をするべきだとした。

　……外国人児童生徒の都道府県別の分布を見ると，特定の地域に偏在していることがわかる。愛知県・神奈川県・静岡県といった対象児童生徒数が1000人以上いる9都道府県で全体の74.4％を占め，他方で児童生徒数が100人以下であるのが25道県という状況になっている。（中略）これは外国人労働者が多い地域とも関係しており，全国を通じた教職員配置基準の拡充を安易に行う前に，こうした地域ごとの事情も踏まえつつ，まずは，地方公共団体や当該地域の経済団体・企業と十分な連携を図りつつ対応していくことが必要である。具体的には，工場立地により便益を受けている場合，経済団体・企業による外国人労働者家庭向けの日本語指導の提供も考えられる。

　これに猛反発した同会議は，今度は財務省に対して働きかけるべく24日に座長都市の佐原豊橋市長らが大塚財務副大臣に要望書を提出したほか，12月5日に「外国人児童生徒の教育機会の確保に向けた緊急アピール」を松野文科相に提出した。この緊急アピールでは，財政制度審議会の「建議」が外国人児童生徒への対応が特定地域の課題とされていることや基礎定数化の議論が進展していないことを「誠に遺憾」としたうえで，「特定地域の一時的なものとされた外国人労働者の受入れや外国人住民との共生が，いまや国全体で共有すべき課題となっている」として，外国人児童生徒の指導教員の基礎定数化を強く求めた。

　こうした過程を経た改正義務標準法（2017年4月施行）では，加配定数のおよそ3割が基礎定数に組み入れられることになった。これにより日本語指導の教

員1人当たりの生徒児童数は，10年後には21.5人から18人に変更されることになったのである。外国人集住都市は，「外国人児童生徒への指導体制の充実は特定地域に限られた問題だ」とする財政審・財務省の方針に強く反発し，発達障がい児への特別支援の拡充などで同様の要望をしていた団体などとともに，文科省と財務省，そしてマスメディアにもアピールをすることを通じて，教員定数の一部基礎定数化という成果を勝ち取ったのである。

5　外国人集住都市の経験が示す移民政策のこれから

外国人を住民としてむかえるということ

　少子高齢化と人口減少という大きな変化の中で外国人の受け入れ拡大を決めた日本において，外国人市民との共存をどのように図るのかという課題は，今後は特定地域に限定されるものではない。そうであるならば，外国人集住都市の経験から私たちは何を学ぶべきであろうか。

　まず，外国人は単なる「労働力」ではない。彼ら／彼女たちは経済活動を担う人であるだけではなく，それぞれが生活とライフサイクル，そして家族をもつ人たちである。外国人住民が子どもを育てる時期もあるし，やがて年老いて介護を受ける側になっていく時も来るだろう。ヨーロッパ諸国が経験したように，そしてニューカマー集住都市がそうであったように，今後来日する外国人の滞在も長期化し定住化するであろう。「ゲストワーカー」として出身国に帰ることを前提にして制度設計・政策対応を考えるのは，もはや現実的とはいえない。むしろ定住化を前提にしたうえで，不安定な雇用環境で単純労働を支えてきたニューカマーの子どもたちの世代には，十分な教育を受けることができるような，社会統合・多文化共生のあり方を考える必要があるだろう。

　次に，ニューカマーにまつわるさまざまな課題に対して，浜松市をはじめとする外国人集住都市の地方政府が行った対応は，2つの戦略に整理できるだろう。「地域内の連携」と「地域間の連携」である。第1の「地域内の連携」について，例えば多言語対応を例に取ると，浜松市では市役所の窓口や広報誌な

どでの多言語対応のほか，HICE をはじめとする市内のさまざまな諸団体を通じて，外国人住民に対する情報提供や相談・支援などの行政サービスを提供している。また，ニューカマーの外国人住民を浜松市の一員として参画してもらうことも試みられてきた。浜松市は地域内の資源である団体・NPO，市民たちと連携することで，ニューカマーとの共生を図ってきたといえよう。もう1つの「地域間の連携」の典型例が，「外国人集住都市会議」という枠組みによる国に対する働きかけであった。子どもの教育，社会保障，などを典型例として，日本の諸制度は外国人・移民の存在を前提としていなかった。こうした中で，労働者としてだけではなく「生活者」としての外国人を受け入れるという課題に，集住都市の地方政府は直面したのである。そして同じような境遇にいる地方政府が連携し，国に対して制度改正や予算措置を要望することで，一定の成果を得ることができたのである。

　そして外国人の存在を地域の解決するべき「課題」としてだけ捉えるということから，「多様性を活かした都市の発展を目指す」という姿勢への変化にうかがえるのは，「ICC プログラム」の政策類型に照らせば「多文化共生政策」の段階に踏み入れつつあるということだろう。ただ，これまでは地方政府の方が社会統合・共生政策を牽引してきたのに対して，国においてはまだ「特定の地域に固有の課題だ」との見方が強いようである。しかし今や出入国管理と社会統合・共生社会との双方を見渡した，移民政策についての全国的な合意を形成するべき段階になっているといえよう。

地域間連携の再構成

　そんな中，外国人集住都市会議は2018年に大きな転機を迎えた。参加都市の離脱が相次いだのである（2019年4月1日現在の会員都市は13都市）。南米出身日系人の来日は増えていない一方で，外国人技能実習生などの出身国がアジアを中心に多国籍化したため，南米系ニューカマーを念頭においた施策を中心としてきた同会議の活動では，新たな状況に対応しきれなくなったことが背景にあるとされる（『日本経済新聞』2018年5月28日）。外国人住民の多国籍化という新

たな段階に入った「内なる国際化」を受けて，地方政府は「地域間連携」の戦略を再構成しようとしているのかもしれない。

　一方で，浜松市は2017年10月からヨーロッパ評議会の「インターカルチュラルシティ・ネットワーク」にアジア圏で初めて参加している。「内なる国際化」のさらなる深化に対して，地方政府の一部は国境を越えた地域間連携にも挑もうとしているのである。

注

(1) 「特定技能１号」について，政府は2018年時点で技能実習生（３年間）からの移行がおよそ45％を占めると予想している。

(2) 「定住者」カテゴリーの創設によって多数の日系人が来日したことは政策当局者にとって「意図せざる結果」であったとする見解（梶田，2005）がある一方で，ある程度は想定されていたという見解もある（明石，2010）。

(3) 日本語指導が必要になるかどうかは，国際結婚の間に生まれた子どもの場合や家庭環境などによることがあり，子ども本人の国籍によるとはかぎらない。そこで，「外国につながる子ども」や「外国にルーツを持つ子ども」と表記するべきであるが，本章ではこうした意味を含めて単に「外国人の子ども」と表記することがある。

(4) ICC プログラムは，移民がもたらす文化的多様性を脅威ではなく強みとして活かしていく，都市の経験を分析するものである。2019年10月現在，ICC プログラムの HP によれば，ヨーロッパを中心とする51都市が International Intercultural Cities Network に参加をしている。日本の浜松市も，2017年10月からアジア圏で初めて参加している。

(5) すでに東日本大震災の前年，2010年度の外国人集住都市会議において，当時の全28都市による災害時相互応援協定を締結していた。

参考文献

明石純一（2010）『入国管理政策——「1990年体制」の成立と展開』ナカニシヤ出版。

明石純一（2017）「安倍政権の外国人政策」『大原社会問題研究所雑誌』第700号，12-17頁。

井口泰（2017）「外国人労働者政策の現状と改革の展望——労働需給ミスマッチ緩和と地域創生の視点から」『移民政策研究』第10号，移民政策学会，60-78頁。

池上重弘編（2001）『ブラジル人と国際化する地域社会——居住・教育・医療』明石書店。

外国人集住都市会議（2017）『2016年度外国人集住都市会議とよはし報告書』。

梶田孝道（2005）「第4章　国民国家の境界と日系人カテゴリーの形成——1990年入管法改定をめぐって」，梶田孝道・丹野清人・樋口直人『顔の見えない定住化——日系ブラジル人と国家・市場・移民ネットワーク』名古屋大学出版会，108-137頁。

北脇保之編（2011）『「開かれた」日本の構想——移民受け入れと社会統合』ココ出版。

近藤敦（2009）「なぜ移民政策なのか——移民の概念，入管政策と多文化共生政策の課題，移民政策学会の意義」『移民政策研究』創刊号，移民政策学会，6-17頁。

中井歩（2010）「世界的人口移動と都市の行政」『産大法学』第43巻3・4号，京都産業大学法学会，312-332頁。

浜松商工会議所（2018）『浜松経済指標2018』（2019年10月5日最終アクセス，https://www.hamamatsu-cci.or.jp/management-assistance/information/economy2018.pdf）。

山脇啓造（2012）「インターカルチュラル・シティ——欧州都市の新潮流」『自治体国際化フォーラム』2012年1月号，自治体国際化協会，42-43頁。

Phil Wood (ed)., (2009) *Intercultural Cities-Towards a model for intercultural integration*, Council of Europe Pub.（2019年10月5日最終アクセス，https://rm.coe.int/16802ff5ef）。

参考 URL

欧州評議会 ICC プログラムＨＰ（2019年10月5日最終アクセス，https://www.coe.int/en/web/interculturalcities/home）。

外国人集住都市会議ＨＰ（2019年10月5日最終アクセス，http://www.shujutoshi.jp）。

国際移住機関（日本版）ＨＰ（2019年10月5日最終アクセス，http://japan.iom.int）。

浜松市ＨＰ（2019年10月5日最終アクセス，http://www.city.hamamatsu.shizuoka.jp/）。

浜松国際交流協会ＨＰ（2019年10月5日最終アクセス，http://www.hi-hice.jp/）。

法務省出入国在留管理庁ＨＰ（2019年10月5日最終アクセス，http://www.moj.go.jp/nyuukokukanri/kouhou/nyukan_index.html）。

■　　■　　■

読書案内

増田寛也（2014）『地方消滅』中央公論新社。

　外国人受け入れに関する議論の前提である高齢化と人口減少は，日本全国一律に起こっているのではなく，地域ごとにタイムラグをもって進行していることがよくわかる一冊。政策を考える際の基本となる人口構造について考えるためにも必読の書。

芹沢健介（2018）『コンビニ外国人』新潮社。

　コンビニエンスストア従業員の20人に1人が今や外国人であるという日本はすでに「移民社会」である。すでに外国人の労働力に大きく依存しているという実態と背景と問題点とがわかるルポタージュ。

練習問題

①　これからの日本社会において外国人の受け入れが進行していくと予想される中で，ニューカマー集住都市の経験から何を学ぶことができるだろうか。
②　地域において政策展開を考える場合，いつでも十分な資源があるとはかぎらない。その際にはどのような「連携」を考えることができるだろうか。具体的な政策課題を設定して「連携」の組み合わせを考えてみよう。

（中井　歩）

── コラム⑧ 「外国につながる」人たち ──

　外国人集住都市が一貫して重視してきた政策課題の1つに，外国人市民の子どもたちへの教育がある。そして国レベルにおいても，文部科学省が日本語指導を教育課程の時間に取り入れるなどの取り組みを行ってきた。

　ただ，日本語能力の習得や日本語での教科学習について支援が必要なのは，外国籍の児童・生徒に限らない。帰化や国際結婚などの増加を受けて，たとえ日本国籍であっても，こうした支援が必要となる児童・生徒が増えていることが指摘されている。

　そこで，こうした子どもたちのことは「外国につながる子ども」や「外国にルーツを持つ子ども」と表現されることがある。そして，「外国につながる」人たちは子どもたちだけではない。例えばニューカマーの子として90年代に日本で生まれ育った世代は，すでに成年に達したか，間もなく達しようとしている。

　是川夕は，外国籍人口，帰化人口，そして両親のいずれかが外国籍である国際児人口からなる，「移民的背景を持つ人口」の規模を推計している（2018，「日本における国際人口移動転換とその中期的展望──日本特殊論を超えて」『移民政策研究』第10号，移民政策学会，13-28頁）。その結果，2015年10月1日の日本における「移民的背景を持つ人口」は332万5405人であり，国勢調査で把握された外国籍人口の約2倍だという。総人口に占める割合も2015年には2.6％（国勢調査では1.4％）であるが，2030年には4.7％，2065年には12％になると推計している。この割合は，移民受け入れ先進国である欧州主要国の現在の移民人口の規模（10％台半ば）と，同程度だという。また，「移民的背景を持つ人口」の増加は若年層において先行して起こり，次第に上の年齢層にも広がっていく。つまり学校現場では，日本社会全体よりも速いペースで「内なる国際化」が進んで行くのである。

　2019年春施行の改正入管法により「特定技能」というカテゴリーでの外国人の受け入れが決まった。「特定技能2号」は在留期間の更新や家族（配偶者と子ども）の呼び寄せに関する制限がなく，部分的ではあるが移民に対する事実上の門戸開放である。このため「移民的背景を持つ」人口の拡大は，是川が行ったシミュレーションよりも速くなる可能性が高い。

　人口の構成は，社会のあり方を規定する基本要素である。人口の高齢化と，特に若年層で速く進行する国際化という激変の中にあって，その衝撃を吸収しながらどのような社会像を目指していくのか。学校教育はもちろんのこと，今後の地域での政策課題を考える際には，社会統合と多文化共生社会という視点が不可欠であるといえるだろう。（中井　歩）

第5章

「町並み保存」の政策
―― 2つの事例からみる地方自治のかたち ――

この章で学ぶこと

　昨今，全国で伝統的な町並みを保存する活動が展開されている。これは，1975年の文化財保護法の改正により歴史的建造物群（「町並み」）も文化財となり，それを保存し活用していく伝建制度が導入されたことに端を発する。2018年8月現在，全国には117地区が重要伝統的建造物群保存地区に選定されている。

　しかし，地域がその制度を利用した結果，文化財としての町並みというよりは，むしろ単調で取ってつけたような映画のセットのような町並みができてしまう現象が生じている地区もある。すなわち，政策が予定する方向での結果（文化財として保存・活用される「町並み」）とはズレた現象が生じる地区が出現している。とりわけ筆者が継続的に観察している広島県福山市鞆町でもそのような現象が生じている。

　なぜこのような現象が起こってしまうのか，どのようにすれば政策が意図する結果が生じるようになるのであろうか。本章では，これまでの町並み保存の政策に触れながら，鞆町の現象を町並み保存の先進地である長野県塩尻市奈良井宿の事例と比較しながら，このようなズレへの考察を進め，政策の意図する結果が生じるためには地域側で何が必要となるのかを述べていく。

1　町並み保存政策

町並み保存の始まり

　わが国では，1960年代に高度経済成長を遂げるが，それとともに自然環境の破壊や公害問題が発生し，各地域においてはかなりの開発の波が押し寄せた。それにつれ，各地域の歴史や文化が凝縮された文化財や歴史的な町並みは失われていった。このような中，1965年頃から危惧する声が徐々に高まっていき，1966年に「古都保存法」が議員立法により成立し，京都，鎌倉，飛鳥の歴史的

風土の保存事業が始まった。

　しかし，「古都保存法」は対象が法律により定められる京都，鎌倉，奈良といった「古都」の市町村を対象として歴史的な景観をそのままの状態で保存していくことを目指すものであったため，全国各地に存在する人々が日々生活をしている歴史的な集落や町並みを保存していくような制度にはならなかった。よって，歴史的集落や町並みを保存していく独自の取り組みが，全国各地の住民の力によって展開されていくことになった。

　わが国で最初に歴史的町並み保存を提唱したのは，倉敷紡績（現：クラボウ）の社長であった大原總一郎であるといわれている。倉敷は江戸期には幕府直轄の天領で新田開発や商工業の隆盛によって発展し，明治維新後の1888年には倉敷紡績所が設立され，大原孫三郎が主導した都市づくりが展開されていった。その息子の大原總一郎がドイツに留学し歴史都市ローテンブルクの町並みの美しさに感動したことをきっかけに，第2次大戦彼を中心に構想が始まり，倉や町家といった建物を活用しながら保存していく方法により町並みの維持が進められていった。この町並み保存に岡山県民芸協会や倉敷都市美協会や建築家等がかかわるようになり，現在の倉敷の町並み保存の原型がつくられていくことになった。

住民主導の町並み保存の始まりと制度化への動き

　このような倉敷における町並み保存活動を嚆矢として，高度経済成長の地域開発期において住民による町並み保存運動が全国的に展開されていった。1966年，高山市において高山祭の屋台組を基盤とした地元組織である「上三之町町並み保存会」が結成された。その規約には，「会員が地域内において新築，改築する場合，前側だけでも町並にふさわしいよう自主的に創意工夫する」とし，住民主導で町並みを保存していく流れをつくった。また，長野県南木曽町の妻籠では，主幹産業が育まれない条件的に不利な地形や風土で過疎化が進む状況において，町長から妻籠再生への計画を策定する特命を受けた職員の小林俊彦が，中山道の妻籠宿の保存・活用による振興を手がけ，観光客が押し寄せる観

光地として再生した。1968年，妻籠宿の保存を地域住民，技術者（学者），行政がスクラムを組み推進していく組織として「妻籠を愛する会」を設立し，1971年には，「売らない」「貸さない」「こわさない」を骨子とする「住民憲章」を策定し，住民自らを律することにより町並み保存を推進していった。

　しかしながら，町並み保存に関する法律の制定はなされず，各自治体は条例により規制の実施や修理の支援を展開した。主なものとしては，1968年の「金沢市伝統環境保存条例」や「倉敷市伝統美観保存条例」，1972年の「京都市市街地景観条例」や「高山市市街地景観保存条例」や「萩市歴史的景観保存条例」，1973年の「妻籠宿保存条例」などといった条例が挙げられる。また，1970年に文化庁がユネスコと共催した「京都・奈良の都市計画における歴史的地域の保存と開発に関するシンポジウム」において歴史的地域の保存と開発についての議論がなされ，保存に向けた制度化が勧告されるにいたった。

　このような町並み保存への機運が高まっていく状況において，全国各地では住民による町並み保存会が設立されていく流れが生まれた。先述の妻籠の「妻籠を愛する会」をはじめ，1971年には「奈良井宿保存会」「白川郷荻町集落の自然環境を守る会」「今井町を保存する会」が，1973年には「有松まちづくりの会」「小樽運河を守る会」などが発足した。その後，1974年に「有松まちづくりの会」「今井町を保存する会」「妻籠を愛する会」が集まって「町並み保存連盟」を結成し（翌1975年に「全国町並み保存連盟」に改称），「町並みはみんなのもの」を合言葉に郷土の町並み保存とより良い生活環境づくりを目指し活動を展開していった。

　このような住民による町並み保存の動きが出てくる中，文化庁は先述のシンポジウムでの勧告を踏まえ，歴史的集落や町並み保存方策の本格的な検討を始めた。都道府県に対して保存対象となりうる集落や町並みのリスト作成を依頼し，300程度の候補の情報が提供され，これをもとに予備調査を行った。また，1972年には学識経験者による「集落町並保存対策研究協議会」を発足させ，1973年には高山，倉敷，萩の3カ所について集落町並調査を行った。そして1974年に市町村への補助事業として「伝統的建造物群保存対策調査事業」を開

始した。

　以上のような全国各地の住民の取り組みや文化庁や自治体の取り組みを経て，1975年に文化財保護法が改正され，「伝統的建造物群保存地区」制度が創設されるにいたった。これによって初めて，国として歴史的な町並みの保存・活用を図ることが制度化された。

伝統的建造物群という文化財

　1975年の文化財保護法の改正において，「周囲の環境と一体をなして歴史的風致を形成している伝統的な建造物群で価値の高いもの」が文化財の種別の1つに加えられた。これは，これまでの文化財の価値を個別単体で評価し，個々の伝統的な建造物を単体の文化財として指定していたのであるが，建造物の集合体である集落や町並みを群として捉え，「伝統的建造物群」という新しい種別の文化財として位置づけた点が特徴となっている。この伝統的な建造物群とは，宿場町，門前町，城下町（武家屋敷など），明治以降の洋風建造物群等であって，建築後相当年数を経過した建造物により構成され，全体としてその位置，規模，形態，意匠等の特色が維持されているものである。なお，この建造物には建物のほか，門・塀や石垣，橋等の土木工作物も含まれることになる。また，これらに加えて伝統的な建造物群と景観上密接な関係がある樹木，池，庭園等は環境物件として，これらも保護の対象とされることになった。そして，この伝統的建造物群とそれと一体となっている環境を全体として保存することを目的として伝統的建造物群保存地区（伝建地区）とすることになった。

　この伝建地区制度の特色として挙げられるのが，文化財としての価値の所在を歴史的風致に求めた点である。すなわち，建造物そのものが有する歴史性や芸術性に価値を見出さず，概観上の特性（位置，規模，形態，意匠，色彩）に見出し，規制の対象を外観のみに限定して内部は所有者の裁量に委ねた点である。これは，文化財保護法の目的が文化財の保護のみならず活用であるため，人々が暮らしてこそ歴史的な環境が維持できると考えられたためである。よって，住民生活の場となる建物の内部まで規制はされない。建物内部も含めて保存が

必要な構築物については，市町村，都道府県，国の指定文化財として指定し，保存を図っていくことになる。

　この伝建地区は，国や都道府県ではなく，市町村の都市計画または保存条例に基づき決定される。これは，伝建地区の決定が地域のまちづくりと密接に関連づけられ，市町村の立場で判断されることを意味するからである。その決定にあたっては，まず市町村が伝統的建造物群の調査を実施し，文化財としての価値の把握と保存対策の検討を行う。次に文化財保護法に基づいて伝統的建造物群保存地区保存条例を制定し，それに基づく審議会を設置する。そのうえで，保存調査の結果を基に審議会の意見を聞きながら具体的な地区と保存計画が策定され伝建地区として決定するという流れで進められていく。

　一方，国は，市町村が定めた伝建地区について申し出を受け，わが国にとって価値が高いと判断したものを重要伝統的建造物群保存地区（以下，重伝建地区）に選定する。その選定基準としては，①伝統的建造物群が全体として意匠的に優秀なもの，②伝統的建造物群や地割がよく旧態を保持しているもの，③伝統的建造物群と周囲の環境が地域的特色を顕著に示しているもの，である。1976年に7地区が選定された後も増え続け，2017年11月時点では117地区が選定されるにいたった。なお，重伝建地区に選定されることにより，市町村の行う保存事業に国からの補助（補助額は特別の場合を除き50%）がなされ，建造物の所有者には税制上の優遇措置がとられることになる。

　このように，伝建地区制度は，他の文化財保護制度と比較すると市町村の自主性が尊重されたものとなっている。市町村が行うまちづくりの視点を強くもった特色のある制度となっている。

現状変更に関する規制

　伝建地区では，保存計画により伝統的建造物や環境物件を所有者の合意を得て特定する。特定されたものの現状を変更する場合は，個人の財産であるにもかかわらず市町村教育委員会の許可を受けなければならなくなる。その現状の変更とは，①建築物その他の工作物（建造物）の新築，増築，改築，移転又は

除却，②建造物の修繕，模様替え，または色彩の変更でその外観を変更することになるもの，③宅地の造成その他の土地の形質の変更，④木竹の伐採，⑤土石類の採取，⑥その他，伝建地区の現状を変更する行為で保存条例に定めるもの，であり，伝建地区内で行われるほとんどの現状変更の行為が該当することになる。これらの変更についての許可の基準は，伝統的建造物については「変更後の状態が伝統的建造物群の特性を維持していること」であり，その他の建造物，土地，自然物等については「変更後の状況が歴史的風致を著しく損なうものではないこと」とされている。

保存計画は保存条例に基づいて市町村の教育委員会が伝建地区ごとに作成し，①保存に関する基本的事項，②伝統的建造物や環境物件の特定に関する事項，③建造物の保存整備計画，④経費補助等の助成措置，⑤防災施設設置等の環境整備計画，等の事項が記載されることになる。とりわけ③については，具体的には⑦修理基準，⑦修景基準，⑦許可基準等が定められる。⑦修理基準とは，伝統的建造物の外観の維持，復原，復旧の際の基準である。修理においては，建造物の歴史的な特性や技法を尊重して価値を維持・向上させていくことが肝要となる。⑦修景基準とは，伝統的建造物以外の一般建築物の改修や新築・増築にあたり，町並みとの調和を図るように歴史的建造物風に外観を直す基準である。これにより伝統的建造物群とその周辺環境が整えられ，伝建地区の価値が増大していくことになる。⑦許可基準とは，伝統的建造物以外の一般建築物の改修や新築・増築を行う際にしたがうべき基準である。⑦と相違する点は，整備後は必ずしも歴史的建造物のような外観にはならない点である。

市町村はこれらの3つの基準を定めて現状変更の妥当性を判断するとともに，地域独自の歴史的風致の維持や回復に努めていくことになる。これにより，地域の歴史や文化を生かしたまちづくりが進められていき，それを利用した観光を推進し地域の活性化に寄与していくといった流れを生み出している。

2 鞆町における町並み保存——保存事業の課題

鞆町の繁栄と陰り

福山市鞆町は,「備後鞆の津」として古くから貿易船の宿泊港や潮待ちの港として栄えた。江戸時代に西廻り航路が整備されると,北前船の寄港地となり商業が著しい発展を見せた。多くの船問屋や回船問屋の商家が棟を並べ,港には浜蔵が多く立ち並び,繁栄を極めるにいたった。また,海駅としても機能し,朝鮮通信使,琉球使節,参勤交代の西国大名などが寄港し,シーボルトや坂本龍馬なども足跡を残している。

しかし,明治中期に山陽鉄道が開通し,輸送は海上から陸上に移ることでその繁栄に陰りが見え始め,これまでの華やかな港町の機能は失われていった。軽便鉄道の整備や路線バスの運行により陸路が発達し,伝統的な鍛冶を基盤とする鉄鋼業,名産の保命酒や生酢,魚網・漁具の製造,漁業や水産加工業で盛り返しを見せたが,地理的な不便さのため以前のような繁栄を取り戻すにはいたらなかった。その後,太平洋戦争では空襲を受けず町はそのまま残り,また,大規模な開発の波にのみこまれず今日にいたるため,現在でも歴史的な港湾施設が存在し,瀬戸内海の要港として繁栄してきた歴史的な町並みも良好に残っている。

鞆町での町並み保存の調査

以前から文化庁や研究者が鞆町の町並みを評価し研究を進めていた。しかし,保存に向けた動きは,1950年に広島県が策定した都市計画道路との関係があったため,複雑な形で進められていくことになった。

1975年の文化財保護法の改正で重伝建地区の選定が加わった際,文化庁はその第一号の候補地の1つとして江戸時代の港町の景観が存在する鞆町を想定していた。そのため,それに先立つ1973年,文化庁は伝統的建造物集中地域として鞆町をリストアップし,1975年に全国10市町の調査補助対象地域として選定

していた。これを受け福山市教育委員会は広島県の補助を得ながら港周りの地区を対象とした調査を行い，1976年にその調査報告書『鞆の町並』を残していた。

　この調査報告を受け，鞆の街並みに関連する事業の実施に向けた調査が3次にわたって行われた。まず，伝統的街区の保存活用の具体化やそれへの計画案の作成を目的とした調査が行われ，1980年に『鞆歴史的記念地区の再開発』がまとめられた。次に，建設省の歴史的地区環境整備街路事業の実施に向けた調査が行われ，1988年に『鞆町歴史的地区環境整備街路事業調査報告書』がまとめられた。さらに，景観形成の基本計画や実現化方策の検討が行われ，1991年に『鞆地区景観形成（町並み保存）調査報告書』がまとめられた。

町並み保存と矛盾する道路拡幅

　このような調査が行われていたが，一方で鞆の町並み保存と並行して考慮しなければならなかったのが道路の問題であった。というのは，1950年に広島県が町内を走る5路線（うち1路線は歴史的な町並みが残る地区を横断する路線）を都市計画道路として策定しており，それが歴史的建造物を取り壊す道路拡幅を伴うものであったため，町並み保存との矛盾が生じるものとなっていたからである。そのような状況の中，1983年に埋立架橋事業が広島県によって策定され，新たに鞆港内に代替道路の整備がなされることから町並み保存との矛盾は解消されることが見込まれた。よってこの計画の策定により，鞆町の町並み保存は都市計画道路との関係で埋立架橋事業を前提とするようになり，当該事業とセットとして考えられていくようになった。

　一方，埋立架橋事業は鞆港の歴史的景観を破壊するものであるため，その事業の是非についての賛否をめぐり住民間に対立が生じることになった。また，事業自体の賛否に加え，都市計画道路との整合性を保つため埋立架橋事業と町並み保存をセットとして考える行政と，それらを分けて町並み保存を行っていくべきであるとする事業反対派の住民との間でも見解の相違が生じることになった。

　埋立架橋事業についての賛否で地域が二分化されていくことに懸念を示した広島県は，鞆地区の将来構想としてのマスタープランづくりを福山市に求めた。しかし，「埋立架橋ありき」で進められていくことを懸念した反対派住民がマスタープランづくりへの参加を拒否した。そのような中で1996年に『鞆地区まちづくりマスタープラン』が策定され，そこでは埋立架橋事業をまちづくりの柱として据え，「歴史的文化遺産の保全・活用」といったことも含めた総合的なまちづくり指針が示された。

　この指針を受け，1997年，1998年に福山市は建造物や石造物を対象とした「鞆地区町並み現況調査」を行った。これにより，老朽化の激しい建物が多く，早急な保存修理が必要であることが確認され，また，若者の流出や高齢化により空き家が多くなり，伝統的建造物が取り壊しになる事例も確認された。このような状況に鑑み，1998年に「鞆地区町並み保存整備推進事業実施基本要綱」を制定し，修理・修景に対する補助事業を行い始め，2000年には「伝統的建造物群保存地区保存条例」を制定した。そして，2001年に「保存計画」の策定が保存審議会に諮問され，翌2002年に答申され重伝建申請に向けて進んでいくかに見えたが，県道拡張の都市計画を廃止できなかったため告示にはいたらなかった。さらに，並行して手続きが進められていた埋立架橋事業における公有水面埋立法上の同意を排水権者から取得することができず，事業は事実上の凍結となってしまった。それに伴い，当時の三好章市長はセットとしていた町並み保存の補助事業を凍結させてしまった。

　しかし，その後，三好市長の死去により就任した羽田皓市長は，公有水面埋立法の解釈を変更して埋立架橋事業を推進したため，町並み保存も再開されることになった。(1)よって2007年から補助事業が再開され，2008年には伝統的建造物群保存地区の都市計画決定を行い，重伝建の選定に向けて歩んでいくことになった。

　埋立架橋事業は2012年に中止が決定され，その代替策として広島県による地域振興策が提示され，そのうちの1つに町並み保存へ向けた5億円の「まちづくり基金」が設定された。それに伴い，2015年からは「修理」の補助率が従来

の50％（上限500万円）から90％（上限900万円）と大幅に引き上げられ，2015年
〜2017年度の３年間の補助で41棟の修理・修景が進められた。また，重伝建選
定へ向けて「保存計画」の策定も再度進められ，2017年８月に文部科学省に重
伝建の申請をし，11月に「万葉の時代より潮待ちの港として栄えた瀬戸内海の
港町」として選定された。なお，これにより重伝建地区は全国に117地区と
なった。

鞆の町並みの特徴

　保存地区は中世からの海運により栄えた港周りの中心とする8.6ヘクタール
の範囲となっている（図5-1）。その中には国の重要文化財である「太田家住
宅」，市重要文化財の「鞆の津商家」，国の史跡に指定されている「朝鮮通信使
遺跡鞆福禅寺境内」とその史跡内の「対潮楼」をはじめとする建造物が存在す
るが，それらとともに歴史的な町家も存在している。

　地形上，背後の山が海に迫り家を建てる平地が少なく，また，中心街路は１
本しか通せなかったため，鞆の町家はその通り沿いに隙間なくぎっしりと建て
られることになった。よって町家は１間（約２m）半〜２間と間口が狭いもの
が標準であり，さらに小さな１間半のものも存在している。その間口幅には統
一された基準がなく，各町家の間口幅にはばらつきがある。これは，慣例的に
１棟１戸の町家を２戸に分割したり，逆に２棟２戸を１戸に合併したり，１棟
の町家に増築を繰り返してきたという経緯のためである。

　外観は，切妻造（角地は入母屋造），平入，真壁造，２階建て，が基本である。
屋根は本瓦葺であり大正期までの町家のほとんどが寺社などに用いられる重厚
な本瓦葺であった。大正期以降になって桟瓦葺が普及し，葺き替えによっても
広まっていった。長屋や小規模町家，竹野地とする町家でも本瓦葺としており，
鞆の町並みの特徴となっている。また，正面には１階の外壁を２階の外壁より
半間前に出す「尾垂れ」という下屋をつくるのが特徴である。近代になると小
規模な町家では通し柱を用いて外壁を同じ位置にするものも出始め，その場合
は腕木で庇を支える構造も出現し，荷重を軽くするために庇の部分を桟瓦葺に

図5-1　鞆町の伝統的建造物群保存地区
出所：福山市ＨＰ「伝統的建造物群保存地区制度について」

するものもある。これも含め，下屋や庇の軒高は揃えられており，景観上の特色となっている。なお，このような形ではあったが，近代以降は大壁造も使用され始め，それに伴う虫籠窓や海鼠壁も取り入れられ，また，弁柄色にも塗られ始め，町に彩を添えている。

　町家で１階床上開口部に用いられていた建具は，蔀（上げ戸），平格子，出格子であり，明治期以降の町家になると建具にガラス戸を用いるようになっていった。蔀（瀬戸内地方では蔀帳と呼ばれる）は，上半分の戸板を金具で室内側に吊り上げ，下半分の戸板を取り外して開口させ，猫などの侵入を防ぐ目的から下半分の外側に低い格子が設けられた。江戸・明治期の大多数の町家の建築当初は蔀を用いていたと考えられ，昭和になって格子やガラス戸に，近年になってアルミサッシに改造する場合が多かったが，その痕跡が残っていない町家が多い。

　また，鞆の町並みの集合的景観の特色として，棟高が不揃いな点が挙げられ

る。一般的には建築年代が新しくなるほど2階の建ちの高さが大きくなる傾向にあるが，新しい町家ほど低く抑える例も見受けられる。これは狭い土地に密集して町家が建てられたことが原因であり，先に建てた家の2階の蟲羽が隣地に突き出すため，新たに建築する際にはそれよりも低くせざるをえないことから生じるのである。しかし，2階の高さを低くする限界に達すると，越境した部分の蟲羽を切除して隣家よりも高い屋根の家にしたため，棟高が不揃いになっていった。

　なお，保存地区内には，江戸時代から昭和戦前までに建てられた歴史的建築物が約300棟もあることが確認されている。[2]

修理・修景・許可基準

　鞆町の伝建地区における修理・修景・許可基準は（表5-1）の通りである。伝統的建造物については「修理基準」，その他の建造物については「修景基準」（124頁図5-2），「許可基準」（124頁図5-3）にしたがって現状変更がなされる。これらの基準は，不適切な建設行為を抑制するために，保存計画の中に定められている。

　「修理基準」は伝統的建造物を将来にわたって保存・活用していくための現状変更にかかわる基準であり，原則として復原的な修理となる。その際は建築物の履歴調査を行ったうえで，現状維持または復原修理を行っていくことになる。よって，外観は修理によってできるかぎり建築当初の姿にすることになる。なお，外観と主要な構造体の修理に対して補助金が支給され，経費の10分の9，限度額900万円となっている。

　次に，「修景基準」は，伝統的建造物以外の建物（概ね昭和戦後の建物）の外観を，歴史的景観の保全を図るために他の伝統的建造物と調和がとれたものにするように現状を変更する時の基準である。なお，修景基準により行う外観の修景工事に対して補助金が支出され，経費の10分の8，限度額800万円となっている。

　さらに，「許可基準」は，伝統的建造物以外の建物の外観を変える場合や新築を行う場合，歴史的風致を守るために不適切な建設行為を抑制していく最低

表5-1 福山市鞆町伝統的建造物群保存地区の修理・修景・許可基準

		許可基準	修景基準	修理基準
建築物	敷地割	現状の維持を原則とする。	現状の維持を原則とする。	建築物の履歴を調査の上、原則として現状維持または復原修理とする。
	位置規模	伝統的町並みとしての一体性と連続性を著しく損なわないものとする。	・通りに面する構築物は、通り側の壁面を伝統的町並みの壁面線に揃えて周辺の伝統的建造物との調和を図る。 ・空地部分の道路境界側には、伝統的町並みの壁面線に即した塀等を設ける。 ・2階壁面を1階壁面よりも下げる場合には、半間までとする。	
	構造	原則として木造とする。ただし、用途等によりやむを得ず他の構造とする場合は、外部意匠を考慮し、伝統的町並みとの調和を図る。	在来木造構法とする	
	階数高さ	・原則、2階建て以下とする。 ・軒高は周辺の伝統的建造物との調和を図る。	・外観2階建て以下とする。 ・軒高は周辺の伝統的建造物との調和を図る。	
	屋根 形式	原則として切妻平入とする。ただし、角地は入母屋造とする。	切妻平入とする。ただし、角地は入母屋造とする。	
	屋根 勾配	原則として周辺の伝統的建造物との調和を図る。	周辺の伝統的建造物との調和を図る。	
	屋根 材料	原則として本瓦又は桟瓦とする。	本瓦又は桟瓦とし、桟瓦の場合には鰯のある古形のものとする。	
	屋根 色彩	いぶし銀又はそれに類するものとする。	いぶし銀とする。	
	屋根 軒	原則として周辺の伝統的建造物との調和を図る。	軒高及び軒の出は、周辺の伝統的建造物と揃える。	
	屋根 樋	原則として周辺の伝統的建造物との調和を図る。	銅製又はこれに類するものとする。	
	外壁	歴史的風致を著しく損なわないものとする。	原則、白又は灰漆喰仕上げとする。板張りを施す場合には、縦板張りとし、周辺の伝統的建造物との調和を図る。	
	開口	位置及び形態、仕上げは、歴史的風致を著しく損なわないものとする。	建具は木製を原則とし、その位置及び形状は伝統的な形式にならったものとする。	
	色彩	歴史的風致を著しく損なわないものとする。	周囲の伝統的建造物と調和したものとする。	
	基礎	歴史的風致を著しく損なわないものとする。	周囲の伝統的建造物と調和したものとする。	
	設備機器等	原則として通りから見えないような配置・形状とする。ただし、やむを得ない場合は、歴史的風致を著しく損なわないものとする。	原則として通りから見えないような配置・形状とする。ただし、やむを得ない場合は、周囲の伝統的建造物と調和したものとする。	原則として、設備機器等は通常望見できない場所に設置する。ただし、やむを得ない場合は、周囲の伝統的建造物と調和した仕上げ・着色等を施すか、木製木格子で覆う等により外観上目立たないようにする。
工作物	門・塀	歴史的風致を著しく損なわないものとする。	伝統的建造物の特性をもったものとする。(塀は板塀か土塀の屋根付き又はそれに類するもの、門扉は原則として木製)	履歴を調査の上、現状維持または復原修理とする。
	石垣・擁壁木等	歴史的風致を著しく損なわないものとする。	花崗岩またはこれに類するものとし、積み方は伝統的手法を損なわないようにする。	
	屋外広告物	歴史的風致を著しく損なわないものとする。	掲出数は必要最小限とし、規模・位置・色彩等については、周囲の景観に調和したものとし、自家用以外の広告物は設けない。	屋外広告物は必要最小限とし、周囲の伝統的町並みに調和したものとする。自家用以外の広告物は設けない。
車庫・駐車場		駐車場を設ける場合は、原則として塀や垣等を設けるなどして、外部から見えないようにし、歴史的風致を著しく損なわないものとする。また、車庫の場合は、建築物の許可基準に従うものとする。		
土地の形質の変更		変更後の状態が歴史的風致を著しく損なわないものとする。空地が生じた場合は、歴史的風致を著しく損なわないよう、管理運用を図る。		
木竹の伐採・植樹		伐採・植樹後の状況が歴史的風致を著しく損なわないものとする。		
土石類の採取		採取後の状態が歴史的風致を著しく損なわないものとする。		

出所：福山市伝統的建造物群保存地区保存審議会（2017）をもとに筆者が編集した

図5-2 修景基準

出所：福山市ＨＰ「伝統的建造物群保存地区の修理・修景の基準」

図5-3 許可基準

出所：図5-2と同じ

限の基準である。「歴史的な風致を著しく損なわないもの」「周辺の伝統的建造物と調和を図る」といったことが主な基準となっている。なお，この場合は補助金の対象とはならない。

町並み保存の現状と住民の感覚

　鞆町の町並み保存が進むにつれ，まるで映画のセットのような様相を呈したものになってきているとの指摘が，2017年7月25日に鞆町で開催された保存計画策定の説明会で住民からなされた。ご高齢の住民から，「町並み保存が進むにつれ『はりぼて』のような町並みができつつある」と意見が述べられた。これに対し，「行政としてもそのような町並みにするつもりはない」と説明がなされる一幕があったが，長年鞆町で暮らし昔の町並みを記憶している高齢者にとっては，現在の状況は違和感を覚えるものになるのであろう。

　このように感じてしまうのは，次のことが原因と考えられる。第1は，保存や修景などが以前のような港町の商家の立ち並ぶような景観へと進んでいない点である。鞆の商家の特徴は，「鞆には戸がない」といわれていた通り，ガラス戸が普及する以前は1階は板戸と蔀，2階は格子窓もしくは障子に板戸，である。なかにはそのような流れに沿った意匠を施した町家も存在するが，大半は商家の特徴を生かした意匠が十分に表現されないまま現状変更が進められている。もちろん昔の町家の中には仕舞屋も存在していたためすべてが商家とい

─ コラム⑨ 鞆町と埋立架橋計画 ─

　筆者はこれまで広島県福山市鞆町をフィールドにし，その地域に存在する問題を取り上げて検討を深めてきた。人口減少，少子高齢化，過疎化，空き家などの問題は全国各地で起こっており，「日本の縮図」が鞆町にあるといっても過言ではない。地域に軸足を据えた研究を進めていくうえでは大変貴重なフィールドである。

　その鞆町と聞きすぐに思い浮かぶのが，埋立架橋計画をめぐる一連の地域紛争である。車社会となってしまった現在，江戸時代の町割りが残り狭隘な道路が続く環境では，住民の生活に不便が生じてしまう。時期や時間帯によっては渋滞が発生し，交通弱者や緊急車両の通行に支障が出る時もある。また，町内には代替道路が確保できず下水道が未整備のままのところが多く，生活排水は海に流されている。このような状況を改善するために，風光明媚な円形港湾の一部を埋め立てて橋を架ける計画が持ち上がった。湾内にバイパスをつくり利便性を向上させることを基本にして町が抱える諸問題を同時に解決していくという計画であり，その賛否をめぐり「景観か利便性か」という争点で地域間紛争が約30年にもわたって展開されてきた。

　この埋立架橋計画は1983年に策定され，2007年に埋立免許の申請がなされることで本格的に推進されていくことになった。しかし，計画に反対する住民が差止訴訟を起こし，2009年10月1日に広島地裁は「景観は国民の財産である」としてストップをかけた。その後知事が湯崎英彦氏となり，賛否が分かれる住民同士が参加した住民協議会を開催し，合意点を見出そうとした。1年8カ月にもわたる協議やそれを踏まえた知事と市長との会談がもたれ，2012年に県は埋立架橋計画を撤回した。そして，山側にバイパス道路を造り，それに加えて道路・交通対策，防災対策，まちづくり基金の拠出等といった8つの取り組みを合わせた総合的な地域対策を行っていくという判断を下すにいたった。

　この県の方針転換に対して，これまで架橋計画を推進してきた住民は反発したため，提案された対策は劇的には進んでいないが，できるところから事業に取りかかり，駐車場の立体化等，少しずつ推進されているという状況である。

　また，提案された防災対策の中には湾内の一部を埋め立ててつくる高潮対策の海岸保全施設の整備もあるが，生活が激変することを理由に埋立架橋計画に反対してきた事業対象地区の住民はそのような施設は不必要であると反対し，現在の県との間で協議が続いている。一見解決したように見える埋立架橋計画は、未だに終わっていないという面もある。（藤井誠一郎）

うわけではないが，とりわけ現状の変更において商家の特徴を活かすような流れに沿うような意匠へとなっていない点が住民に違和感を覚えさせる要因の1つである。

　第2は，保存事業で手掛けられた建築物が過去との時間的連続性を断ち切った様相を呈している点である。手掛けられた町家は蘇り，見違えるように綺麗になっているのであるが，多くの年月を経た町家の並びに新築古民家風の家が現れれば，その箇所だけ時間が断絶し違和感を覚えるようになる。これは，町家の歴史を物語る瓦や建具を再利用せず，すべて新品の建材に仕替えている町家が多いために生じる感覚であると考えられる。というのは，補助金額が増額され手厚くなったため，これが裏目に出てしまい新しい建材で現状変更することが可能となったことが大きな要因である。また，屋根については，既存の瓦を再利用しても施工業者やメーカーの保証がつかないため，新品の瓦に取り替える方向に進んでいる。

　第3は，保存事業が施された町家が画一的に見えてしまう点である。これは，ほとんどの町家の外壁の色が白漆喰で仕上げられていることに起因するものである。この現象の背景には，行政側と設計・施工業者の問題点が指摘されるところである。伝統的建造物の「修理」に際してはその痕跡調査や歴史的な検証を行って復原されるが，それが十分になされないまま「修景基準」を当てはめて復元を行っていたようである。また，一方の設計・施工業者側も修理に関する知識を十分にもちえておらず，古民家再生と「修理」を混同し施工していたようである。[3] その結果，これまでは白漆喰のみならず，黒漆喰，黄褐色の漆喰，焼き杉の板張りなどさまざまであり，その多様性が町の活気を表現したものとなっていたが，修景基準に外壁の色として原則的に白か灰色が推奨されていることから，ほとんどの町家の外壁の色が白で仕上がるという状況が生じている。

　以上のように，鞆町の現状では，町並み保存が進むにつれ，これまでの町並みとは違和感を覚えるものができていく，違うと感じられるものが整備されていく，という現象が生じている。

　実はこの現象は鞆町だけでなく他の伝建地区でも生じている。町並み保存が

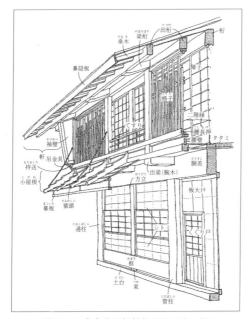

図5-4 奈良井の伝統的なファサード
出所：奈良国立文化財研究所（1976），57頁

進むにつれ，その地区の町並みの特徴であると評価されてきた趨勢とは相違するものになったと指摘された長野県塩尻市奈良井宿について，この状況がどのように受け止めているのかを探ってみたい。

3　奈良井宿における町並み保存——文化財と現代の生活の共存

奈良井宿の町並み保存

　奈良井宿は中山道の近世の宿場や木工業に携っていた町の特徴を顕著に残し，約1キロメートルにもわたる町並みが現存する地区である。町家の大部分は，旧街道に沿って敷地の間口いっぱいに立ち並び，幕末の宿絵図によれば旅籠屋，茶屋，米屋，酒屋，塗師屋，櫛屋などがあったとされている。大部分の主屋は，切妻・平入，中二階建てである。低い2階の前面を張り出して縁としており，

127

表5-2 塩尻市奈良井伝統的建造物群保存地区の修理・修景・許可基準

項目	許可基準	修景基準	修理基準
構造	木造真壁	新築修景の場合は木造真壁出梁造り，その他は木造真壁	伝統的建造物については外観（これと密接な関連を有する内部を含む）に係る部分の特性を維持するため，原則として現状維持又は復原修理とする
階高	二階以下	許可基準に同じ	
軒高	町並み周辺と調和する高さ	5.1m（17尺）以下 ※ただし書別項	
軒の出	建築物と調和する軒の出を有すること	1.2m以上	
屋根形式	切妻平入形式	許可基準に同じ	
屋根勾配	周辺と調和する勾配	3/10	
屋根葺材	鉄板葺（濃茶色）	長尺鉄板葺（濃茶色）	
雨樋	色は茶系色	許可基準に同じ	
外壁	周辺の景観と調和すること	土壁又は板壁	
戸口	同上	大戸・格子戸等木製建具	
一階居室全面	同上。アルミサッシの場合は茶系色	外格子及び硝子戸・障子，蔀，木製建具	
二階出梁部分		開放，手摺り付開放格子，格子戸	
二階居室全面		明障子，硝子戸・明障子	
色彩	周辺の環境と調和すること	古色仕上げ	
前面の壁面線		隣接家屋と合わせること	

教育委員会が特に必要と認め，塩尻市伝統的建造物群保存地区保存審議会の承認を得られたものは，上記の基準に関わらず，この限りでない。

出所：塩尻市教育委員会生涯学習部社会教育課（2011），19頁

このような造りを出梁造りといい奈良井宿の町並みの大きな特徴となっている（127頁図5-4）。

　奈良井宿は1978年に重伝建に選定され，約40年にもわたって保存活動が展開されてきている。先述の通り住民による保存団体が結成されて進められてきたが，現在では奈良井地区の自治会の一組織となった「奈良井文化振興委員会」に引き継がれ，行政と連携して情報を共有しながら修理・修景が進められている（表5-2）。

奈良井宿の町並みの変化

　奈良井宿についての研究は，すでに建築の専門家によって数多くの研究がなされてきている。その中でも牛谷ほか（2004）は伝建制度との関連で指摘をしており，その内容を簡単に整理してみたい。

　牛谷ほか（2004）では，まず，奈良井宿が重伝建に選定された1978年におけるすべての建築物の形態を，江戸～明治，大正～戦前期，戦後～選定前期とする建造年代別に集計し，それぞれの時期に建造された建築物のファサード（「フレーム（表構え）」「シルエット（断面形状）」「パート（構成部位の仕上げ）」「エレメント（細部の意匠要素）」）がどのように変化したかについて明らかにしている。次に，選定時から24年が経過した2002年時点の構築物の形態を比較し，その間の現状変更によるファサードの変化を把握している。そして，この比較を通じて，重伝建制度を利用した現状変更行為が奈良井宿の建築物のファサードにどのような変化を与えたのかを明らかにし，重伝建の制度化と歴史的町並み景観の変容の関連性を考察している。

　その中で，「エレメント」である1階居室前の建具の変化に着目してみると，牛谷ほか（2004）では，1階居室前の建具はもともと「蔀」であったものが，時が経過するにつれ「木製ガラス戸」へと移行し，その後は「アルミサッシ」を入れる建造物が多くなっていったこと，また，「木製格子」は減少傾向にあったことも明らかにしている（次頁表5-3）。この分析を踏まえたうえで，1978年の選定時と2002年を比較し，重伝建選定後に制度を利用した現状変更に

表5-3　奈良井宿の構造物のファサードの推移

	「伝統的」とされるファサード		下段の各期に建造された構造物のファサード		
	部位	形態	江戸〜明治	大正〜戦前期	戦後〜選定前期
フレーム		中2階	出梁造中2階	出梁造2階	切妻平入2階
シルエット		切妻平入出梁			
パート	柱割	等分	壁なし，板壁	漆喰 漆喰下部板張り 下部板張り上部漆喰 下部近代的仕様(注)上部漆喰	近代的仕様(注)の大壁
	壁面仕様	壁なし，板壁			
エレメント	戸口	大戸	あり	なし	なし
	1階居室前の建具	蔀	蔀	木製硝子戸	アルミサッシ
	2階出梁筋	手摺，規模の大きいものは格子	75棟で装着	9棟で装着	4棟で装着

注：近代的仕様：トタン・モルタル・石
出所：牛谷ほか（2004）をもとに筆者が編集した

よるファサードの変化を分析している。1978年に18％であった「木製格子」は2002年には54％へと大幅に増加し，伝統的建造物の50棟と一般建築物の25棟に「木製格子」が取り付けられたこと，復元記録と付き合わせると伝統的建造物については建造当初「木製格子」であったものはわずか1棟のみでそのほとんどは蔀であったこと，伝統的建造物の「木製格子」の増加は復元に基づくものではないことを指摘している。そして結論として，奈良井宿では「木製格子」は比較的規模の大きな町家に取りつけられてはいたが，これが現状変更の基準である修景基準に記載されることにより「歴史的町並みらしい」イメージを現出する1階居室前の建具として一般化された点，また，それが学術的な検討を経ないまま大幅に増加している点を指摘している。また，この傾向について，町並み保存制度が本来の歴史的町並みのもつ地域性に裏づけられた景観を，「歴史的町並みらしい」イメージに裏づけられた景観へ変容させる危険性を内包していると述べている。

「歴史的町並みらしい」という評価の受け止め

　「歴史的な町並みらしい」という指摘がなされる中で，行政の現場担当者や住民はどのように受け止めているのであろうか。重伝建を所管する現場担当者や保存団体の代表者にヒアリングを行ったところ，個人的な意見という位置づけでご意見をお伺いできた。

　伝建制度を導入する前に調査がなされ，時の経過の中で時代ごとの代表的な建物やその造りが示されることになる。しかし，それがすべてではなく，各時代の中でもある程度の幅が存在すると考えられる。時の経過とともに人々の生活様式が変わっていくにつれ，それに合わせていく形で建造物も徐々に変えられていく。そのような変化の中で，建造物の所有者は一定の時点を捉えて形として表現することになる。

　蔀が奈良井宿の特徴を表現する代表的な要素であるといわれているのと同時に，木製格子も当時に存在していたのであれば，蔀は可で木製格子は不可と単純にいえるものではない。蔀であった家が当時の生活に合わせていくために木製格子に改造したことをその時代の中での変化と捉えるならば，どこかの一時点を捉え建物を残していかざるをえない状況において，単純にこちらが可であちらが不可という議論にはならないと考えられる。伝統的建造物群は，重要文化財のように保存のみを目指す方向性にはなく，保存と活用を同時に実現していくことを志向するものであるので，そこに住む人の現代の生活と密接に関連せざるをえなくなる。特に修景については，歴史的建造物ではないものを周りの風致に合わせていくものであるので，これまでの時代の流れの中で木製格子の家が存在し，それを再現するというしっかりとした意思をもって現状変更したのであれば，それが間違いだといわれるものではない。住民の中には，昔ながらの家は暗く寒いものであるので，ハウスメーカーが提供しているような近代的で快適な家に住みたいという希望をもつ人もいる。それを希望するならば伝建地区では無理なので自由にできるところに出て行くことになろう。しかし，自らがこの地域でこれからも住み続けながら建造物を守っていくという覚悟をもち，伝建制度を利用してその生活に合うように現状変更を行っているのであ

れば，それを「歴史的風」と言われる筋合いはないのではないか。

　また，伝建制度は文化財と今の生活を共存させていくものであり，人が住まなくなれば制度は継続しなくなる。これまで住んで守ってきた建造物を今後も引き続き同じように住みながら守っていくという住民の気持ちや誇りがまず必要なのではないか。その気持ちを維持してもらうために，いかに負担を軽減していくことができるか，守っていくことを今後も続けてもらうことができるかが行政側に問われている。

　一方，奈良井宿の保存団体の代表者からも同様の受け止めを聞いた。幼少の頃は木製格子の家も存在していた記憶があるので，それが増えてくることにはそれほど違和感はない。他の伝建地区ではそこに生活せず通いで商売にやってくるところもあるが，奈良井宿はここで生活している人が多いので，その生活が優先されても良いと思う。現状の変更については，保存団体側での議論や教育委員会との議論により最大の妥協点を見出しているので，その流れで良いと考えている。

4　町並み保存が地域に投げかけるもの

「町並み保存」の政策が地域になげかける課題

　鞆町で進む町並み保存も奈良井宿での町並み保存も，程度の差はあれ結果として文化財として学術的にイメージされる伝統的建造物群とは違った建造物が地域に出現している状況にあるといえよう。この状況は，町並み保存政策が投げかけた次の2つの難しい課題に対し地域側が対応した結果であると考えられる。

　第1の課題は，「保存と活用を同時に行う」ことである。保存と活用は相反する価値であり，それを同時に満たしていくことは究極的には無理であろう。1975年の文化財法改正により建造物群が文化財となり，歴史的な風致として未来に伝えていくために建造物を昔の形に限りなく近づけて保存していくことになった。しかし，一方で，それを使用しながら保存していくため，そこでの

人々の生活も想定していくことが必要となる。伝建制度では，日常生活への配慮から規制は建造物の外装にとどめ内装は生活に合うように自由に改装できることになっているが，その外装が住民の日々の生活に支障をきたすこともある。奈良井宿のように，たとえ蔀が学術的に町並みを形成する要素であると評価されていても，そうすれば採光ができず暗く寒い生活を強いられることになる。採光とセキュリティを確保した生活を送るには，木製格子の採用も否定されるものではない。住民の生活にとってあまりにもの不便や負担を強いられるようであれば，そこに人は住まなくなり保存活動は停滞する。したがって，住民の生活を前提にすると，保存と活用のバランスを考え均衡点を見出していかざるをえないものとなる。しかしこの均衡点では，学術的に文化財として保存すべきとされる伝統的建造物群のあるべき形には必ずしもいたらない結果になることもある。

　第2の課題は，「町のグランドデザインの確立」である。「歴史的町並み」という言葉からは昔風の家々が続いていく景観が漠然と想像できようが，過去から現在にいたるまでの時の流れがある中で，「歴史的」という言葉が示す「時」は具体的にいつなのか，江戸，明治，大正，昭和初期等といったことは明確に定められていない。よって，町並み保存政策により歴史的な町並みを復原していく時に，どの時点に照準を定めていくか，復原ポイントをどの時代に設定してデザインしていくのか，が問われてくることになる。ただし，その時代を設定したとしても，その設定自体が絶対的に正しいといいきれず，それぞれの時代毎に表情を変えてきた町並みであれば，なおさら判断は難しいものとなる。また，それぞれの時代の生活の変化に伴い家屋も改造されているため，その時代の中でもバリエーションが存在することになり，それをどのように捉えていくかの検討も必要となる。学術的調査により特定の時代の町並みの特徴が示されることになるが，それは大きな趨勢でありすべてであるとはいえない。このようなさまざまな要素がある中で，どのような町に復原していくのかといった「グランドデザイン」を定めておくことが地域側に問われてくることになる。

　これらの課題は，文化財保護法をはじめとする法令の条文において明確に地

域側に投げかけられるものではない。条文の行間に謳われているものであるといえ，政策を実施していく際に地域側のアクターが直面していく課題となる。

政策の受容

　町並み保存政策は，法律，施行令，規則，条例で具現化され，ハード面を整備していくものとして存在している。しかし，その背後では，地域側に対し，相反する価値の実現への模索やまちづくりのビジョンの策定を要請している。よって，地域側は投げかけられた課題をどのように受け止め，それにいかに答えていくのかという点が政策の実施段階で問われることになる。地域を構成するアクターとしては，当該保存地区の住民，政策の実施主体となる行政，実際に現状変更の行為を行う建築家や施工業者，の３者が挙げられるが，とりわけその中でも住民の役割が最も大きいものになろう。

　保存地区の住民にとっては，文化財としての町並みに理解を示し，生活を送りながらその保存を進めていくことが求められる。その中では，固定資産税等の軽減措置は受けられるものの，外装による制約のため普段の生活に何らかの不便が生じることもあろう。一定の水準の建造物にするために余計な金銭的な負担を強いられることもあろう。思うようなデザインに建て替えられない制約も受けなければならない。このような制約を受けながらその地域に住み続けて町を守っていくことが価値ある崇高なものという気概をもつこと，また，そのことに誇りを持ち続けることが求められる。そのためには，保存地区で暮す人々に敬意を表する環境づくりや雰囲気づくりが不可欠になる。このような住民の意識の高まりがまず求められ，これが伴わなければ町並み保存政策は古くなった住居のリフォーム助成事業として終わることになろう。これに加え，「自らの町をどのようにしていきたいのか」という意思を示していくことが求められる。復原ポイントを決め統一感をもたせた町並みにして価値を高め地域資源として磨きをかけていくのか，保存と活用の妥協点を見出しながら独自の価値を追求していくのか，その地域に応じた今後のあり方について意思を示していくことが求められる。

　次に，行政側としては，住民の意思を尊重しながらも，その地域のあるべき形を追求していくことが求められる。歴史考証をしっかりと行い，長期的なスパンで少しずつ文化財としてあるべき形へ近づけていくことが求められよう。伝建制度の対象期間は設定されておらず，町並み保存政策は長期間にわたって展開されていく。保存事業により地区の住民が違和感を覚えるような建造物へとなってしまった場合，次回の修理・修景の機会にあるべき方向へと修正をかけていくことも可能である。このように，長期にわたる対応により文化財としての町並に近づけていくことが求められる。また，伝建地区の住民が不便を強いられながらも文化財としての町並みを守っていることをしっかりと発信し，当該町内のみならず，自治体全体に理解が浸透していくような雰囲気づくりを行うことも求められよう。さらに，先述した住民の意思を示すことができるように議論の場や合意形成の場が形成されるような支援を行っていくことも必要になろう。

　最後に，建築家や施工業者としては，手掛ける個々の物件が文化財を構成する要素となることを十分に認識したうえで，文化財の保存を支えていく人材として専門的な技術力を向上させていくことが求められる。そこでは，伝統的な工法を学ぶことはもちろん，その工法を生み出したと考えられる地域の歴史的，文化的背景に理解を示していく必要性，また，それを習得していくために地域の人々とのコミュニケーションをとることも求められよう。ただ単に物件を直す技術屋という位置づけではなく，地域文化への深い理解が求められよう。

　このように，住民，行政，建築業者の三者のアクターがどのように政策を受容し，保存政策が地域に投げかけた課題に対して向かい合っていくのか，また，連携してそれに対応していくのか，が問われてくることになる。その結果により，保存される町並みの価値が左右されることになる。

町並み保存政策と地域自治

　町並み保存政策は，建造物という人の目に見える部分を保存し，活用を促進していくものであり，このような面を捉えればハードに関連した政策と位置づ

けられる。しかし，そこで問われているのは，その政策を受容する側の住民が如何に自らの居住する地区に対して意識を高めているのかという点である。すなわち，「自らの町をどのようにしていくのか」「どのような町に住み続けていくのか」という議論を住民同士が行い，意識を高めていくことが何よりも必要となる。その議論が伴わずに制度を利用していくのであれば，先述したようにその制度は単なる昔風の建造物を整備する補助金制度と化すことになろう。全国に117地区も重伝建地区が存在するようになった現在，「ほんまもん」を追求して町の価値を高めていく，それが町の利益につながるという方向で合意を形成し制度を利用していくのも1つの形である。また，一方で，文化財を使いながら保存するという相反する価値への妥協点として，時の流れの中における町の変化を表現していくという趣旨で捉え，過疎化が進み空き家が目立つような町並みを時代の生活に沿った形にして使いこなしていくという合意を形成し制度を利用してくのも1つの形である。

　いずれにせよ求められることは，「何のために町並みを保存していくのか」「どういう方向性を目指していくのか」を住民が主体となって明確にし，その理想とするものに向けて制度を使いこなしていくことである。その意味では町並み保存は地域自治と密接に関係してくるものとなる。町並み保存の質の良否を左右するのは，そこにかかわるアクター，とりわけ地域側のアクターの連携やお互いがお互いを鼓舞しあう関係が形成されているかである。すなわち「自治の基盤」が強固なものであればあるほど，政策の意図する方向に結果が現れ，脆弱であればあるほど結果がズレるという状況になろう。町並み保存はハード面よりもソフト面の良否が問われるものであるといえる。

行政との協働の推進

　文化財としての町並みを保存していくにあたってより重要となるのが歴史考証である。現状変更を行う際には，可能なかぎりの痕跡調査を行い，文化財としての価値を高めていくことを志向していくことになる。しかし，この歴史考証は万全にはならない。

　現状変更の行為に関する手続きは，事前相談，協議，申請，保存審議会で審議，許可の通知，現状変更，といった流れで進められ，その過程では行政の担当課で修理・修景基準にしたがって設計内容や設計図の確認が行われる。そこでは当該建造物の痕跡調査も行われていくが，過去の町並みに関する資料を担当課がすべて所有しているわけではないため完璧なものは追求できない。ある程度有名な構築物であれば建設当時の状況がわかる資料も存在しようが，そうでないものについてはそもそも資料が存在しない。また，建設後に何度も改造を行った物件については，以前の形がどのようなものであったかの検証ができず，どの時点に復原していくのかの判断にも苦しむものとなる。このような物件については専門家の意見を聞きながら進めていくことになろうが，専門家も同様に痕跡を追っていける十分な資料をもっているかといえば必ずしもそうでない。客観的な証拠がない場合は，学術調査で明らかになった事例を参考にしながら，学術的な視点から復原できる形をイメージし，それを基に修理・修景基準の範囲内で個別的に判断を行っていくしかない。本来なら，さまざまな表情をした町家が存在していたのかもしれないが，結果的に同じような外観のものが出現してしまうという状況が生まれてしまうことになる。

　このような状況であるため，歴史考証を円滑に進めていくための住民との協力体制が必要となる。それにあたって有用となるのが古写真である。地域行事や祭りの際に通り沿いに写した写真があれば，それを元にして建造物の昔の形を検証していくことが可能である。そのためにも，住民から古写真を行政側に提供していくような仕組みの構築が求められるところである。この点を捉えれば，自らの町並みを保存していくという気概をもった住民組織と行政とが協働していく形を構築していくことが求められる。このような形が構築され機能していくようになれば，住民が望むような町並みに近づけていくことが可能となっていく。

町並み保存の真髄

　町並み保存は建築の分野の研究対象のように思われるが，地域で実際に取り

組んでいく際には地域自治との関連が問われてくるものになり，コミュニティの問題として検討していく要素も兼ね備えたものとなる。また，関係するアクターの意識を高めていき，かかわる者がいかに上手く連携していくかが問われてくることにもなる。まさに住民と行政と民間業者が協働して1つの政策を地域で実践しながら仕上げていくという構図が浮かび上がってくる。

　建造物を整備する制度である一方で，この制度を運用していくための課題は山積する。その難しい課題を乗り越えていくところに真の町並み保存があり，そこに到達することも，また，その状況を維持していくことも次の難しい課題となる。町並み保存で可視化できるのは通りに面した「表側」であるが，真髄はその「内側」にある。

付　記

本章の執筆にあたり，下記の日程でヒアリングを行った。

　2017年3月9日　　畑信次氏，河本洋孝氏（福山市教育委員会）。

　2018年2月21日　　古畑比出夫氏，塩原真樹氏，南澤強氏（塩尻市教育委員会）。

　2018年2月21日　　太田祐司氏（奈良井区文化振興委員会）。

注

(1)　詳しくは藤井（2013）を参照されたい。

(2)　鞆の町家の特徴については，広島大学大学院文学研究科文化財学研究室（2009），三浦（2010），福山市伝統的建造物群保存地区保存審議会（2017）を参照されたい。

(3)　これについては，町並み保存に認識がある住民が，修理事業が進められている現場にて業者に聞いたり，担当部署となる文化財課に訪問して確認を行ったりしたことにより判明していることである。

(4)　補助金適正化法の制約があり，補助を利用した箇所は22年経過すれば再度補助制度を適用することができる。

参考文献

秋吉貴雄・伊藤修一郎・北山俊哉（2015）『新版　公共政策学の基礎』有斐閣。

阿部宏史（2004）「倉敷の伝統的町並みを活かした新たなまちづくりへの提言」『地域

開発』第475号，日本地域開発センター，43-47頁。

牛谷直子・明智圭子・増井正哉・上野邦一（2002）「重要伝統的建造物群保存地区における修景実態に関する研究」日本建築学会編『日本建築学会計画系論文集』第561号，211-216頁。

牛谷直子・増井正哉・上野邦一（2001）「歴史的町並みにおける景観形成の規範の抽出に関する事例的研究」日本建築学会編『別冊　都市計画論文集』第36号，775-780頁。

牛谷直子・増井正哉・上野邦一（2004）「重要伝統的建造物群保存地区における現状変更に伴う景観変容に関する研究——楢川村奈良井重要伝統的建造物群保存地区を事例として」日本建築学会編『日本建築学会計画系論文集』第582号，81-86頁。

大島規江（2004）「伝統的建造物群保存地区における歴史的景観の変容——長野県楢川村奈良井を事例として」日本建築学会編『日本建築学会計画系論文集』第581号，61-66頁。

大島規江（2005）「伝統的建造物群保存地区における町並み保存に対する住民意識——長野県楢川村奈良井を事例として」日本建築学会編『日本建築学会計画系論文集』第590号，81-85頁。

苅谷勇雅・西村幸夫編著（2016a）『歴史文化遺産　日本の町並み［上巻］』山川出版社。

苅谷勇雅・西村幸夫（2016b）『歴史文化遺産　日本の町並み［下巻］』山川出版社。

塩尻市教育委員会生涯学習部社会教育課（2011）『町並み保存における修理・修景の手引き——塩尻市奈良井伝統的建造物群保存地区』塩尻市教育委員会。

陣内秀信（2015）「伝建制度の成果と今後への期待」文化庁編『歴史と文化の町並み辞典』中央公論美術出版，10-15頁。

奈良国立文化財研究所編（1976）『木曽奈良井——町並調査報告』長野県木曽郡楢川村。

西村幸夫・町並み研究会（2003）『日本の風景計画』学芸出版社。

西村幸夫・埒正浩編著（2007）『証言・町並み保存』学芸出版社。

平井利直（2017a）「町並み保存の目指すべき方向性について」。

平井利直（2017b）「鞆町の伝統的建造物群保存地区の重伝建選定に向けての課題」。

広島大学大学院文学研究科文化財学研究室（2009）『鞆の浦の建築』（福山市鞆町の伝統的町並に関する調査研究報告書Ⅱ）福山市教育委員会。

福山市教育委員会（1976）『鞆の町並——福山市鞆町町並み報告』福山市教育委員会。

福山市教育委員会（1999）『鞆の浦の歴史』（福山市鞆町の伝統的町並に関する調査研究報告書Ⅰ）。

福山市伝統的建造物群保存地区保存審議会（2017）「福山市鞆町伝統的建造物群保存地区保存計画について（答申）」。

藤井誠一郎（2013）『住民参加の現場と理論――鞆の浦，景観の未来』公人社。

文化庁（2015）『歴史と文化の町並み事典――重要伝統的建造物群保存地区全109』中央公論美術出版。

三浦正幸（2010）『日本の宝　鞆の浦を歩く』南々社。

参考法令・条例等

福山市伝統的建造物群保存地区保存条例

文化財保護法

文化財保護法施行令

参考 URL

塩尻市ＨＰ，「塩尻市奈良井重要伝統的建造物群保存地区」（2018年3月1日参照，http://www.city.shiojiri.lg.jp/tanoshimu/bunkazai/jyudenkennarai.html）。

高山市ＨＰ，「高山市三町伝統的建造物群保存地区」（2018年2月10日参照，http://www.city.takayama.lg.jp/kurashi/1000021/1000119/1000847/1001005/1001006.html）。

公益財団法人 妻籠を愛する会ＨＰ，「妻籠を愛する会について」（2018年2月9日参照，http://tumagowoaisurukai.jp/aboutus/）。

全国町並み保存連盟ＨＰ（2018年2月10日参照，https://www.machinami.org/）。

福山市ＨＰ，「伝統的建造物群保存地区制度について」（2018年2月23日参照，http://www.city.fukuyama.hiroshima.jp/soshiki/toshikeikaku/4830.html）。

福山市ＨＰ，「伝統的建造物群保存地区の修理・修景の基準」（2018年2月23日，http://www.city.fukuyama.hiroshima.jp/soshiki/toshikeikaku/4827.html）。

文化庁ＨＰ，「重要伝統的建造物群保存地区の選定について　参考資料」（2018年3月1日参照，http://www.bunka.go.jp/koho_hodo_oshirase/hodohappyo/__icsFiles/afieldfile/2017/10/19/a1397200_02.pdf）。

■　　■　　■

読書案内

秋吉貴雄・伊藤修一郎・北山俊哉（2015）『新版　公共政策学の基礎』有斐閣。

　公共政策全般について基礎的な知識を習得したい方へ最適な入門書である。本書の他の論考でも参考文献にあげられており，公共政策の基礎知識を整理したうえで本書を再度読んで頂ければ，各章の内容の理解がより深まるであろう。

西村幸夫・埒正浩編著（2007）『証言・町並み保存』学芸出版社。

　町並み保存を手掛けてきたリーダーの生の声をきいてみたい方へ。町並み保存の第一世代とも言われるリーダー達との対談形式で展開していく。本章で触れた妻籠について，リーダーの小林俊彦氏の哲学を学ぶことができる。

藤井誠一郎（2013）『住民参加の現場と理論――鞆の浦，景観の未来』公人社。

　本章で対象地域とした広島県福山市鞆町について詳しく知りたい方へ。本章のコラムでも紹介した埋立架橋計画をめぐる一連の過程が詳述されている。現在推進されている町並み保存にも，埋立架橋計画に端を発する地域間対立が見え隠れする。

練習問題

①　政策過程論では，当初決定された政策の内容が実施段階で変容していくことが指摘されている。そのような事例を見つけ，その現象が何故起ったかを分析してみよう。

②　あなたの身近な地域（興味をもつ地域）で実践されている町並み保存について，どのようなアクターが議論を重ねて保存と活用を同時に行っているか，町のグランドデザインを確立させているか，を調べてみよう。また，どのような課題を抱えているのかを調査してみよう。

（藤井誠一郎）

　読者の皆さんは，政策形成の過程に参加したことがあるだろうか。例えば総合計画づくり，基本計画づくり，まちづくりビジョンの策定，等である。おそらくはそのような場に参加したことがない読者の方が多いと思われる。

　本章で取り上げた鞆町でも近年，「鞆まちづくりビジョンワークショップ」が開催されていた。本文で説明したとおり，マスタープランの前提が覆り，整合性がとれない状態となった。そこで，改めて新たなまちづくり指針を策定する必要が生じ，2016年8月～2018年3月まで延べ11回，鞆町内，町外を問わず誰もが参加できる開かれた形が採られたワークショップを開催し，新たな「鞆まちづくりビジョン」を策定していた。

　筆者は鞆町付近の町に生まれたが，幼少期に父親の転勤で祖母を残して関西に出てきた。祖母の家が故郷であったが，祖母の他界により空き家となり，数年前に売却してしまったため，研究フィールドとしている鞆町を勝手ながら自らの故郷と思うことにしている。その「故郷」の今後のビジョンを策定する機会であったので，東京からではあったが可能な限りワークショップに参加し，今後の鞆町のあるべき姿を一緒になって考えていた。

　一点気がかりだったことは，ワークショップの開催趣旨とは反し，メンバーが固定化しているという状況であった。ワークショップは土曜日や日曜日の昼から開催されることが多く観光客相手の商売で生計を立てている人はなかなか参加できず，町内の行事と重なっていた日もあったため，総じて鞆町の運営を仕切る年配者層の参加が目立ち，これから鞆町の運営を担っていく若者の参加がそれほど多くはなかった。これからのまちをどうしていくのか，という議論にもっと若手が参加して意見を述べ，自らが町を動かしていくという流れがこのワークショップで芽生えていれば，なおさら良いものになったと思われる。

　地方自治体にとって政策を決定する場は議会となるが，その場に出される案をより民主的なものにし，地域にとって有用なものにしていくには，積極的に自らが案の策定過程に参加していくことが求められる。そして，自らのエゴを通すのでなく，全体的な見地からより案が地域に相応しいものになるようにさまざまな人々と議論を重ね，多様な意見を盛り込みながら案を練っていくことが求められる。

　政策を学ぶ皆さんには，ぜひ政策形成過程に参加してほしく思う。皆さんの知恵を政策案に盛り込んでいくことで，よりその政策は地域にとって有用なものになる。そしてそれが実施され，その効果が地域全体に及ぶ。このようなことを是非経験して頂きたい。（藤井誠一郎）

第6章
清掃事業の委託化政策
──現業職に付加価値をつける東京都八王子市の「脱単純労務職」への取り組み──

─ この章で学ぶこと ─

　今日，ごみ収集，学校給食，学校用務事務等に従事する現業職は委託化の対象とされ，民間の事業者により公共サービスが提供されるようになってきている。民間の英知を活用して新たな行政サービスを提供していくという面もあるが，コスト削減の目的のために行われており，「安かろう悪かろう」という状況が生じているといっても過言ではない。

　本章では，まず，現業職が委託化されていく背景である地方行政改革の流れについて説明する。委託化は国を挙げての政策であるといえ，それを自治体側が受容して改革が進められている状況にある。次に，委託化が進みつつある中で，現業職の職員はその流れにどのように向かい合っているのかについて，彼ら自身で組織する労働組合の対策状況の概要を述べるとともに，先進的な事例であるともいえる八王子市での「脱単純労務職」への取り組みを紹介する。

　これらを踏まえたうえで，現業職の委託化政策が推進されていく中で，地域側のアクターとなる，現業職員，自治体当局，住民は当該政策に対してどのように向かい合っていくべきかを述べる。果たして公共サービスを委託化していく方向性が，そのサービスの受け手となるわれわれのためになるのであろうか。本章をきっかけに考えていただきたい。

1　推進される清掃業務の委託化

全国的に進む委託化

　昨今の NPM（パッケージ管理ツール）の流れに乗り，財政効率化やコスト削減のため，現業部門の仕事を民間の業者などに外部委託し公共サービスを提供していく形がとられている。地方自治体の業務では，清掃，学校用務，学校給

食，保育所などは定型業務と捉えられ，業務委託が進められていく部門となっている。とりわけ清掃業務はその典型とされ，全国的に委託化が進んでいる。

この業務委託によって公共サービスを提供していく流れは，国の行政改革とともに自治体に対して促される地方行政改革（以下，地方行革）により生じている。そしてこの委託化により現業職員は減少しその職場は失われている。

このような委託化は多くの地域で問題なく受け止められているようである。清掃においては，都市部に居住する住民にとっては「ごみが収集されればそれで良い」という感覚であり，自らの生活に支障が出なければどのような主体が公共サービスを提供しようが問題にしないといった様相を呈している。よって，このような住民の意識に後押しされ，地方自治体は財政効率化を志向し，また，行政運営をチェックする議員も行政の効率化を強く求めるため，業務委託は特に問題とされず「是」として推進されていくことになる。

人員削減の是非

しかし，委託化政策を進めていくにつれ地域にどのような影響が生じるのか，また，目に見えないところでどのようなことが地域に起こりつつあるのかといった議論や，受託した主体が提供する公共サービスの質についての議論については，見捨てられているようである。地方自治体は委託化を行い現業部門の人員を削減すれば行政改革を行ったと思っているのかもしれないが，そのような人員削減が地域にとって良い結果を生み出しているのかは検証していく時期にきているのではなかろうか。

そこで本章では，これまでの委託化の流れやそれに向かい合ってきた現業職員側の経緯を紹介するとともに，委託化政策が展開される地域における現業職員のあり方や，今後の地域の歩んでいく方向性について検討を深めていく。

2　地方行革の歴史

国主導の地方行革

　これまで，ごみ収集，学校給食，学校用務，学校用務事務等に従事する現業職員は委託化が進められ，その従事者は減少し続けてきた。この背景には，自治体の財政難とそれを改善していくために半世紀にもわたって推進されてきた地方行革がある。地方財政は国の財政と総合的な連関で運営されるため，国の行政改革に連動する形で地方行革も推進され，その流れの中で業務の委託化が進められてきた。

　地方行革の軌跡を紐解けば，戦後間もなくの頃にそのはじまりを見ることができ，国（自治省）が通達などの「指導文書」において自治体に指示していく形で進められてきた。とりわけ民間委託については，その文書で具体的な事務事業を列挙して委託を促し，自治体がそれを請ける形で推進されてきた。しかし，石油ショック後の国と地方自治体の財政逼迫を契機として1981年に発足した「第2次臨時行政調査会（以下，第2臨調）」や，その後の「臨時行政改革推進審議会」の答申を受けた政府がとった対応から地方行革の進め方が変わっていった。

　1984年，政府は「行政改革の推進に関する当面の実施方針」を閣議決定し，それに基づき自治省が1985年，「地方公共団体における行政改革推進の方針（「地方行革大綱」）」を策定し各自治体に通知した。そして，それらの推進を図るため，地方自治体に対し「行政改革推進本部」の設置と「行革大綱」の策定を求めた（自治省，1985）。これを受けた全国の地方自治体は行政改革大綱の策定に取り組み，行財政全般についての改革を推進していった。

　このように，1985年の「地方行革大綱」以降の地方行革の標準形は，①国からの行政改革の指針の提示，②それに基づいた地方自治体側での行政改革の推進，というパターンへと変わっていった。その後，このような流れで1994年，1997年，2005年，2006年も地方自治体に指針が示され，合計5回にもわたって

地方行革が推進されていった。そこでは繰り返し，「定員管理の適正化」「組織・機構改革」「給与・手当の適正化」「事務事業の見直し」「外部委託」「地方公営企業・第三セクター改革」が要請されていくことになった。

近年の地方行革

　直近の国から地方自治体への地方行革の推進の助言は，2015年になされている。総務省から発信された「地方行政サービス改革の推進に関する留意事項」にて，厳しい財政状況において，人口減少や高齢化の進展，行政需要の多様化，といった社会経済情勢の変化に対応した質の高い公共サービスを効率的・効果的に提供していくために改革を行う必要があることを指摘している。そしてその際には①行政サービスのオープン化・アウトソーシング化，②自治体情報システムのクラウド化の拡大，③公営企業・第三セクター等の経営健全化，④地方自治体の財政マネジメントの強化，PPP/PFI の拡大，に留意して業務改善を行うことが要請されている。

　とりわけ①では民間委託の推進，指定管理者制度の活用，地方独立行政法人制度の活用，窓口業務や庶務業務の集約化，が述べられている。特に民間委託の推進については，提供されるサービスが日々進化を遂げていると評価したうえで，職務内容が民間と同種又は類似したもので民間委託の進んでいない事務事業について，委託の可能性を重点的に検証することや，臨機応変な指示が必要な業務であっても，仕様書の詳細化や定型的な業務との切り分けを行うなどして，委託の可能性を検証することを求めている。

　この2015年の留意事項には，これまで御馴染みであった「定員管理の適正化」という言葉は見当たらず，これまで自治体が抱えていた仕事を民間に移していきアベノミクスの効果を高めるため GDP を上昇させていく方向性が見てとれる。民間に業務を委託していくこと自体を良しとして，その質については一定の留意事項が書かれているものの特に問題にはしておらず，全体を通して業務を受託する民間企業が提供する公共サービスは質が担保されているものとして改革指針が定められているといえる。

定員管理の適正化と外部委託化

これまでの行政改革指針においては，地方自治体に対して繰り返し「定員管理の適正化」が要請されてきた。これはすなわち，「行政需要の動向や財政状況に合わせて自治体職員の数とその配置を適切に管理すること」であり，端的にいえば自治体職員の削減を意味する。簡素化や合理化を目指す行政改革においては中心的な手法とされてきており，地方自治体は定員適正化計画等を策定し，その中に削減率等の目標を明示して進めてきた。そのための手法として退職者の不補充や早期退職制度を導入し，空いた人員の穴埋めとして組織の再編や外部委託により業務を回していくという手法をとってきた。

「2005年指針」によると，定員管理の適正化として，抜本的な事務・事業の整理，組織の合理化，職員の適正配置，積極的な民間委託の推進，任期付職員制度の活用，ICT の推進，地域協働の取り組み，を通じて職員数の抑制に取り組むべきであると述べられている。また，団塊の世代の大量退職に際し，その補充について検討し計画的な職員数の抑制に努めることも述べられている。さらに，数値目標を掲げて実施することを自治体に要請し，過去5年間の地方自治体の総定員が4.6％純減していることから，今後は民間委託の推進などを踏まえ，過去の実績を上回る総定員の縮減を図ることを求めている。一方，技能労務職員の給与についても言及し，国における同種の職員のものを参考に，職務の性格や内容を踏まえ民間の同種の職種に従事するものとの均衡に留意しながら適正化するように要請している。

このように，退職者不補充による人員削減，それとセットとなる委託化，という形が，国の地方自治体に対するいわば「押し付け的な」行政改革の1つとして位置づけられてきた。国と地方の財政が総合的な連関で運営されていることから，地方分権が進行されていく状況にもかかわらず，今後もこのような「上からの改革要請」は続いていくものと見込まれる。

表6-1　ごみ収集量の処理形態別割合の推移

年　度		1989年	1991年	1994年	1997年	2000年	2003年	2006年	2009年	2012年	2015年
地方公共団体による収集	直営(%)	50.3	48.8	44.6	41.6	37.1	33.8	30.0	27.3	25.2	22.4
	委託(%)	30.3	31.9	33.4	34.9	37.2	39.5	42.9	46.2	47.7	49.7
許可業者による収集		19.4	19.3	22.0	23.5	25.7	26.7	27.0	26.5	27.1	27.9

出所：環境省大臣官房廃棄物・リサイクル対策部廃棄物対策課（2005，2014，2017）を基
　　　に筆者が編集した

3　委託化の背景

委託化の進行

　「2005年指針」の提示以降，総務省は各自治体の取り組み状況の取りまとめ
を公表している。2017年3月に公表されたデータによれば，一般ごみ収集の民
間委託の実施状況は，政令指定都市が100％，市区町村が96.6％であり，全国
のほとんどの自治体で委託が導入されている。

　このような委託化が進められていく背景には自治体ごとにさまざまな要因が
あろうが，一方で，1997年に施行された「容器包装に係る分別収集及び再商品
化の促進等に関する法律（容器包装リサイクル法［以下，「容リ法」]）」に基づく分
別収集を行っていくために，委託を導入して進めていった経緯もある。新たに
「容リ法」による分別収集や選別保管を実施しようとしても，厳しい財政状況
では人員を採用して体制を構築することはできず，外部委託で対応するしかな
かったということが推測される（庄司，2005）。地方行革の推進が求められてい
る中で，「容リ法」による分別収集のような新規の案件が要請される例もあり，
委託化は一概に自治体財政の逼迫による人員削減という文脈のみでは説明がで
きないものになっている。

民間独自の工夫がされにくい委託化

　全国的に委託化が進んでいるが，その分直営の割合は減少している。表6-1

─── コラム⑪　最終処分場から考えるごみ問題 ───

　皆さんは，自分が排出したごみの行方，すなわち，ごみがどのように処理され，最終的にどこに持っていかれるのかをご存知だろうか。皆さんの居住する地域に清掃工場が存在することから，そこで焼却されるところまでは想像できるであろう。だが，その後のことについては，あまり意識されないのではなかろうか。

　筆者が居住する東京23区については，区内にある清掃工場（2018年12月現在19施設が稼動）で焼却処理を行って嵩を 1/20 にした後，その灰をトラックで東京湾にある中央防波堤外側埋立処分場と新海面処分場に運び，埋め立て処分がなされている。これまでも東京23区から排出されたごみの最終処分は東京湾の埋立てにより行なわれてきており，江東区潮見，江東区夢の島，江東区若洲，中央防波堤内側埋立地，羽田沖，がごみの最終処分場として埋立てられてきた。

　このような東京湾の埋立地は，湾内の空いているスペースを利用すれば良いというものではない。荒川の流れや船舶の航行を考えると東京湾の埋立可能な面積は限られ，実は最も新しい新海面処分場（1998年12月〜）が東京23区の最後の埋立処分場となっている。しかもあと約50年しかもたないと見積もられている。

　よって，新海面処分場で処分できなくなると，次の埋立地は存在せず清掃行政は行き詰まり，街にごみが溢れかえる状況に陥ることになる。現在のところ，新海面処分場の後の処分場は検討されておらず，少しでも延命させていくことが手段になると考えられている。

　このような状況に対して私たちができることは 3 R（reduce, reuse, recycle）の実践なのであるが，漠然としたごみ問題からそれを行うのではなく，限りある最終処分場のキャパシティーを意識して実践していくことが必要である。「既存の最終処分場を延命させていくために」ごみになるものを減らす，すぐに捨てずに使い続ける，正しく分別して再度資源として活用する，ことを行うべきである。

　ごみの最終処分場の問題は，東京23区に限られた問題ではない。どの自治体でも最終処分場の建設には，環境汚染の問題，近隣住民の合意の取得等が必要となるため，直ぐには作れず膨大な調整コストがかかるものとなっている。近年は海洋プラスチックのごみについての問題が取り上げられ話題となっているが，最終処分場の延命化の視点から普段投機するごみのことを考えていくことも重要であることを指摘しておきたい。

　ごみは綺麗なものではなく軽視され避けてしまわれがちであるが，ごみの問題は私たちがしっかりと向かいあっていかなければならない重要な課題である。（藤井誠一郎）

の通り，1989年を基準とすると現在でその割合は約半分へと減少している。当然ながらその分委託や業者による収集の割合は増加し，近年では全体のごみ収集量の約8割が委託や事業者により収集されていることがわかる。

このような委託化が進んでいる現状に対して，庄司元は次のように述べている。「こうした委託契約では，市区町村が地方自治体として定めた仕様に基づき契約が履行され，その業務（履行内容）が管理される。従って，委託により民間がその仕事をすることになっても，そうした詳細な仕様によって拘束されることで，官にはない民間だからこそできる様々な仕事に対する創意工夫も発揮されにくい。すなわちこの委託の場合は，単純に市区町村職員で直接仕事を遂行するいわゆる直営形態を，主として人件費の抑制策の観点から外部へ業務を出すことでの経費節減が主たる目的である」（庄司，前掲書）。

この指摘からもわかる通り，ごみ収集の委託化は民間独自の特色を活かした工夫が発揮されにくいものであるため，端的にいえば「経費節減」であり，安い労働力を購入するということである。確かに財政は好転するかもしれないが，契約に基づいて業務が遂行されるのみであり，それにより何らかの付加価値は生まれないものといえる。

4　委託化と労働組合

直営職場の維持に向けた闘争

地方行革による委託化が推進されれば，その対象となる現業労働者は職を失うことになる。よって，現業労働者は労働組合を通じた労働運動により自らの職を守っていった。

全国で約81万人の組合員と2708単組（2017年1月時点）を擁する全日本自治団体労働組合（以下，自治労）では，以前から現業職員の待遇改善を目指し，1960年代前半の清掃改善闘争を中心とした「現業闘争」や1968年からは「現業統一闘争」を行っていた。1981年に第2臨調が発足すると，「自治体の現業現場そのものが消失する」という危機感から，1990年までの10年間，「現業差別

賃金打破」「現業現場の合理化反対」「欠員の正規職員による完全補充」を指標
にした「第1次現業統一闘争」を行った。そこでは，政府により推進される地
方行革により現業労働者の合理化が推進されていく中で，直営堅持の確認書や
事前協議の協約締結等の成果をあげるなど，合理化を最小限にくいとめること
に成功した。しかし，現業部門の減少傾向には歯止めをかけることはできず，
自治労の組織基本調査では，1984年に27万5860人存在した現業組合員は1991年
には21万9861人に減少し，その後も減少傾向はさらに続くと予測された。

　このように「第1次現業統一闘争」では，10年間の闘争にもかかわらず最大
の目標を達成することができなかった。現実を直視し，運動のあり方を再検討
し，転換を図っていく必要があると認識するにいたった。

現業活性化プロジェクトの始まり

　1991年の大会で「第1次現業統一闘争」の総括がなされた。これまでの運動
が自らの賃金や労働条件の改善への闘争に偏り，住民サービスの向上や公共
サービスのあり方への視点を欠くものであり，住民の共感を得られるものにな
らなかったという認識に立つにいたった。そして，今後の現業闘争について，
「直営堅持は当然のこととして追求し続け，そのためにも自治体の仕事の持つ
公的な役割を強化していくことにより仕事の拡大を図ることが必要」であると
した。あわせて，その具体化に向けた検討を行っていくために，「現業活性化
プロジェクト」を設置することになった。

　この「現業活性化プロジェクト」は1992年，中間報告「現業（現場）活性化
に向けて（職場討議の素材として）」を発表し，これまでの賃金や労働条件の維
持・向上に加え，「より良い公共サービスの提供」という視点も取り入れるこ
とを述べた。これは，従来からの賃金や労働条件改善の獲得を中心とした闘争
から，公共サービスの受け手となる住民を意識し，その提供主体となる自らの
職を確立させていこうとする運動へと方向性をシフトさせていくものであった。
そして同年からの「第2次現業統一闘争」では統一指標を「直営を堅持し，住
民に応える公共サービスの確立と職場・労働環境の改善を図ろう」とし，これ

までになかった「住民」や「公共サービス」という文言が指針や指標に掲げられるようになった。

　しかし，この統一指標では，「直営を堅持することで住民に応える公共サービスを確立する」となっており，住民ニーズに応じた公共サービスの提供は直営が堅持されれば可能であるという表現であり，自らの仕事の質を高めることで住民の共感を得て現業の職を守っていくという論理までにはいたらず，後述する2007年の現業・公企統一闘争にいたるまで変わることがなかった。その間自治労では，現業活性化への運動に取り組み続け，「現業（現場）活性化推進委員会」を設置して活性化を具体的に推進し，また，「活性化経験交流集会」を定期的に開催し，全国の活性化事例を学び合う場を提供していった。

住民を前提とした質の高い公共サービスの提供

　2002年に小泉内閣が「骨太方針2002」を出し「聖域なき構造改革」を唱え，「地方にできることは地方に，民間にできることは民間に」をキャッチフレーズにし，現業職員の職場への合理化を一気に加速させていった。地方行革が推進されていった結果，現業組合員数は2006年の組織基本調査で13万8144人となり1984年から半減した。これに対し，現業活性化の取り組みを推進していったが，闘争の統一指標は1992年のものから基本的に変わらず，住民に対する公共サービスの質の確保を第一に置かないまま展開されていった。活性化運動の核心部分が現業組合員に広く理解されるにはいたらなかった。

　そこで2007年の現業・公企統一闘争では，その指標を「職の確立と市民との連携による，自治体の責任に基づいた質の高い公共サービス」とし，闘争と活性化運動との理念上のズレを修正し，住民に対する公共サービスの質の確保により共感を獲得し，それにより自らの職を守っていくというように闘争の基盤を固めるにいたった。このことにより，住民を前提とした質の高い公共サービスを提供していくことで住民の共感を得，委託化の流れに対抗していくという方向性へとシフトしていくことになった。

二極化する単組の対応

　地方行革の流れの中で委託化に対する労働組合側の大きな対策方針が策定されていったが，実際の活動単位となる単組の受け止めは二極化した。それは，①真剣に活性化に取り組み直営の職場をしっかりと維持した単組と，②世間の公務員バッシングを軽く見過ぎ特に目立った取り組みをしなかった単組である。

　①の対応をした単組では，従来からの業務を見直し，提供するサービスが住民ニーズに合うように，より質の高いものへと進化させていくような職場へと改善することを模索した。そのような取り組みを行ったところでは，直営の職場が維持でき，退職不補充の方針の中でも正規職員の採用を確保でき，地域になくてはならない公共サービスとして根づくものとなっていった。結果，自治体当局が委託化の推進を検討しても，ブラッシュアップされて提供される直営による質の高い公共サービスを委託業者では提供できないという判断になり，委託化の推進が止まるような状況を生み出した。

　一方，②の対応をした単組では，自らの提供するサービスが定型的なものとなっていき，委託化しやすい形を自らがつくってしまいさらなる委託化が推進される状況になっていった。そこでは，単組の中で活性化への組合員の合意を形成できず，自治体当局と労働条件改善への闘いに活路を見出さざるをえなかったところもある。特に，活性化の行為は労働者にとっては「労働の強化」と受け止められる面があるため，労働者の待遇改善を目指す労働組合が組合員に対し労働強化を迫ることへの矛盾が指摘され，活性化への合意形成にいたらなかったところもある。結果，退職した現業職員の補充や新規採用がなされず，活性化に意欲的な若手も入ってこず，負のスパイラルに陥り状況は悪化していくようになった。

5　八王子市の「脱・単純労務職」に向けた取り組み

東京都八王子市における3Rの推進

八王子市は東京都心から西に約40kmのところに位置する人口約58万人の

中核市である。東は関東平野に続くがそれ以外は丘陵地帯に囲まれ盆地状の地形となっている。高尾山をはじめ自然豊かな都市であり，21もの大学がある学園都市でもある。

　清掃行政に関しては「循環型都市」の実現に向け積極的に3R（Reduce, Reuse, Recycle）を推進し，全国から注目される自治体となっている。環境省が毎年発表する「一般廃棄物の排出及び処理状況」の調査では，人口50万人以上の都市でリデュース率，リサイクル率が上位を維持し，2016年度においてはリデュース率が全国2位，リサイクル率が全国3位となっている。ごみの減量や資源化においてはわが国の先端を歩む自治体である。

　このような3Rへの取り組みを積極的に行う背景には，最終処分場の問題が存在している。市内にあった戸吹最終処分場が1995年に埋立を終了し，その後は東京都三多摩地域廃棄物広域処分組合（現：東京たま広域資源循環組合）が日の出町に設置する谷戸沢処分場で埋立を行っていた。その処分場も1998年に埋立が終了したため同組合の二ツ塚処分場へと搬入することになった。しかし，埋立開始後5年で30％を埋立てることになり，残余年数が10年程度となってしまった。新たな処分場の確保は困難であるため，当該処分場を利用する都下25市1町はごみの発生抑制と資源化を積極的に推進していく必要性に迫られることになった。

ごみの減量や資源化に向けた取り組み

　まず，ごみの減量に向けての取り組みとして，2004年10月からの「家庭系ごみの有料化と戸別収集の同時実施」が挙げられる。これは有料の指定収集袋での排出と，戸建住宅において可燃ごみ・不燃ごみの戸別収集を同時に行うものであり，人口30万人以上の都市としては全国初となるものであった。また，これに合わせて古紙回収を月1回から2週に1回へと増やし，資源回収を充実させていった。この結果，改正前の2003年と改正後の2005年を比較すると可燃ごみは29.6％減，不燃ごみは21.4％減，全体で28.1％減となり目標の25％を上回りごみの減量化に大きな効果をもたらした。

　次に，資源化に向けての取り組みとしては，2010年10月からの「容器包装プラスチックの資源化拡大と全ての資源物の戸別回収」が挙げられる。2006年に二ッ塚最終処分場内にエコセメント化施設が稼動し，可燃ごみの焼却残渣と飛灰がリサイクルされるようになり処分場の延命化が進んだが，さらなる延命化のため不燃ごみの減量をどう進めていくかが課題となった。その不燃ごみの約6割はプラスチックが占めていたことからこれを資源化していくことにし，不燃ごみとして処理して埋立てていたプラスチック製品，ゴム・皮製品を可燃ごみとして焼却処理した。そして熱エネルギーを有効活用（サーマルリサイクル）し，その残渣をエコセメントにしていくことにした。さらに，「プラスチック資源化センター」を整備して，3品目に限定していた容器包装プラスチックの回収をプラマークのついたすべての容器包装プラスチックへと拡大した。これに合わせる形で，排出者責任を明確にして分別の徹底を図りながら資源物の排出をよりしやすくするために，すべての資源物の戸別収集を実施していくことにした。この結果，改正前の2009年と改正後の2011年を比較すると，不燃ごみは58.4％削減され，資源物は31.2％増加することになった（鈴木2011，小杉2014，林2018）。

　現在八王子市では，循環型の都市の実現に向け，2013年に策定した「ごみ処理基本計画」に基づいて，ごみの減量や資源化を市民・事業者・市の協働により取り組んでいる。とりわけ重点的な取り組みの中には，「ごみの減量・資源化に向けた意識の高揚と行動の促進」が挙げられており，家庭系ごみの排出状況に応じた個別指導として，分別ルールを守らない市民への訪問指導を実践しており，八王子市のごみ減量に向けた本気度が垣間見られる。また，社会的環境が変化したことにより現計画の課題である，環境教育や人材の育成，生ごみの減量・資源化の推進，不適正排出へのさらなる指導・啓発が浮き彫りとなってきた。それらへの対応のため，2019年からの10年を見据えた新たなごみ処理基本計画を現在策定している。

労働組合や清掃職員の受け止め

　八王子市の労働組合である八王子市職員組合（以下，組合）では，全国的な委託化政策が展開され職を失う現業職員が数多く出ている状況の中で，1998年から現業職の仕事に付加価値をつけていく必要性を議論し始めた。そして，新たな活路を見出すために，組織を活性化させていくような公共サービスを提供していくことを自治体当局（以下，市当局）との団体交渉で提案していく形をとり始めた。2000年には独居老人や障がい者を対象とした「ふれあい収集」を清掃職員が行うことを市当局に提案したが，組合の方針転換の趣旨が受け止められず，福祉事業として行うため清掃業務を所管する環境部で行うべきでないと判断され実践にはいたらなかった。一方で，組合員の中には，組合が現業部門の仕事に付加価値をつけていく方向に舵を切ることは「労働の強化である」とし，良しとしない者もいた。

　しかし，このような認識をもつ者は改めていかざるをえない状況に迫られることになった。というのは，民間業者が行う1人収集の様子を見た市民から市が行っている3人収集への批判が寄せられ，それを受けた市当局が2001年4月からごみ収集車両の乗務人数を2人に削減する方針を出し，組合に打診してきた。協議の結果，2人での収集となってしまったが，このような現業部門の仕事が見直されていく現実を突きつけられた現業職員は，「このままでは自分たちの職場が無くなるかもしれない。単に割り与えられた仕事を淡々とこなしているだけでは，職を失うかもしれない」と実感せざるをえなくなっていった。また，2000年の容リ法の完全施行によりごみが減少していく状況であったので，清掃職員にはさらなる危機感が芽生えた。そして，自分たちの仕事の価値を市民に理解してもらうには，環境問題，リサイクル，ごみの減量等の問題に積極的にかかわっていく必要があると意識していくようになった。

清掃職員による質の高い行政サービスの提供

　このような中，八王子市の清掃行政やそれに携る現業職員の意識を大きく変えていく出来事が起こった。それは前述した最終処分場の逼迫を契機とした，

2004年10月からの「家庭系ごみの有料化と戸別収集の同時実施」であった。これまでも有料化と戸別収集の議論はなされてはいたが，人口が多く面積も広い八王子市で実施していくには体制がとれず非現実的と認識されていた。ところが，労使間の協議も不十分なままに「家庭系ごみの有料化と戸別収集の同時実施」を行うことが市当局により一方的に公表された。組合側に伝えられたのはプレス発表の数日前であり，何の協議もないままの決定に反対姿勢を示したが，公表した以上，対応していかざるをえない立場となってしまった。

　これに対し組合は，清掃職場の代表者と市当局による協議検討会を立ち上げ，労働条件や有料化と戸別収集を行う意義について意見交換を行うことにした。また，戸別収集に変更する影響や，負担が大きく反発が予測される有料化への市民の声を集めることにし，八王子自治研究センターに市民アンケートの作成を依頼し，清掃職員が市内の10万世帯にポスティングして市民の声を集めた。結果，回収率は13％を超え，清掃職員はごみ問題に対する市民の関心の高さを認識することになり，自らの仕事の必要性や意義を再確認する機会となった。

　有料化と戸別収集の実施が迫ってくると，市民への具体的な説明が必要となってきた。町会・自治会への説明会には，収集業務により地域の事情を良く知る清掃職員も同行して行われ，その回数は延べ1700回にもおよんだ。また，戸別収集となる住宅については，清掃職員全員が土日を返上してすべて訪問し，変更の趣旨の説明とごみを出す場所を確認していった。このことは清掃職員にかなりの負担を強いることになったが，これまで市民と接する機会が少なかった清掃職員にとっては市民とのコミュニケーションをとることができるようになり，そこから自らの仕事の問題点を認識するきっかけを掴むことができるようになった。また，これまで苦情は管理職が対応していたが，現場のことを正確に把握できないため十分な対応になっていなかった。住民と向かい合う清掃職員がその場で苦情や質問に対応していくことで，市民との信頼関係を構築することができるようになっていった。このような積み重ねの結果，収集作業中に市民から感謝の意が述べられることが増え，清掃職員がやりがいを感じるようになっていった。また，有料化・戸別収集の実施に合わせ，条例施行規則が

改正され，清掃職員全員に現場での分別・指導・助言が行える「分別指導員」の資格が与えられ，これまでの単純作業のみが自らの仕事ではなく，市民への説明や電話対応の業務も行政の職員として責任をもって遂行していくという意識が芽生えるにいたった。

　このような有料化・戸別収集の実施に向けた清掃職員による一連のきめ細かい市民への対応は，市民の満足度を向上させ，高い評価を獲得するものとなった。このことは，その業務に携った職員の意識を変えることに大きく貢献するとともに，自治体当局に対して現場を把握している清掃職員の重要性を認識させることになった。そして，現業職員を削減すれば行政改革になるという単純な発想を払拭していくきっかけともなった。

脱・単純労務職に向けた取り組み

　八王子市ではさまざまな施策について職場での組合員の話し合いを実施するとともに，市当局との間で協議をする場をもちながら，現業職場を活用した市民サービスの向上を目指している。そのためには政策形成に向けた職員参加が不可欠であると認識し，現場の英知を積極的に活用してより質の高い公共サービスを提供していくことを目指している。それは大きな施策のみならず，市民に配布する「家庭用ごみ・資源物収集カレンダー」といった身近なものであっても現業職員がしっかりとかかわり，現場の視点から市民に必要な行政サービスを提供するように心がけている。

　このようなスタンスで清掃職員が公共サービスを提供していく中，2007年に組合は「現業労働者の脱・単純労務職」のスローガンを掲げ，現業職の役割を見直して新たな職域，職制を構築していくことに取り組み始めた。単純な作業をこなしていく職という位置づけから，現場で汲み取った住民ニーズに見合った公共サービスを提供していく職へと転換させていく方向性を示すにいたった。よって清掃職員はごみを収集するという単純作業集団から，市民の目線に立ち，環境についての強い問題意識をもち，住民とともにごみ減量やリサイクルを積極的に推進していく人材集団へと転換していく方向に進みつつある。

そのような流れの中で，2007年には「粗大ごみ受付センター」が新設されることになった。それまでは3つの清掃事務所で別々に受けつけていたものを1カ所に集約することにし，これまで収集業務を行っていた清掃職員がセンターの運営・管理業務を担うようにした。現場を熟知しているがゆえ，市民からの申込みに的確に対応することができ，より充実した公共サービスを提供していくことを目指した。このような現業職員の強みを活かしたきめ細かい対応が市民から好評を得，2008年には市長から職員業績表彰を受けるにいたった。その後2009年に「ごみ総合相談センター」に改称し，現場経験を生かし粗大ごみのみならず電話によるごみに関するよろず相談を受けつけ，ごみの出し方，ごみの取り残しなどの対応を行っている。また，センターの運営のための事務業務についての一部も，すべて現業職員により担われている。

6 公共サービスの委託化と地域のあり方

各主体の展望

国からのいわば押しつけ的な地方行革により公共サービスの委託化が推進されて行く中，今後の地域のあるべき姿の体系的な展望を描くには，公共サービスの提供主体とその受け手といったそれぞれの立場からの議論が必要となる。最後に委託化政策が推進されていく中で，地域でその政策にかかわる主体となる現業職員，自治体当局，住民，のそれぞれについて今後の展望を述べてみたい。

現業職員個々人のあり方

地方行革の影響を受け，現業職員の職の存続が危ぶまれる状況となっており，その職員が所属する労働組合は，職種の維持，退職者補充の要請，新規採用の要請，待遇の改善等を自治体当局に要求する状況にある。しかし，厳しい財政状況を背景に自治体当局からそれらの要求に対しての満額回答がなされることはない。今後この状況が劇的に改善される方向に進むことは見込めず，状況は

更に悪化していくことであろう。

　このような現状に対し，自治労から「現業活性化」という大きな対策方針が出され，それに沿う方向で単組の活動を展開したところもあるが，どちらかといえばそのような動きを見せたところは少なく，それほど目立った動きにはなっていない。現業職員の中には定型業務をこなす職に就いたと割り切る者も存在するため，「現業活性化」を「労働強化」と受け止め，現在の労働環境を維持していくことを要求していくことになる。その結果，先述の通り負のスパイラルに陥り，さらに状況は悪化し逆転不可能な状況へと追い込まれてしまうことになる。

　一方で，八王子市の組合の活動に見られた通り，全国的な委託化政策が進む中においても，「脱・単純労務職」という方向性を見出し，新たな歩みをはじめている現業職員たちも存在する。そこでは，現業職員が自治体の先端でサービスの受け手となる住民と接して住民ニーズを汲み取り，それを満たしていくような新たな公共サービスを提供する形をつくっている。すなわち，現業職員が政策形成のための情報を収集し，それを政策形成へとつなげ，その政策を現場で肌理細やかな配慮により実施していくことで住民の満足度を向上させているのである。よって現業職員が，自治体の公共サービスの提供にはなくてはならない存在として機能していく形を形成するという成果を収めているのである。このことはすなわち，住民の存在を意識して，住民のニーズを満たしていくような形で活性化の活動を展開すればするほど，住民の満足度が上がっていき，住民から必要とされる現業職へと変化していくことを意味するものである。

　このような事例から得られる結論は，現業職員が自らの強みは何かをしっかりと把握し，自らの業務の延長線上にその強みを活かして住民ニーズを満たすような行政サービスを展開していくことを考えていくことが今後の活路となるということである。委託化が推進されていく状況においては，自らの業務が定型的なものにならないようその業務の発展形を意識し，絶えず進化させていくといった気概が必要となる。団体交渉により「自らの職を守る」という発想ではなく，住民の必要なものは何かを見極めて，それを満たしていくように業務

を行っていけば，自ずと職は残り住民の満足度も向上する。その結果，住民や地域社会にとって必要不可欠な現業職員として機能していくことになる。

　そのようになっていくためには，常に住民との対話が必要である。職務を通じて声をかける，挨拶をするという簡単なことから始め，それをきっかけとして住民とのコミュニケーションを密なものへとしていき，地域住民とともに歩んでいく存在として自らを位置づけ，業務を発展させていくという一連の過程が求められてこよう。

自治体当局の対応

　国からいわば押しつけられた地方行革の流れの中で地方自治体は何らかの対策を施していく必要があり，その1つに業務委託という方法も選択していかざるをえない状況である。皮肉なことに，このような委託化への検討を進めていくことが，現業職員に危機意識を芽生えさせることにもなり，八王子市の事例のように現業職員の意識が高まり，現業職の強みを活かした業務改善が進み，住民へのさらなる行政サービスの充実へと結びつくという結果をもたらすこともある。よって，現業職員の職場環境に対して何らかの刺激を与えていくことは妥当なことかもしれない。

　しかし，委託化への検討を進めていく際に安易な金額比較でもって委託化を推進していくことには警鐘を鳴らしておきたい。委託化の有用性を金額面に求めて安くサービスを提供していくことに価値を見出すと，逆に数字では評価できない価値を失ってしまうことが浮き彫りとなる。委託化への意思決定の場では数字を根拠にしているのであろうが，数字には表れない現場のスキルや知見の蓄積，携る人間のモチベーションなど，を評価していくことを忘れてはならない。このようなことを考慮しなければ，結果的に効果的で効率的な行政サービスが提供されたのかが疑問に思えてくることになる。また，委託化してもそれをマル投げすることはできず，市民が満足するためには，何らかの運用コストがかかってしまうことも忘れてはならない。筆者のごみ収集体験からは，委託業者の取り残しのミスのカバーは清掃職員が行っていたが，このような運用

費用は明確に算出されず考慮されていない。委託化してもそれをフォローしていくコストはまったく埋没したままであり比較の検討の俎上には載らない。このような費用がかかることもしっかりと認識しておくべきである。

　また，委託化することは業務がブラックボックス化することであり，業務を手から離した後も何が行われているのかをしっかりと管理しておく必要がある。委託業者の収集により地域の衛生が保たれていると思われるかもしれないが，まったく分別されていないごみを収集しているのかもしれず，そのまま清掃工場に持ち込めば清掃工場の焼却プラントに影響が生じ操業を停止せざるをえない状況にいたることもある。委託化すると，業務の遂行過程はブラックボックス化し，これまで蓄積されてきたノウハウも継承されない。昨今想定外の災害が全国いたるところで発生しているが，その際に機動力を活かしながらこれまで蓄積されてきたノウハウを元に現場で活躍できるのは現業職員であるといえ，災害時への保険としての現業職員の価値を考えておくべきでもある。委託化への意思決定時には現場から上がってくる定性的な分析結果も含めて評価していくことが肝要であり，安易な委託が身を滅ぼすこともよく認識しておくべきである。

　一方，現業職員は普段の業務を通じて行政の最先端として地域住民に接し，地域の実情に精通しているという強みをもつ。よって，この強みを住民の立場や目線に立った政策や施策を形成していくうえでの貴重な情報源として活用したり機能させたりしていくことができることも認識しておくべきであり，現業職のメリットをしっかりと活用して行く方向性を検討していくべきである。すなわち，委託化や人減らしのみが行政改革ではなく，現業職員の可能性を引き出しながら，社会の進展により住民に生じる新たなニーズに対応していくような行政サービスを提供していく形を整えていくことが行政改革であるという視点をしっかりともつべきである。委託化を推進していく際には，恐らくは現業職員から何らかの反応があると思われるが，彼らからの提案が現業職員の強みを生かして住民サービスを向上させていく新たな政策や施策への提言であるならば，柔軟に対応していくことが求められよう。

　このような方向性に展開していくためには，現業部門と自治体当局との密なコミュニケーションが必要となる。本章の事例で取り上げた八王子市の事例では，労使のコミュニケーションにより組合との間で賃金や待遇面の労使交渉のみならず政策形成に関する協議までも行っていたが，そのような労使の歩みにより，住民に必要な公共サービスが展開されていき住民の満足度が向上していくという現象が生じることにもつながる。

住民の対応

　筆者の新宿区での清掃職員の参与観察時には，住民への細やかな配慮を施しながらごみ収集作業を行う清掃職員の姿を数多く見てきた。そのような配慮を施した清掃サービスの提供により，感謝の意を言葉であれ軽い会釈であれ，住民から何らかのレスポンスを頂いた時にはモチベーションが高揚していくことを身をもって体験した。

　このモチベーションの高揚は，現業職員が住民の必要とする行政サービスを提供していく使命を感じるきっかけになるとともに，自らの仕事の範囲内で提供可能なさらなる住民目線の行政サービスを模索していくようになるうえでの大きな原動力になる。このような何気ない一言とそれに呼応した清掃職員による質の高い行政サービスの提供が正のスパイラルとなって拡大していき，地域は温かく見守られていくような効果を得ることができるようになる。このような関係性にあることを住民は把握しておくべきであり，些細なコミュニケーションを行っていくことが，地域で潤いのある生活をしていくための第一歩になる。

　住民の中には，行政を効率的に運営していくことを是とし，地方行革において現業職員の委託化を推進していくことを良しとする人々が多数いる。確かに目的とする行政サービスが提供されればその提供主体は問わないという考えも一理あるが，公共サービスの提供に携わる人々の資質やモチベーションにより，提供されるサービスがさらに良いものへと質的変化を遂げることを忘れてはならない。おそらくは気がつけば何の打診もなく委託化された公共サービスが提

供されているという状況であろうが，住民は選択権を主張しても良いものと考えられる。

　公共サービスの委託化は今後も続いていくことであろう。そのような状況に対して，私たち住民は地域社会に対して無関心でいてはならない。地域をしっかりと見て，どのようなアクターが地域を支えているのかを把握していく必要がある。これはまさに地方自治にしっかりと参加していくことを意味する。身近なことに興味をもち問題点が発見されるのであれば自らが解決の主体となるとともに，地域をマネジメントしている行政に対しても発信していくことが，地域で生活していくうえでプラスに機能していくことになる。無関心でいればいるほど，潤いのある地域での生活の実現からは遠ざかっていくことになる。

　委託化が地域や住民にとって本当に良い効果をもたらすものなのか，住民サイドから再度検討していく必要があろう。何が得られ何を失うのか，その点をしっかりと把握して議論を深めていくことが肝要である。国よって進められる政策により，自治体は委託化をさらに推進しようとしている。安易な委託によって住民は大きなしっぺ返しをくらうのではなかろうか。政策の意図をしっかりと住民が理解し，声を上げていく時期にきている。

参考文献

江口清三郎（1986）「直営・委託論争の新展開」松下圭一編『自治体の先端行政』学陽書房。

大藪俊志（2014）「地方行政改革の諸相——自治体行政改革の課題と方向性」『佛教大学総合研究所紀要』第21号，佛教大学総合研究所，121-140頁。

環境省環境再生・資源循環局廃棄物適正処理推進課（2018）『一般廃棄物の排出及び処理状況等（平成28年度）について』。

環境省大臣官房廃棄物・リサイクル対策部廃棄物対策課（2005）『日本の廃棄物処理平成14年度版』。

環境省大臣官房廃棄物・リサイクル対策部廃棄物対策課（2014）『日本の廃棄物処理平成24年度版』。

環境省大臣官房廃棄物・リサイクル対策部廃棄物対策課（2017）『日本の廃棄物処理

平成27年度版』。

木村武司（1986）「自治体『経営』に示される二つの効率——経営的効率と社会的効率」『月刊自治研』第28巻6号，30-38頁。

小杉浩文（2014）「八王子市ごみ処理基本計画——埋立処分量ゼロをめざして」全国都市清掃会議編『都市清掃』第67巻322号，24-28頁。

笹川勝宏（2014）「容器包装プラスチックから見るリサイクル法——現業の現場での廃棄物削減への取り組み」『月刊自治研』第56巻656号，38-43頁。

自治省（1985）「地方公共団体における行政改革推進の方針（地方行革大綱）について」『自治研究　第61巻第3号』良書普及会，147-151頁。

自治省（1996）「地方公共団体における行政改革推進のための指針について」東京市政調査会編『都市問題』第87巻3号，49-55頁。

自治省事務次官通知（1997）「地方自治・新時代に対応した地方公共団体の行政改革推進のための指針の策定について」地方自治制度研究会編『地方自治』第601号，ぎょうせい，108-117頁。

自治労現業局（2009）『自治労現業評価委員会　最終報告』。

自治労八王子市職員組合・現業評議会（2011）『自治労八王子市職　脱断純労務職の取り組み』。

庄司元（2005）「市区町村のごみ処理における委託」全国都市清掃会議編『都市清掃』第58巻267号，3-11頁。

鈴木克彦（2011）「八王子のごみ処理事情」全国都市清掃会議編『都市清掃』第64巻300号，40-44頁。

全日本自治団体労働組合現業評議会（2011）『新版　現業労働者の権利と職場の活性化』自治労出版センター。

総務省（2005）『地方公共団体における行政改革の推進のための新たな指針』。

総務省（2006）『地方公共団体における行政改革の更なる推進のための指針』。

総務省（2015）『地方行政サービス改革の推進に関する留意事項』。

田中一昭編（1996）『行政改革』ぎょうせい。

田中一昭編（2006）『新版　行政改革』ぎょうせい。

田中啓（2010）比較地方自治研究センター・分野別自治制度及びその運用に関する資料 No. 18 「日本の自治体の行政改革」。

中村祐司（2014）「民間委託の歴史・現状・課題」外山公美・平石正美・中村祐司・西村弥・五味太始・古坂正人・石見豊『日本の公共経営』北樹出版。

八王子市資源循環部・水循環部（2018）『平成30年度（平成29年度実績）清掃事業概要』。

林佳裕（2018）「『循環型都市八王子』の実現を目指して」全国都市清掃会議編『都市清掃』第71巻345号，32-37頁。

藤井誠一郎（2018）『ごみ収集という仕事――清掃車に乗って考えた地方自治』コモンズ。

本間奈々（2012）「地方行政改革・財政改革」片木淳・藤井浩司編『自治体経営学入門』一藝社，73-93頁。

松本英昭（1997）「地方の行財政改革」堀江教授記念論文集編集委員会編『行政改革・地方分権・規制緩和の座標――堀江湛教授記念論文集』ぎょうせい，194-215頁。

真山達志（2008）「ローカル・ガバナンスにおける現業労働」『月刊自治研』第50巻586号，24-32頁。

宮﨑伸光（1997）「公共サービスの民間委託」今村都南雄編『公共サービスと民間委託』敬文堂。

寄本勝美（1981）『清掃労働から考える「現場の思想」と地方自治』学陽書房。

寄本勝美（1989）『自治の現場と「参加」』学陽書房。

寄本勝美（1990）『ごみとリサイクル』岩波書店。

寄本勝美編（1982）『現代のごみ問題――行政編』中央法規出版。

参考 URL

全日本自治団体労働組合（自治労）ＨＰ，「現業評議会」（2018年9月28日閲覧，http://www.jichiro.gr.jp/cncl/nonclerical）。

総務省ＨＰ，「地方公共団体の行政改革等」（2018年9月28日閲覧，http://www.soumu.go.jp/iken/main.html）。

総務省ＨＰ，「地方行政サービス改革の取組状況等に関する調査等（平成29年3月30日公表）」（2018年9月28日閲覧，http://www.soumu.go.jp/iken/112810.html）。

東京たま広域資源循環組合のHP（2018年9月28日閲覧，http://www.tama-junkankumiai.com/）。

八王子市ＨＰ，「八王子市の概要」（2018年9月28日閲覧，http://www.city.hachioji.tokyo.jp/shisei/002/002/p006163.html）。

■　　■　　■

読書案内

寄本勝美（1989）『自治の現場と「参加」』学陽書房。

　著者自身の現場体験に基づいた分析により民間委託の推進論者への反論を展開するとともに，職員の参加による真の行政改革について考える機会が提供されるバイブル的な良書。

藤井誠一郎（2018）『ごみ収集という仕事——清掃車に乗って考えた地方自治』コモンズ。

　東京23区（新宿区）のごみ収集を体験して見えた清掃行政の現状や清掃職員の労働実態を示し，それを踏まえたうえで今後の展望を述べている。本章で記述した現業職員の住民への細やかな配慮を施したごみ収集作業が理解いただけると思われる。

練習問題

①　あなたの住んでいる地域の清掃行政について，どのような主体により業務が遂行されているのか詳細を調査してみよう。そこには，どのような問題が生じているのか，どのような影響が住民におよんでいるのかを見出してみよう。

②　あなたの身の回りの公共サービスについて，行政の直営で提供される場合，民間への委託により提供される場合，それぞれどのようなメリット・デメリットがあるのか考えてみよう。また，今後の公共サービスはどのように提供されるべきかを考えてみよう。

（藤井誠一郎）

—— コラム⑫　現業部門の委託化は私たちに本当に有益なのか ——

　近年は全国各地で自然災害が多発し，甚大な被害が生じている。このような自然災害の後には，必ず災害廃棄物が発生する。浸水被害を被った家屋からは家財道具，畳，瓦礫などが排出される。自治体側にはそれらを手際よく処分していくことが求められる。家の前に積まれた瓦礫により緊急車両が通行できず救える命が救えないという問題が生じたり，復旧作業全体に悪影響が及んだりするためである。

　本章でも説明したとおり，地方の市町村ではこれまでの行政改革により，現業部門の委託化を進めて人員削減に取り組んできた。とりわけ清掃行政については委託化を推進し，少数の事務職の人員で委託業者の業務運営を管理する体制を構築して清掃サービスを提供する自治体が多い。信頼できる業者を選択する限り，普段のごみ収集はこのような体制で運営できてしまう。よって，委託化を進めても清掃行政が問題なく運営されているように見えてしまう。

　ところが，このような清掃行政の実施体制において自然災害が発生し甚大な被害が生じてしまうと，瞬く間に立ち行かなくなる。委託業者と結ぶ契約は一般廃棄物の収集業務であり，災害廃棄物の収集でないため被災後の現場で柔軟に対応してもらえるものでない。被災現場で必要な臨機応変に動く「手足」がなく，陣頭指揮をとる人材も確保できず，災害廃棄物の処理作業は足踏み状態となる。状況により，いずれは自治体間の連携により応援体制が構築され災害廃棄物の処理を行っていくという形が作られるが，そのためにはさまざまな調整手続きに時間を要する。業務の委託化は定型業務には向いているのかもしれないが，非常時，緊急時の対応においては，どこまでそのメリットが見出せるのかは疑問である。

　委託化は短期的には費用を安く抑えることができるのかもしれない。しかし，長期的に見た時，また，非常事態が生じるかもしれない時のことを考えると，業務の全面委託といった過度の委託化は「安物買いの銭失い」のようになっているのではなかろうか。庁舎にいる管理者にとっては地域の現場がますます遠くなる，ノウハウが蓄積されない，業務が空洞化する，といったことが生じてしまう。その歪が非常時に露になり，住民へとふりかかっていくことになる。すべてを直営で行うことは非現実的であるが，現場に精通した現業職を確保しておき，いつでも業務を「取り返せる」形をとり，非常時に陣頭指揮がとれるような体制を構築しておくことが，結局は私たちに多大なメリットをもたらすのではなかろうか。

　このような状況に鑑みると，現業部門の委託化は私たちに本当に有益なのかという疑問が沸いてくる。本当にそれが住民にとって良い選択なのかは疑問である。安心・安全への意識が高まりつつある現在，地域や現場を熟知する現業職員の価値というものを考え直す時がきていると思えてならない。（藤井誠一郎）

第**7**章

エネルギー政策と持続可能な地域運営

──オーストリア・フォアアールベルク州の先進性──

┌─── **この章で学ぶこと** ───────────────────────

　2011年の福島第1原子力発電所の事故以降，原発や化石燃料からの脱却は世界共通の課題となっている。また，日本を含む一部の先進国においては，特に周辺都市や中山間地域において，少子高齢化や都市部への若年層の人口流出による地域経済やコミュニティの担い手の減少が顕著になり，地域社会の持続性が危機にさらされている。

　この「エネルギー源の転換」と「地域社会の持続性の実現」という2つの重要課題を包括的に捉えて積極的に取り組んでいるのがEUとその加盟国である。広域連携という強みを活かし，国の利害を超えた「変革のエンジン」によって，世界の議論や実践をリードしてきた。その中でもオーストリアは，EUから国，州，基礎自治体にいたる戦略や政策の連動と，地域の利害関係者の連携をフルに活用した取り組みにより，農村部の小規模自治体においても大きな成功を収めている。

　そこで本章では，EU諸国でも特に先進自治体を多く抱えるオーストリア・フォアアールベルク州を事例に，エネルギー政策を地域運営の中核に据えた持続可能な地域づくりの取り組みについて，特にこの「重層的な政策連動」と「横断的な関係者連携」のあり方に注目しながら，その特徴を明らかにする。

└────────────────────────────────────

1　地域の持続可能性とエネルギー

1992年の「永久の原則」

　1992年の国連環境開発会議（地球サミット）において，持続可能な発展が「永久の原則（permanent principle）」として世界各国のあらゆるレベルの政府において共通の目標に設定されて今年で28年になる。この間，学界においても政治・行政の現場においても，その実現に向けたさまざまな議論や活動が行われ

てきた。2015年の気候変動対策に関するパリ協定や，近年日本でも広がりを見せている「持続可能な開発目標（Sustainable Development Goals：SDGs）」といった取り組みなどを見ても，持続可能な発展が，現在も変わらず人類社会のメインテーマであり解決すべき課題であることがわかる。

　特に SDGs については，曖昧になりがちな持続可能な発展の議論や実践に一定の方向性を示し，それがこれまでの行政の政策分野のみならず，企業の社会的責任（CSR）や社会的責任投資（SRI）といった新たな価値観に接続されてきた。既存の資本主義的価値観とは異なる新たな「ものさし」を一般社会に再提起したという点において評価に値する。

　日本では，2008年に人口のピークを迎え，以後少子高齢化が深刻化していく中で，特に農村地域では，過疎化によって地域コミュニティ自体の存続が脅かされる状況になっている。伝統的な基幹産業であった第１次産業は，高度経済成長期から続く若者の都市部への流出と高齢化により衰退し，地域経済のドライバーが不在になった地域が多く出現している。今後さらに深刻化する人口減少社会にどのように対応するのかは，これから同様な課題に直面する一部の先進国などにとっても大きな関心事である。

　さらに，2011年の東日本大震災における福島第１原子力発電所の事故により，日本は期せずして，世界各国に原発の危うさと「エネルギー源の転換」の必要性を問いかける役割（かつてはチェルノブイリ原発が同じ役を担っていたが）を担うことになった。安全で安定的な分散型のエネルギー供給は，今や世界共通の課題となっている。

　このように，「持続可能な地域社会」と「エネルギー源転換」の実現は，近年の SDGs など持続可能な発展に関する議論・実践の再燃も相まって，国際的な共通の関心事となっている。

ヨーロッパにおける先進的な取り組み

　しかしながら，この２つの課題への挑戦は，特に人材・資金などあらゆる資源に乏しい農村地域においては，大きな困難が伴う。これまで地域運営を一手

に担ってきた地方自治体は，継続的な経済停滞や人材不足，複雑化した地域課題といった問題により，これまでのフルセット型の公共サービス提供や地域運営が難しくなっている。また，エネルギー源転換のような既存の手法や価値観の変革が必要な取り組みには，地域に暮らす市民や企業など利害関係者の理解と積極的な関与が必要不可欠になり，これをいかに調整していくかも大きな挑戦になる。

　つまり，地域資源に乏しい自治体を，資金面や政策面で支える自治体外部との重層的な政策の連動と，地域の多様なアクターをつなぎ協働で地域の持続可能性に取り組む横断的な関係者の連携をつくりだすような仕組みが地域に必要になっている（的場，2018）。

　このような難しい課題にポジティブに取り組み，成果をあげているのが，ＥＵ諸国である。ＥＵは独自の憲法や政策を展開し，国や地域を超えて政策的影響力を外部から与えることが可能であり，特にエネルギー分野ではこれまで気候変動対策や再生可能エネルギーの普及などで世界をリードしてきた。

　そこで本章では，ＥＵ諸国でも特に先進自治体を多く抱えるオーストリアのフォアアールベルク州を事例に，エネルギー政策を地域運営の中核に据えた持続可能な地域づくりの取り組みについて，特にこの「重層的な政策連動」と「横断的な関係者連携」のあり方に注目しながら，その特徴を明らかにする。

2　国を越えたエネルギー政策——ＥＵの戦略

ＥＵのエネルギー政策の土台

　欧州諸国の中にエネルギー政策の先進国が多い要因の１つに，ＥＵの存在がある。ＥＵのエネルギー政策が，国を超えた「強制力」として働くことで，多くのＥＵ諸国で積極的なエネルギー政策が進められている。

　近年のＥＵのエネルギー政策の土台となっているのが，ロシアとウクライナの関係悪化によるエネルギー安定供給の懸念を契機として2007年末に発表された「エネルギー・気候変動政策パッケージ」である。この中で，いわゆる「3

つの20目標（20-20-20）」が2020年までの達成目標として設定された（JETRO, 2011）。

- ＥＵ域内の温室効果ガスの排出を1990年比で20％削減。
- ＥＵ域内の最終エネルギー消費に占める再生可能エネルギーの割合を20％に引き上げ。
- ＥＵ域内のエネルギー効率を20％引き上げ。

これらの数値目標とともに，EU-ETS（ＥＵ域内排出量取引制度）の見直しや国別の再生可能エネルギー割合目標の設定など，実現に向けたツールを展開した。

アップデートし続ける数値目標

さらなる実践に向けて，2010年には「Energy 2020」，2011年には「Energy Roadmap 2050」と立て続けに戦略を更新した。後者においては，温室効果ガスの排出を，2050年までに1990年比で80％～95％削減する野心的なターゲットも合意されている（JETRO, 2011；European Commission, 2012）。これらをベースにして2014年には新たに「エネルギー効率化指令（Energy Efficiency Directive）」の中で，「３つの20目標」をアップデートする形で2030年に向けた新たな数値目標も設定された。

- ＥＵ域内の温室効果ガスの排出を1990年比で40％削減。
- ＥＵ域内の最終エネルギー消費に占める再生可能エネルギーの割合を27％まで引き上げ。
- ＥＵ域内のエネルギー効率を27％に引き上げ。

このエネルギー効率化指令は，その後，2016年，2018年と改正が検討され，現在では，エネルギー効率のターゲットは32.5％で議論されている[1]。

このように，少なくともエネルギー分野においては，ＥＵは常に最新の状況
に応じて政策やターゲットをアップデートし，その議論プロセスの中で，各国
の状況にあった数値目標も提示することで，国を超えたエネルギー政策の推進
力を生み出すことに成功している。後述するオーストリアにおいても，連邦政
府，州政府，基礎自治体とあらゆるレベルの政府において，ＥＵレベルでの議
論や目標を常に意識した政策実践を行っている。

3 実践を進める政策評価プログラム――オーストリアの「e 5」規格

オーストリアとエネルギー

オーストリアは，人口約882万人（2018年），9つの州からなる連邦共和制を
とる国家である。基礎自治体の数は2098（2018年）でその9割近くが人口5000
人未満の小規模自治体となっている。政治構造としては，連邦政府，州政府，
基礎自治体の三層制で，日本の中央政府，都道府県，市町村の三層制と形とし
ては類似しているが，オーストリアの各州は独自の憲法をもっており，都道府
県と比べると大きな自治権を有している。ただ，独自の司法権はもっておらず，
各州の立法と行政執行に対して連邦政府が大きな権限を有していることから
「比較的集権的な連邦制国家」とされる（CLAIR，2004；藤井，2018；石田，2018）。

オーストリアは，1978年に国民投票により原子力発電への反対を決定し，そ
の後憲法にも脱原発を明記した「原子力発電を持たない最初の先進国」である
（ウェイッシュ・クリスチャン，2014）。電気，熱，交通などを含む最終エネル
ギー消費量に対する再生可能エネルギーの割合は，33.4％（2016年）と，欧州
でもトップクラス（フィンランド，スウェーデン，ラトビアに次いで第4位）で，
電力にかぎれば72.6％と欧州1位を誇る（石田，2018）。

このようにオーストリアは，エネルギー問題への意識が高い国として知られ
ており，特に，この後紹介する最西部のフォアアールベルク（Vorarlberg）州
は，欧州全域の自治体のエネルギー政策に関する認証基準「ヨーロピアン・エ
ネルギー・アワード（European Energy Award）」（後述：以後，EEA）の上位に

域内の自治体を多数排出しており，その先進的な取り組みが知られている。

オーストリアのエネルギー関連戦略

前述の通り，ＥＵでは再エネ割合の目標には国別の目標が設定されており，オーストリアは34％に設定されている。また，温室効果ガスの削減については，オーストリア政府は独自に，2030年までに2005年比で36％削減という目標を掲げている（FMST and FMTIT, 2018）。

これらの実現に向けて，国レベルでさまざまな政策が実践されてきた。2009年〜2010年にかけて「エネルギー戦略オーストリア2010」という参加型プロセスによる戦略策定が行われ，エネルギー消費を2005年レベルに抑える目標が設定された。翌年の2011年には，「気候変動法」も制定し，この中でＥＵの「３つの20目標」を採択している。また，同時期の2009年に「気候エネルギー・モデル地域」プログラムもスタートし，エネルギー自給を政治的な目標として行動する地域を，助成金やコンサルタントによりサポートし，ネットワーク化する体制も整備した。オーストリアの基礎自治体の半数近くがこのモデル地域に属している（滝川，2012；豊田，2018）。

2018年には，新たな気候・エネルギー戦略「#mission2030」が，農林・環境・水資源管理省から改称された持続可能・観光省（FMST）と，交通・イノベーション・技術省（FMTIT）により策定された。３つの戦略の柱（生態系の持続可能性，安全かつ安定的なエネルギー供給，脱炭素化に向けた技術競争力と適正なコスト）と具体的な数値目標が設定されている（FMST and FMTIT, 2018；石倉，2018）。

- 温室効果ガスの排出量を，2005年比で36％削減。
- 運輸部門の温室効果ガス排出を，二酸化炭素換算で720万トン削減。
- 建築部門の温室効果ガス排出を，二酸化炭素換算で300万トン削減。
- 総エネルギー消費に占める再生可能エネルギーの割合を45％〜50％に引き上げ。

── コラム⑬　日本における再生可能エネルギーを活用した地域づくり ──

　本章で見てきたように，ヨーロッパ諸国では多くの自治体がエネルギー政策を中核に据えた地域づくりを行っている。では，日本ではどうだろうか。現状では，日本政府はエネルギー政策を活用した効果的な地域戦略を十分に提示できておらず，またEU のような国を超えた広域連携組織もないため，基礎自治体は地域特性を活かした取り組みを独自に検討・推進する必要がある。ハードルは高いが，興味深い取り組みが日本でも徐々に見られるようになってきた。そこで，森林資源が豊富な日本の特長を活かした取り組みを 2 つ紹介しよう。

　北海道下川町では，1950年代から，当時の市長のリーダーシップにより「循環型森林経営システム（60年周期で伐採と植林を繰り返す）」を構築し，森林資源を活用した地域づくりに取り組んでいる。その中で，成長した木材を活用し尽くす「ゼロエミッション型林業」の一環として，バイオマスエネルギーの活用も推進している。木質チップボイラーを，役場や公民館，小中学校，温泉施設，町営住宅などの公共施設に導入することで，自然エネルギーの活用による温暖化対策はもちろん，地域資源を活用したエネルギー開発と石油購入費の削減という地域経済への貢献という複合的な効果を生み出している。さらに，このボイラーを活用した地域熱供給システムを地域の住居全戸につなぐ新たな持続可能なコミュニティの実験も進めるなど，先駆的な活動を展開している。

　岡山県西粟倉町では，2008年に，「上質な田舎」の生活を実現するために「100年の森林（もり）構想」をスタートさせた。森林所有者と村および森林組合が森林管理に関する10年契約を結び森林再生に取り組む事業や，林業の 6 次産業化（木材の販売に加えて，新商品開発，販売・流通まで手がける）など，森林資源をフルに活用する地域づくりを展開している。そのうえで，こちらも木質ボイラーを導入し，地域の公共施設などで活用している。これらの環境を意識した取り組みが，小水力発電事業やボイラーで生み出された熱を活用したウナギ養殖事業など新たなビジネスチャンスにつながり，これまで 30 のベンチャーと140人分の新たな雇用を生み出している。

　これらの先進事例にはいくつかの共通点が見られる。例えば，先見性とリーダーシップをもつ地方自治体や有能な職員の存在，地域資源の詳細な活用検討，外部の支援組織や人材の活用などである。そのうえで，農村地域の新たなライフスタイルをデザインし，「質の高い生活」を楽しむという新たな価値観を提案している。ここに，日本の農村地域が直面する過疎化や地域経済停滞に対応する可能性を見出すことができる。（的場信敬）

- エネルギー効率を2015年比で25％〜30％引き上げ。
- 発電量に占める再生可能エネルギーの割合を100％に。

　これらの戦略とともに，その実践を管轄する省庁についても2018年1月に見直しが行われた。再生可能エネルギー政策を含むエネルギー経済政策について，それまで複数の省庁にまたがって管轄されていたものを，FMST に一元化することで，より効率的な実践が図られている（石倉，2018）。

環境・エネルギー政策を進める自治体向け認証制度

　欧州の自治体でエネルギーや気候変動に関する計画や対策が広がってきた1990年代末に，その着実な実践を進めるために，自治体の環境・エネルギー政策を総合的に評価するクオリティ・マネジメント・システム（QMS）が各国で開発された。スイスの「Energiestadt」，フランスの「Cit'ergie」，イタリアの「KlimaGemeinde」，そしてオーストリアの「e5」などがそれである。先駆けとなったスイスやオーストリアのシステムをもとに，各国のシステム互換性をもたせたEUレベルの「ヨーロピアン・エネルギー・アワード（EEA）」も創設され，現在では共通の枠組みをもって自治体のエネルギーや気候変動の取り組みが進められている。[3]

　オーストリアのe5プログラムは，1998年に開発された。フォアアールベルク州は最初にe5に取り組んだ3つの州の1つである。e5の規格は，国から独立した全国組織「オーストリア・エネルギー・エージェンシー」によって定められ，各州のエネルギー・エージェンシーに所属する40名あまりの「e5アドバイザー」が，参加自治体のe5の取得サポートを行っている。前述の通り欧州の EEA とも互換性があるため，e5のステイタスを得ることは，欧州全域にその成果が認められることを意味する。国内すべての州が参加しているわけではないが（2017年現在，9州のうち7州で実施），フォアアールベルク州では積極的に取り組まれている（的場，2016；豊田，2018）。

　e5の認証を受けるためには，6つの対策分野の79対策が掲載された対策カ

タログをもとに，地域の特徴や実情にあった目標を設定し実践していく必要がある。6つの対策分野は，都市計画・開発，建築設備・街区照明，エネルギー需給，交通，コミュニケーションと連携・協働，内部体制，である。対策の達成状況に合わせて「e」が増える仕組みになっていて，25％以上の達成で「e」，その後37％，50％，62％とeの数が増えていき，75％以上で最高ランクの「eeeee＝e5」の称号を得る。ちなみにこれは，EEA のゴールド・ステータスと同等の扱いになる（豊田，2018）。

　e5に取り組む自治体は，地域で「e5チーム」というプロセスの運営を担う組織を設置する。行政職員のみならず，住民や議員，地域の主要な利害関係者を含む協働型のメンバーで構成し，ここに，各州のエネルギー・エージェンシーから派遣されたe5アドバイザーが入ってサポートを提供しながら協力して進めていく。この仕組みが，人材や専門知識の少ない小さな自治体の取り組みを助け，また地域全体を巻き込んだ協働型のエネルギー・気候変動対策の促進に大きく寄与している。

4　政策枠組みを支える組織体のありかた
──フォアアールベルク州の取り組み

政策を支える体制とビジョン

　フォアアールベルク州は，オーストリア西端に位置し，スイス，ドイツ，リヒテンシュタインとの国境に面する人口約38万の州である（次頁図7-1）。州内には96の基礎自治体があり，最大都市のドルンビルン市でも人口約4万7000人と大規模な都市は存在せず，多くは人口1万人未満の小規模な自治体となっている。ただ，人口は近年増加傾向にある。大部分を山岳，森林が占めており，林業，建築業が盛んで，豊かな自然を活かした観光業も重要な産業となっている。

　フォアアールベルク州は，原発保有国のスイスやドイツに接しており，前述の原発の是非についての国民投票の際には，特に強硬に反対した地域である。エネルギー問題に対する意識も高く，多くの政策や実践のための仕組みが整備

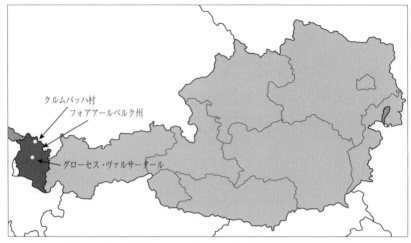

図7−1 オーストリア・フォアアールベルク州と事例自治体の位置

されているが，ここでは特に，州全体のエネルギー政策枠組みを支える組織体制と将来ビジョンについて紹介する。

エネルギー政策推進体制

　フォアアールベルク州のエネルギー政策は，政治，行政，産業界，そして市民社会を包含した協働体制で運営されている（図7−2）。

　エネルギー政策の実質的な意思決定機関である「運営委員会（Lenkungsaus-schuss）」は，州のエネルギー担当大臣の直轄で，州の経済や環境，広報担当など他の大臣や，州議会に議席をもつすべての政党のエネルギー担当者，行政の最高責任者，エネルギー研究所フォアアールベルク（後述），州のエネルギー供給社などが参加しており，年に3，4回会合を行っている。

　「フィードバック・グループ」は，アドバイザーとしての機能を果たし，雇用者連合，労働者連合が参加している。雇用者，労働者双方の意見を反映させることが，政策実践には欠かせないと考えられているためである。

　現場での実践を管理するのが，州のエネルギー気候保全課で，4つのワーキング・グループ（WG）をコーディネートする。WG には，行政，産業界，

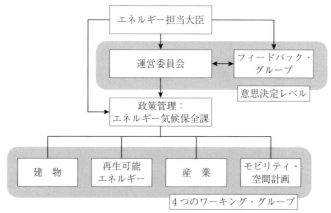

図**7 - 2**　フォアアールベルク州のエネルギー政策推進体制
出所：Vogel（2015）をもとに筆者作成

NGO，一般市民などが参加しており，定期的な会合を開いている。さらに，それぞれの WG の下には，個別事例を扱うフォーカス・グループが設置されている。例えば建物 WG には，「電力効率化戦略」グループ，再生可能エネルギー WG には，「農業におけるエネルギー利用」グループなどが設置され，特に重要な課題について，重点的な取り組みを進めている。

ビジョン2050フォアアールベルクとは

　ＥＵや国の目標値も視野に入れつつ，2050年までに州内で持続可能なエネルギー利用を実現するための戦略で，州のエネルギー対策全体をコントロールするアンブレラ戦略として機能している。2007年から２年をかけて策定された。100人の地元の技術者や建築家といった専門家を10のワーキング・グループに分けて，70回におよぶワークショップと３回のエネルギー・カフェ（一般住民を招いた議論）を開催した。このプロセスの中で，2050年までに，再エネの生産量を2005年度の1.5倍増加させ，エネルギー消費量を60％減少させることが，当時の技術力で可能であることが証明され，その達成のための300を超える活動項目が選定された。

この成果を基に，2020年を目標年に設定したより具体的な対策パッケージも2011年に策定している。ここでは，省エネ対策に反対しそうな産業界の代表やロビイストなども最初から WG に招き，一緒に対策を考えていくことで，実践の際の障壁をできるだけ取り除くよう努めた。最終的に101の対策が選定され，2012年に議会において，その対策の推進が全会一致で可決された。現在は，そこからさらに40の優先課題を選定し，WG が中心となって地域での実践活動を進めている。

エネルギー研究所フォアアールベルクと e 5 の取り組み

　州としての取り組みの特徴は，単に評価指標を満たした自治体を認証するだけでなく，その指標を達成目標として取り組む自治体を，州として積極的にサポートしている点にある。政策目標や実践活動を設定するだけでなく，それらに具体的に取り組むこと，それを担う人材を育成していくことこそが最も重要である，という明確な思いがあるからである。

　そのような自治体や利害関係者への各種サポートを提供しているのが，「エネルギー研究所フォアアールベルク（Energieinstitut Vorarlberg：以後，ＥＩフォアアールベルク）」である。環境やエネルギー問題に取り組む専門的な独立組織の必要性が利害関係者で認識され，1985年に，州，地域の電力・ガス会社，商工会議所，組合銀行など，13の団体の出資により設立された。現在も，研究所の年間予算約6億円のうち3分の2をコア・コストとしてこれらの組織で負担している。代表者は州のエネルギー政策担当大臣が務めるが，ＥＩフォアアールベルク自体は完全に独立した民間非営利組織である。

　ＥＩフォアアールベルクの事業は，①住民・事業者へのエネルギー対策に関する情報提供・助言，②教育・人材育成，③自治体のエネルギー政策に対する支援，の3種類に大別される（平岡，2018）。

　ＥＩフォアアールベルクによる e 5 のサポートは，このうち「③自治体のエネルギー政策に対する支援」にあたるが，これは州がＥＩフォアアールベルクに委託する形で提供されている。e 5 に取り組む自治体は，地域の利害関係者

で構成する「e5チーム」を作って活動を展開していくが，このチーム自体の能力を高める研修や，地域での実践活動補助などのサポートを提供する。そのような活動の中で，州が設定する目標を地域で実践する，いわば「政策のつなぎ役」として大きな役割を果たしている。

このような専門組織を外部に持つことの効果として，ひとつは，州や自治体が，専門知識をもつスタッフを多く抱える必要がなくなるという点が挙げられる。また，政府セクターから独立しているため，その時の政治的状況に左右されることなく，専門的見地から地域に必要なエネルギー対策を追求することができる。さらに，その独立性は，地域の利害関係者間の関係性を強化するコーディネーターとしての役割を担うのにも適している。

5　基礎自治体レベルの取り組み

クルムバッハ村（Krumbach）の取り組み

クルムバッハ村は，州北部に位置する人口1000人ほどの小さな村だが，人口が少しずつ増えている元気な村である。エコな住宅やNPOが活動の拠点として活用できる牧師館，図書館，9軒のレストランなど，地域の生活の質を高める施設を積極的かつ効率的に村中心部に配置することで，人口の流出を防いでいる。豊かな自然を活かした酪農業や観光業が盛んであり，その地域経済活動を支えるための環境保全やエネルギー政策を，持続可能な地域社会の実現の視点から実践している。e5の対策カタログの72％を達成しており，5つのe取得まであと少しのところまで来ている。

市民参加による将来ビジョンの策定

クルムバッハ村は，もともと市民参加が盛んな地域である。5年ごとに行われる村議会議員選挙（首長を含めて10名の議員）に加えて，議会に市民意見を反映させる「市民顧問」というワーキング・グループを，1996年の新村長の誕生の際に新たに設置した。この市民顧問の場で，その後の村の将来像を設定する

「将来ビジョン」を，外部のコーディネーターと50名を超える村民の参加により4カ月かけて策定・冊子化したうえで，村民に向けた発表会を開催して共有した。

　それ以後，村議会はこのビジョンで設定された以下の5つのプライオリティを基に地域運営を行ってきた。

- 近距離（できるかぎり村内）での生活サービスの供給を確保する。
- 生活の質を今後も維持・拡張する。
- 学校や NPO など社会的な共同生活の場を強化する。
- 官民両方で，適切な尺度での建設を行う。
- 自治体が，近距離交通をより強化する。

以下，いくつかの取り組みを紹介する。

村中心部のリニューアルによる生活環境とエネルギー効率の向上

　1996年の将来ビジョン策定後，初めに着手したのが村中心部に公共施設を効果的に集めることであった。1999年に，「村の家」という村役場の庁舎や観光協会などが入った複合施設を最初に完成させ，そのまわりに，教会や牧師館（牧師事務室と住居，図書館，多目的ホール，地元音楽団事務所という機能を併せもつ）などを設置することで，中心地の広場を展開していった。現在では，スーパー，銀行，美容院などの商業施設や，消防署や幼稚園などの公共施設，さらにはバスセンターも設置され，将来ビジョンで設定された通り，この中心地だけで日常生活の多くのサービスを提供することが可能となっている（図7-3）。

　中心部の空間デザインと建築は，当初から地元の著名な建築家にも相談しつつ，はじめから最終的な完成イメージをもって進められ，その後も2，3年に一度建築計画をアップデートしながら現在も進められている。中心部の土地を村が購入し所有することで，政策に沿った空間デザインを行うことを可能としている。また，中心部に公共施設や集合住宅を集めることによりスプロール化

図 7 - 3　クルムバッハ村の中心部に建設されたバスセンターと集合
　　　　住宅

を防ぐとともに，エネルギー効率の向上も図っている。

　中心部の建物の多くは，エネルギーに配慮したものになっている。まず，村役場の庁舎を2001年に省エネ改修するとともに，庁舎の地下にチップボイラーを導入し（2015年にボイラーを更新），中心部の公共施設に熱供給を行っている。隣の牧師館も，地域材を活用した省エネ型の総木造建築（地下部分はコンクリート）で，地元の建築雑誌にも多く紹介されている。さらに，近年立て続けに村によって建築された集合住宅は，すべてパッシブハウス基準で建築され，それらの屋根には，地元の民間電力会社（VKW）が30年契約でソーラーパネルを設置している。

　このような村の積極的な取り組みは，民間の自主的な投資にもつながっている。中心部に位置する老舗レストランは，すでに省エネ改修を自費で終えており，その隣の築250年のホテルも省エネ改修の準備を進めている。

エネルギー政策と社会・福祉政策の連動

　中心部に村が建設した４棟の集合住宅のうち２棟は，主に土地をもっていない若年層向けの安価な賃貸住宅（60平米で約５万4000円［450ユーロ］／月）とし

図7-4 パッシブハウス基準で建設された低所得者・若年層向け集
合住宅

て提供されている。さらに最初の10年間を賃貸で利用し，その後気に入ればその部屋を購入することができるというプログラムを行っている。購入する場合は，10年間支払った賃貸料は，購入費に含めることができるという有利な条件を提示している（図7-4）。

　このプログラムの目的は主に2つある。1つは，若年層により安価で適正な住居を提供することで，村への定住を促すということである。村が建設した残りの2つの集合住宅が85平米で約4200万円（35万ユーロ）ほどで販売されており，小さな村といっても必ずしも住宅費が安価なわけではない。適正価格の住居は，若年層が移住することを防ぐために重要であると考えられている。

　もう1つは，より福祉的な視点である。この集合住宅にはシングルマザーなど低所得者層も居住している。前述の通りこの集合住宅はパッシブハウス基準で建設されているため，光熱費を抑えることができる。つまり，省エネ建築というエネルギー政策と低所得者層の生活費をサポートする福祉政策を合わせた，地域住民の生活の質を高める持続可能な地域社会に向けた政策であるといえる。

図7-5　グローセス・ヴァルサータール地域の集落

グローセス・ヴァルサータール（Großes Walsertal）地域の取り組み

　次に紹介するのが，フォアアールベルク州中央部の北アルプスの谷あいに位置するグローセス・ヴァルサータール地域である。ここでは，ラガール，サンクトワルド，ブロンズ，ソンターク，フォンタネッラ，カシーナ，という谷あいの6つの自治体が，持続可能な地域社会の実現のために，e5やEUのさまざまな政策に協働で取り組んでいる。牧畜や農業（有機農業が盛ん），観光業が主要産業で，特にユネスコのバイオスフィアパークに認定されるほどの豊かな自然を活かした観光業では，年間18万人の宿泊客を誇る（図7-5）。2015年に6つの自治体エリアを1つの地域として，EEA のゴールド・ステータスを獲得している。

　広域での協働を実践するために，6つの自治体は共同で「レギオ・グローセス・ヴァルサータール（REGIO Großes Walsertal」（以後，REGIO）という NPO を立ち上げ，地域の空間計画やエネルギーを含む環境関連政策などに連携して取り組んでいる。ちなみに，グローセス・ヴァルサータールは「偉大なるヴァルサ（この地域を開拓した民族）の谷」，レギオは「地域」という意味である。

　地域の主要産業である観光を守るためにも，バイオスフィアパークの要件を

小水力：
アルプスの谷あいという地形的に恵まれた立地なため，地域の再生可能エネルギーのほとんどが小水力により賄われている。すでに2016年には電力自給を達成しており，そのほとんどが小水力からの電力である（16GWhの消費量のうち，小水力による発電が14GWhを占める）。

バイオマス：
試算により，域内のすべての建物の熱供給をバイオマスで賄うことが可能であることがわかっているが，そのためには，すべての建物の省エネ改修とバイオマスボイラーの導入が必要となる。「2020年までにオイルフリーのヴァルサータール」というスローガンを掲げて，オイルボイラーからの脱却やエネルギーアドバイスの提供といった取り組みを進めている。現在は，70~75％の自給率（公共建築のみでは85％）。

REGIO によるサポート：
省エネのためのアンケート調査や太陽熱温水器の動作チェックサービス，太陽光発電設置に対するアドバイスなど，建物の省エネ化・再エネに関するサポートを REGIO を中心に提供している。

協働型の取り組み：
① 買い物袋プロジェクト：地域の若者の発案で REGIO が資金サポートをして実施。地域の1000世帯すべてに布袋が配布された。
② 省エネ選手権：地域の70世帯が参加し，1年間の取り組みで合わせて10％のエネルギー消費を減らすことに成功。プロセスの中で，参加者の学び合いのコミュニティが生まれそれが目標達成につながった。
③ 大学との共同研究：最大の課題である交通問題について，リヒテンシュタイン大学の空間計画と建築系学部の学生と新たに協働研究を開始。

図7-6　グローセス・ヴァルサータール地域の取り組み

満たすためにも，自然との共生やそのためのエネルギー政策は，地域の重要な課題として認識されている。そのため，e5や気候エネルギー基金，エネルギー・モデル地域といった国レベルのさまざまな政策に積極的にかかわっている。REGIO の 3 名のスタッフは，E I フォアアールベルクの専門スタッフのサポートを受けながら，これらの取り組みを進めている。エネルギー自立についても，州の2050年までという目標に対し，この地域では2030年までの実現を目指しており，そのためにさまざまなエネルギー政策を積極的に展開している（図7-6）。

　これらの取り組みを広域的に実践していくためには，モチベーションが高いチームが必要になる。REGIO では，e5のためのエネルギー・チームを，各

自治体の議員2名ずつを入れて構成している。特に環境分野にあかるい人物を各自治体が選定する。住民の代表としてはもちろん，これらの取り組みにより成功事例が出た場合は，政治家としても評価が高まるため，政治家メンバーは積極的にチームに貢献する。

このような広域連携で課題になるのが，各自治体間の利害関係の調整であるが，この地域ではREGIOをNPO化して自治体から独立させて機能させることでその課題に対応している。REGIOには，農業，学校・教育・文化，ツーリズム，ビジネス，環境とエネルギー，若者，という6つの委員会があり，6つの自治体の村長がそれぞれの委員長を担うことで運営されているが，REGIOの活動の意思決定については，各自治体の決議は必要ない。もちろん，農業やツーリズムなど歴史的なテーマについては衝突もあるが，エネルギー問題はテーマとしても比較的新しく，また各自治体の議員が参加するe5のエネルギー・チームでの調整もできるため衝突は少なく，協働による取り組みを行いやすくなっている。

REGIOではこれまで，再生可能エネルギーによる「創エネ」に力を入れてきたが，公共交通の活用や適切な電気の利用といったライフスタイルの変革こそが重要であるという認識にシフトしており，そのような方向に活動を広げていくことにしている。プレイヤーはあくまで住民であり，REGIOやエネルギー・チームはそのためのサポートをいかに効果的に行うことができるかが問われている。

6　重層的な政策連動と横断的な利害関係者連携

利害関係者のネットワークの構築

フォアアールベルク州の事例からは，EUから基礎自治体という国を超えた重層的な政策連動と，EIフォアアールベルクをハブとした利害関係者間の横断的な連携が相互に作用し，着実な効果をあげていることが見てとれる（次頁図7-7）。

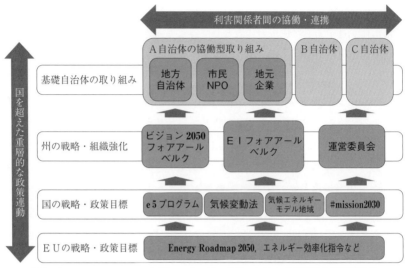

図7-7 フォアアールベルク州のエネルギー政策における政策連動と関係者連携

　オーストリアでは，世界の取り組みを主導するEUの各種エネルギー戦略や
ターゲットを，オーストリアの連邦政府や州がしっかりと受け止め，国の実情
にあった戦略やその実践のための政策（ビジョン2050やe5）を準備し，実践を
サポートするEIフォアアールベルクなどの外部組織や各種補助金も活用でき
る体制を整えた。このように，まずは政治がしっかりと方向性を示し，かつ実
践面のサポート体制も提供することが，地域レベルでの積極的な活動展開につ
ながっている。REGIO の担当者は，e5への州レベルの手厚いサポートが，
地域の利害関係者に「e5やエネルギー政策が（資金や時間を投資するに値する）
地域の重要課題である」というメッセージになっていると話してくれた。

　地域レベルでは，地域の将来に危機感をもつ多くの住民や利害関係者が，E
Iフォアアールベルクのコーディネーションにより，良好で継続的な協力関係
を築きつつ活動を進めている。このような利害関係者のネットワークを構築し，
育て，活性化する，そのための組織と制度の整備に着目し実践したことが，大
きな成果を生み出してきた要因と考えられる。

「外圧」をポジティブに捉える

　それではなぜ，ＥＵや上層の政府からのいわば「外圧」を，地域の推進力としてポジティブに捉えることができるのだろうか。その要因の１つは，ＥＵや国のエネルギーに関する政策や補助金が，単なるエネルギーのための政策ではなく，農業再生や地域の生活の質の向上といった，より広い農村地域再生や持続可能な地域社会の実現の文脈で準備されているからと考えられる[4]。今回の事例地域では，酪農業や林業，それらの景観を活かした観光業が主要産業となっているが，省エネや再エネのためのエネルギー政策は，これらを守る手段として説明・実施されている。つまり，地域経済の維持や発展に直接的に寄与するものとして理解されている。

　一方で，欧州の先進地域を訪問していつも感じるのが，世界的に議論されている持続可能な発展や地球温暖化といった課題について，「地球市民」の責任として，ＥＵや国など政治のレベルを問わず，解決のための方策を議論・実践しているということである。そのような，経済的な指標だけでない「倫理的な動機」によっても，エネルギー政策は実際に機能している。これら欧州の事例は，気候変動やエネルギー，そして持続可能な発展のための政策検討における「人の価値観」への注目の重要性を，改めて確認させてくれる。

付　記

　この章の一部は，的場信敬（2016）「オーストリア・フォアアールベルク州のエネルギー政策を支える社会的基盤」『人間と環境』第42巻第１号，の内容に大幅な加筆をして掲載している。

注

(1)　JETRO：ビジネス短信「ＥＵ，2030年のエネルギー効率化目標で非公式合意」
　　（2019年10月７日閲覧，https://www.jetro.go.jp/biznews/2018/07/74d21086d55f
　　49fd.html）.

(2)　Eurostat：Share of renewable energy in gross final energy consumption（2019

年10月7日閲覧, https://ec.europa.eu/eurostat/web/products-datasets/-/t2020_
31).

⑶ European Energy Award website (2019年10月7日閲覧, https://www.european-
energy-award.org/home/).

⑷ 例えば, ＥＵの共通農業政策（CAP）の LEADER プログラムや, 荒廃地域の活
性化のための構造基金といった補助金プロジェクトの中で, エネルギー政策は議論
することが可能になっている。

参考文献

石倉研（2018）「自然の恵みを活かしたエネルギーと地域の自立」寺西俊一・石田信
　　隆編『輝く農山村――オーストリアに学ぶ地域再生』中央経済社, 123-146頁。

石田信隆（2018）「ここに幸せがある――オーストリアの農業・農山村」寺西俊一・
　　石田信隆編『輝く農山村――オーストリアに学ぶ地域再生』中央経済社, 1-21頁。

枝廣淳子（2015）「ルポ・木質バイオマスで地方創生――オーストリア「ギュッシン
　　グ・モデル」とは何か」『世界』第876号, 99-106頁。

自治体国際化協会（CLAIR）（2004）『オーストリアの地方自治』自治体国際化協会。

滝川薫（2012）「オーストリア」滝川薫編『100％再生可能へ！欧州のエネルギー自立
　　地域』学芸出版社, 98-134頁。

豊田陽介（2018）「欧州のエネルギー自立を推進する制度」的場信敬・平岡俊一・豊
　　田陽介・木原浩貴『エネルギー・ガバナンス――地域の政策・事業を支える社会
　　的基盤』学芸出版社, 131-145頁。

日本貿易振興機構（JETRO）（2011）『ＥＵのエネルギー新戦略の概要』日本貿易振
　　興機構。

平岡俊一（2018）「欧州の地域主体を支える中間支援組織」的場信敬・平岡俊一・豊
　　田陽介・木原浩貴『エネルギー・ガバナンス――地域の政策・事業を支える社会
　　的基盤』学芸出版社, 147-172頁。

藤井康平（2018）「農山村ゲマインデの多様な自治の姿」寺西俊一・石田信隆編『輝
　　く農山村――オーストリアに学ぶ地域再生』中央経済社, 63-92頁。

ペーター・ウェイッシュ／ルパート・クリスチャン著, 枝廣淳子訳（2014）「オース
　　トリアの原子力への「ノー」――なぜ脱原発が可能だったのか」『世界』第855号,
　　157-165頁。

的場信敬（2016）「オーストリア・フォアアールベルク州のエネルギー政策を支える

社会的基盤」『人間と環境』第42巻1号，日本環境学会，61-65頁。

的場信敬（2018）「エネルギー・ガバナンスにおける地方自治体の役割」的場信敬・平岡俊一・豊田陽介・木原浩貴『エネルギー・ガバナンス――地域の政策・事業を支える社会的基盤』学芸出版社，85-102頁。

European Commission（2012）*Energy Roadmap 2050*, Luxembourg: European Commission

Federal Ministry for Sustainability and Tourism（FMST）and Federal Ministry for Transport, Innovation and Technology（FMTIT）of Austria（2018）*#mission2030 – Austrian Climate and Energy Strategy*, Vienna: FMST and FMTIT

Vogel, Christian（2015）*Energieautonomie Vorarlberg : gemeinsam die nachsten Schritteh*（エネルギー自立フォアアールベルク――協働で次のステップへ）［訪問時配布資料］

■　■　■

読書案内

諸富徹編著（2015）『再生可能エネルギーと地域再生』日本評論社。

　再生可能エネルギーの促進と地域再生のつながりについて，国内外の先進事例の検証をもとに，地域経済，観光，交通などテーマ別の議論と，ガバナンスや自治体公社，炭素税など政策実践の手段の議論から，わかりやすく説明した良書。

村上敦・滝川薫・西村健佑・梶村良太郎・池田憲昭（2017）『進化するエネルギービジネス――100％再生可能へ！ポストFIT時代のドイツ』新農林社。

　欧州在住の著者らが，現場目線でわかりやすく欧州のエネルギー事情を紹介するシリーズの最新巻。ポストFIT時代に求められる「ビジネスとしての再生可能エネルギー」への挑戦にいち早く取り組む欧州の先進的な事例をレポート。

植田和弘監修，大島堅一・高橋洋編著（2016）『地域分散型エネルギーシステム』日本評論社。

　エネルギー政策研究の第一人者である筆者らによる，この分野の学術書としての必読書。地域エネルギー問題を，再生可能エネルギー，省エネルギー，電力システム，脱炭素社会など多様な切り口から詳細に議論。

練習問題

① エネルギー政策の推進における日欧の違いを考えよう。EUのような国を超えた枠組みがない日本にとって，どのような仕組みがエネルギー政策を推進するために必要になるか検討しよう。

② 日本でエネルギー政策を地域運営の中核に据えて持続可能な地域の実現にチャレンジしている自治体を探してみよう。また，その特徴について考えよう。

（的場信敬）

── コラム⑭　政策学における「人」への注目の重要性 ──

　筆者はこれまで，仲間の研究者や実務家とともに，オーストリアやドイツなど欧州諸国のエネルギー政策と持続可能な地域社会の挑戦について調査してきた。これらの先進地域では，地方自治体，民間の中間支援組織，市民協同組合など，どのセクターを訪問しても，ごく自然に市民参画や協働による取り組みが議論される。この「あたりまえ感」がどのように達成されるのか，なかなか明確な答えが見えない研究課題のひとつである。

　その回答へのヒントとなりそうな興味深い事例を1つ紹介したい。オーストリアでは，国内のさまざまな地域づくりの現場において，1992年の「国連環境開発会議（地球サミット）」で Partnership（協働）の概念を強く意識して開発された「ローカル・アジェンダ21（LA21）」プログラムが，今も活発にかつ機能的に活用されている。例えば，首都ウィーン市は，LA21 を実践する100％官製の NPO を設立し，コア・コストも提供して継続的な活動を確保しているほか，ザルツブルク州でも，気候変動や空間計画，市民参加の促進を担う，州のシンクタンク的な（でも独立した）NPO が，地方自治体や市民団体へ手厚いサポートを提供している。市民を巻き込むしくみ自体は特に真新しいものではなく，地域で協議会やテーマ別ワーキング・グループを作って利害関係者がともに活動するオーソドックスなものだが，例えばウィーン市では，市民のニーズに応える 200 を超えるプロジェクトが実践されていた。その中で，民・産・官の参加者は，お互いの主張や価値観に触れ，将来ビジョンを共有しつつ地道に活動を行っていく。それが学びのプロセスとなり，地域全体のキャパシティを高めることにつながっている。

　オーストリアの LA21 の取り組みから改めて感じることは，持続可能な社会の実現に向けた市民参画や協働による地域運営の「本質」は，その促進のための政策ツールや制度の新規性もさることながら，むしろそれらを活用する「人材の質」にあるということだ。四半世紀前に開発された（かつ日本を含め多くの国ですでに活動が［一部の例外を除いて］ほぼ停止している）LA21 が，現在もしっかりと地域政策の現場で機能しているのは，協働型の地域運営をブレることなく推進してきた政府セクターと，その想いに高い意識と責任をもって応えてきた市民社会の存在ゆえにである。そのような人材の育成がそのまま冒頭の「あたりまえ感」に繋がるかどうかは正直まだわからないが，オーストリアの LA21 の取り組みは，政策学における「人」への注目の重要性を再認識させてくれる貴重な事例である。（的場信敬）

第8章

持続可能な地域発展のための政策転換
——中国・怒江のダム開発をめぐるステークホルダーの動き——

── この章で学ぶこと ──

　中国では国家経済発展のため，これまで多くのダムが建設されてきた。環境無策の時代，経済最優先の時代を経て，今は環境保護・持続可能な発展へと政策転換している。2012年に誕生した習近平政権はさらに「青い水と山は金山銀山である」をスローガンに「生態文明」の建設を強調した。生態文明の建設に関するバランスの取れた制度の確立，最も厳格な汚染源改善，損害賠償，責任追及，環境改善と修復制度の実行，および制度を活用した生態環境保全を明記して環境重視の姿勢を表した。

　この政策理念の転換によって，中国政府はグリーン成長と生態環境の全体改善を目指してさまざまな取り組みを実施している。その取り組みの中の１つは，国土空間の開発および保護に関する制度として，国家公園体制の創設である。認定された国家公園においては，さらに保護を厳しくし，生態システムの中の原住民の生活・生産施設に損害を与えないこと，および自然観光に関する研究教育活動以外の開発建設を禁止し，自然生態と自然文化遺産を本来の形で全体を保護する。

　怒江は中国で水力開発がなされていない最後の河川である。そのため，流域生態系が相対的に維持され，大量の絶滅危惧種を有している。本章は怒江ダム事業をめぐるステークホルダーの政策理念の転換，法的・制度的な構造の変化およびダム事業による関連アクターの経済利益を分析し，ダム事業をめぐる政策転換と持続可能な地域発展のために必要な政策を考える。

1　ダム事業と持続可能な地域発展

ダム大国・中国

　中国は国家経済発展のシンボルとしての三峡ダムを含め，これまで８万6000基以上のダムが建設されてきている。これは世界一のダム数である。1990年代

以後，ダム建設の社会的・環境的悪影響が注目され，環境行政・学者および多くの市民団体が新たなダム建設に反対してきた。特に水没予定地の地域住民が強制的に移転させられ，「生態移民」と呼ばれ，その膨大な人数と移転後の住居・労働問題が活発に議論されるようになった。一方，政府はダムの社会的・環境的悪影響を認めつつも，ダム建設推進のスタンスを変えず，むしろ今後ますますダム建設を加速しようとしている。

ダム建設推進の理由は，地球温暖化対策に関係している。アメリカを抜いて世界最大の温室効果ガス排出国となった中国は，2009年にコペンハーゲンで開催された国連気候変動枠組条約第15回締約国会議（COP15）の前に，GDP当たりのCO_2排出量を2020年までに，2005年比で40％～50％削減するという目標を公式に発表した。このCO_2排出削減目標は，政府の第12次5カ年計画に盛り込まれている。同計画の中で，自然エネルギーおよび再生可能なエネルギーとして，風力発電，太陽光発電，原子力発電および水力発電を推進する方針を打ち出している。国際社会とのCO_2排出削減の約束を守るため，ダム建設による水力発電は，低炭素型であるというメリットを理由に，再び政府計画の中に多く盛り込まれるようになった。

迫まられる政策転換

2009年以前，環境 NGO，専門家，および環境行政部門の反対によって，いくつかのダム建設計画が棚上げされた。しかし，2010年以後，CO_2排出削減の目標を達成するために，これらのダム建設計画はスピードアップすることになっている。国家エネルギー局のデータによると，中国の水力資源の開発率は34％しかなく，先進国の平均開発率の60％～70％によりはるかに低い。したがって，中国の水力発電は，依然として遅れており，開発する余地が多く残っている。第11次5カ年計画期間中において，指導者は環境 NGO など民間団体のミス・リーディングを受け，ダム事業の停滞をもたらしたが，今後，ダム建設のさらなる加速が不可欠である。このようなダム推進派の言論に対して，多くの環境 NGO および専門家は批判の意見を表明し，活発な政策論争が行われ

ている（焦，2012）。

　国際社会とのCO_2排出削減の約束を守るため，自然エネルギーおよび再生可能なエネルギー源として，風力発電，太陽光発電，原子力発電および水力発電を推進している。しかし，風力発電と太陽光発電は電力安定供給の問題，また，原子力発電は安全制の問題を抱えている。一方，水力発電のためのダム建設がもたらす社会的・環境的問題も無視できない。経済発展，エネルギーの確保と環境保護の3つをすべて成立させることは不可能に近い。持続可能な地域発展のためにどのような政策転換が必要なのか。

　本章は怒江ダムを素材に，ダム事業をめぐるステークホルダーの政策理念の転換，法的・制度的な構造の変化を分析し，持続可能な地域発展のための政策を考える。

2　中国におけるダム事業の歴史

盲目的な国家建設・環境無策の時代

　中国は建国直後，アメリカとイギリスに追いつき追い越し，なるべく早く共産主義を実現するため，毛沢東政権では多くの社会主義建設運動が展開された。これらの社会運動は，ある程度盲目的な自然を改造・征服する活動であり，多くの死者まで出して失敗に終わった。当時の中国政府は社会主義国に環境問題が存在することを認めなかった。資本主義社会では資本家が利潤を追求するため，労働者や農民の厚生を考えず，環境を破壊することに躊躇しない。それに対して，社会主義国は優れた計画経済を実行しており，統一的に計画することによって資本家と労働者双方に配慮して資本主義より優れている，というのは彼らの認識であった（包，2009）。

　毛沢東政権に建設された典型的なダムは三門峡ダムである。このダムの目的は，黄河の治水である。すなわち，ダム建設によって歴史上幾度も河道を変え水害をもたらす黄河を根本的に治め，黄土高原から運ばれる砂が混じって濁る黄河の水を清いものにする，ひいては発電も灌漑もできる総合的な利用を図る

という壮大な計画であった。このプロジェクトは，旧ソ連による資金と技術の援助を受けて建設された156個のプロジェクトの中で，たった1つのダムプロジェクトであった（林，2009）。

三門峡ダム建設の政策決定過程において，中国とソ連の力関係が大きな影響をもたらした。最高指導者の毛沢東は頻繁にダム現場を視察し，黄河水利委員会主任王化雲のダム推進の意見を受け入れ，水利部などの反対意見を押し切った。また，ダム建設の技術について異議があったにもかかわらず，ソ連型社会主義建設の傾倒からソ連技術者の技術案に対して中国側は反論を行うことができなかった。1952年に初めて提起された三門峡ダムの建設は，十分な事前調査・論証も行われないまま，3年後の全人代で満場一致で決定され，翌年に着工された（林，2009）。

改革開放路線の導入・経済最優先の時代

1970年代末，中国は改革開放の路線を導入し，国家の主要課題をイデオロギーから経済建設へと移行させた。1982年中国共産党第12回全国代表大会において，2000年までに国民総生産（GDP）を4倍にするとの目標が揚げられた。国全体が政府から国民までお金儲けを第一の目標とし，GDPの成長率を幹部の業績評価の基準として使われるようになった。

環境については，国内の環境汚染および先進国の公害問題が注目され，環境保護の重要さも認識されるようになった。1978年第5期全国人民代表大会（以下，全人代）第1回会議で改正された憲法の中に環境保護の内容が盛り込まれた。1983年末に第2次全国環境会議が開催され，政府は「環境保護は中国現代化建設の中で1つの戦略的任務であり，1つの基本国策である」と宣言した（包，2009）。

しかし，経済成長と環境保護の両立は当時の中国にとって非常に困難だった。鄧小平の「先富論（可能な者と地域から先に裕福になれ，そして落伍した者と地域を助けよ）」が提唱され，地方政府から企業・国民まで，経済利益のために多くの環境汚染をもたらした。この時期の環境保護は口先だけに過ぎなかった。

　この時期に建設された典型的なダムは三峡ダムである。このダムは政治経済の情勢に大きく影響を受け，エネルギー政策と洪水対策として紆余曲折の歴史を辿ってきた。三峡ダムの建設構想の最初の提唱者は孫文であった。孫文は1919年に「実業計画」の中で，洪水制御と発電を中心とする多目的ダムの必要性を説いた。建国後，三門峡ダムと同じように旧ソ連の協力を得てダム建設工事の準備を進めたが，その後中ソ関係が悪化し，また文化大革命が始まったため，建設構想は棚上げになった。

　改革開放路線以後，経済成長の目標を実現するためにエネルギー不足の解消が最優先課題とされた。1979年，当時の副総理鄧小平とアメリカ政府との間で協定が結ばれ，中国はアメリカ政府より水力発電建設に20億ドルの資金援助を受けることが決まった。この流れの中で，三峡ダム建設が理想的なプロジェクトとして再び動き出し，1994年に着工された（焦，2012）。

環境保護・持続可能な発展へ

　1992年のリオ地球サミット以後，中国においても「持続可能な開発」というコンセプトが受け入れられた。政府は環境と開発に関する十大政策を発表し，持続可能な開発戦略を実施することは，中国の経済発展を加速し，環境問題を解決する正しい選択であるとの考えを示した。この年の共産党全国代表大会で，社会主義市場経済体制の構築が正式に打ち出され，「環境保護の強化」が90年代の国の改革と建設の十大任務の1つに位置づけられた（王・秦，2005）。それ以後，中国の環境法整備は立法と法執行の両面を重視する段階に入り，特に1997年以後，法律・法規の制定から法律・法規の執行と実施にシフトした。

　この時期に中国の環境 NGO は大きく成長した。1994年に自然の友が設立し，中国で初めて民政部に登録した環境 NGO となった。1996年に，北京地球環境教育センター，緑家園ボランティアが相次いで設立され，公衆の環境教育の推進と市民の知る権利に対する意識の向上に積極的な貢献をしてきた。

　中国の環境 NGO とマスメディアは良好な関係を保っている。1990年代以後，マスメディアは水汚染とダム事業に注目して，客観的に汚染事件や河川の水力

図 8-1 怒江ダム計画
出所：特定非営利法人メコン・ウオッチＨＰより筆者
　　　作成

発電開発における紛争問題を報道し，関係部門による問題解決を促し，世論を
導き，また監督する役割を担っていた。そして，環境 NGO はマスメディアの
情報源と情報ルートを借りることで，公共政策決定への参加の足がかりを得て
いた（胡，2008）。共通の使命，責任，そして利益によって，環境 NGO とマス
メディアは環境保全における公衆参加を促進し，ダム事業反対運動を引き起こ
した（焦，2012）。

3　怒江ダムをめぐるステークホルダーの対立

怒江州の自然と社会環境

　怒江は中国で水力開発がなされていない最後の河川である（図8-1）。その
ため，流域生態系が相対的に維持され，大量の絶滅危惧種を有している。また，
雲南省は多民族地域であり，怒江流域には豊かな土着文化がある。
　怒江州は深刻な貧困問題に直面している。2007年の統計データによると，怒

表8-1 怒江ダム計画

ダム予定地		貯水量 (mcm)	発電量 (MW)	高さ (m)	予定移転 住民(人)
1	松 塔	6312	6200	307	3633
2	丙中洛	14	1600	55	0
3	馬 吉	4696	4200	300	19830
4	鹿馬登	664	2000	165	6092
5	福 貢	18	400	60	682
6	碧 江	280	1500	118	5186
7	亜碧羅	344	1800	133	3982
8	濾 水	1288	2400	175	6190
9	六 庫	8	180	36	411
10	石頭寨	700	440	59	687
11	賽 格	270	1000	79	1822
12	岩桑樹	391	1000	84	2470
13	光 坡	124	600	58	34

出所：Dore and Yu "Yunnan Hydropower Expansion"（2004），
特定非営利法人メコン・ウオッチＨＰを参考に筆者作成

江州農民の中で平均収入882元以下の貧困人口は27万5300人にのぼる。平均収入637元以下，最低限の生存条件も保証されない人口は13万3800人もいる。怒江州に所属する４つの県はすべて「国家貧困開発重点県（中国語：国家扶貧开发重点县）」である（章，2011）。

怒江州は全国で最も貧困な地域の１つであると同時に，資源が最も豊富な地域の１つでもある（表8-1）。ここの水資源は雲南省総量の47％を占め，開発可能な発電量は4200万キロワットにのぼり，中国における６つの重要な水力基地の１つである。また，怒江は豊富な鉱産資源を有し，鉛・亜鉛の埋蔵量は雲南省総埋蔵量の68.5％を占め，潜在的経済価値は1000億元以上と推定される。さらに，怒江には豊富な観光資源を持ち，世界自然遺産「三江併流（中国語：三江并流）」の奥地であり，怒江峡谷の自然景観と生物多様性が世界的に注目されている。

怒江州は自然景観にとどまらず，ここの人文景観も注目に値する。怒江州に

は13の少数民族が生活しており、それぞれの少数民族の伝統・宗教・文化・習俗・生活様式などが継承され、現在でも守られている。

怒江ダム建設計画をめぐる対立

2003年7月、三江併流が生態系の多様性、複雑な地質構造および多様な地形などが注目され、国連ユネスコの世界自然遺産に登録された。そのわずか2週間後、国家発展改革委員会は北京で「怒江中下流水力発電計画」審査会を開き、怒江の中下流に13基のダム建設計画を採択した。この計画によれば、総発電量は三峡ダム（1820万キロワット）より大きく、2132万キロワットにも達し、また年間発電量は1029億6000キロワット時と、三峡ダムの1.2倍であった。一方で建設費は三峡ダムより少ない金額に抑えられていた。

怒江ダムの最も積極的な推進者は現地政府であった。雲南省は「怒江中下流域水力発電開発と環境保護の情況に関する紹介」の報告書を提出し、その中で「怒江開発の評価」項目において、次のように計算している。「怒江すべての開発によって、毎年の生産額は340億元となり、直接財政貢献は80億元、そのうち地方税収は年間27億元にも増加する」。現地政府がこのプロジェクトに熱心な理由はこの経済利益にあった（焦、2012）。

怒江州も積極的な推進者であった。貧困問題を解決するための対策として、怒江州は豊富な自然資源を活用し、経済利益を生み出すことを発展目標に掲げた。まずダム建設計画を実現し、ダム事業を通して得た税収をインフラ整備に使い、観光産業に必要な道路・施設などを建設し、多くの観光客に来てもらう。同時に鉱山の開発も進める。言い換えれば、怒江州政府はダム建設を先行させ、観光事業の開発と鉱山開発への波及効果を期待し、怒江の貧困問題の解決を狙った（汪・于、2011）。

しかし、専門家の多くは建設反対の意見を表明した。2003年9月、国家環境保護総局が主催する「怒江流域水力発電開発活動生態環境保護問題専門家座談会」において、河川専門家である何大明は、怒江におけるダム建設を強烈に批判し、全国で怒江ダム建設をめぐる論争を巻き起こした。多くの環境NGOは

抗議活動を開始した。これらの抗議活動はマスメディアによって発表され，一般市民から広く注目を集めるようになった。11月末，雲南大衆流域管理研究及推広中心の于暁剛（中国語：于暁剛）と北京緑家園の汪永晨が中心となり，自然の友ら NGO と共同で怒江の保護を呼びかけ，怒江開発推進派と反対派の間で激しい論争が引き起こされた。

　2004年2月，雲南大衆流域管理研究及推広中心の于暁剛は雲南省政治協議会議の一部の委員を通して「怒江を保護し，慎重に開発する」という提案を出し，雲南省政府の住民移転による貧困対策に疑問を示した。怒江プロジェクトによって5万～8万の住民が移転しなければならない。多くの人々はダムの建設計画，移転計画について知らなかった。あるいは政府が宣伝する良い側面しか知らなかった。

　同時に，緑家園の汪永晨が中心に，北京と雲南の20名の記者，環境 NGO と専門家らは，怒江で9日間にわたる取材と調査を行った。怒江両岸の生物多様性と文化多様性に関する多くの報道がメディアで流れた。また，国家環境保護総局が36名の生態，農業，林業，地質，遺産保護，水利水電など領域の専門家を集めて，怒江開発問題について研究を行い，「怒江を保護し，慎重に開発する」という共通認識を得た。最後に，温家宝総理は，「このような社会に広く注目され，しかも環境保全のために反対する意見が多い大型ダムプロジェクトについて，慎重に研究を重ね，科学的に決定しなれればならない」と指示し，プロジェクトが棚上げされた。

　2005年，かつて『南華早報』で記者を務めた馬軍が，「法に基づく怒江水力発電環境影響評価報告書の公示を呼びかける民間公開書簡」を発表した。この書簡には99名の個人および61団体の環境 NGO の署名が含まれており，国務院，国家発展改革委員会，国家環境保護総局などに送付されたが，回答を得ることができなかった。

地方政府と電力会社の独走

　怒江ダムの環境影響評価がまだ完了してないにもかかわらず，電力会社はす

でに怒江および両岸で実地調査を始めた。1990年代以後，電力会社が競争して開発可能な河川の範囲を確保し（中国語：跑馬圈水），ダムプロジェクトを計画・立案し，生態環境破壊および移転住民の貧困化を無視して膨大な経済利益を得ようとした。[1]

　また，怒江支流における中小型ダムプロジェクトの建設は国家レベルの影響環境評価を受ける必要がないため，怒江州政府が主導で2004年から建設続けられ，2014年までに57基のダムが完成した。2007年，雲南省が新たな計画をつくり，怒江中下流の幹流で13基のダムを建設することで，年発電量は1029億キロワットに達し，342億3000万元の経済価値をつくりだし，毎年5158億元のGDP増加をもたらすことができる。怒江州の試算によると，13基のダムを2030年前に完成すれば，国税収入は年に51億5500万元，地方税収入は年に27億1800万元の増加をもたらす。また，895億5000万元の総投資は44万8250人の雇用機会を提供することができ，地方建材・交通などの第2次，第3次産業の発展にもつながっていく（章，2011）。

　上述のように，地方政府と電力会社が積極的にダム建設計画を進めているが，中央政府においては，明確に怒江ダムの建設を承認したことではない。国家「十一五」計画の中で，ダム建設を進める河川に怒江が含まれていなかった。

　電力会社と地方政府など積極的な推進者が「環境影響評価法」を無視して建設作業を進めることに対して，多くのダム建設に反対する専門家と環境NGOは社会キャンペーンを行い，2006年11月に「河川十年調査（中国語：江河十年行）」を発起した。発起人は緑家園の汪永晨で，多くのジャーナリスト，環境NGOスタッフ，専門家，ボランティアと学生が参加した。毎年10日間ほどの調査を通して，河川現場の状況をテレビ番組，新聞記事，ラジオ番組を制作し，社会に発信し続けた。河川学者楊勇，地質学者範暁，NGO代表馬軍と水利学者劉樹坤は「河川十年調査」に参加し，それぞれの専門領域の見地から怒江ダム建設に反対する意見の書簡を発表した。

　怒江ダム建設の是非について大きな社会論争を巻き起こし，2008年の国家公務員試験の出題にもなった。国連ユネスコは「三江併流」の世界自然資源を保

─ コラム⑮　植物学者ジョゼフ・ロックの探検と地上の楽園 ─

　"変わり者"として知られた植物学者ジョゼフ・ロックは雲南やチベットへの探検記事を，1922年〜1935年にかけて『ナショナル ジオグラフィック』誌で発表した。その中でロックは，竹を編んだ綱を伝ってメコン川を渡った話や，山賊に襲われた事件，神秘的な儀式，諸国の王への謁見などについて書いた。中旬（チュウディアン）は，標高3160メートルにある交易都市で，一帯には高い山々に隔てられながら，3つの大きな川が流れている。それぞれ，金沙江，瀾滄江，怒江として知られ，ヒマラヤ山脈の東側を並行して南下した後，それぞれ別の方角へ流れていく。20世紀前半にロックが探検したのは，まさにこの地方だった。

　しかし，1950年代から大規模な森林伐採が始まり，山腹に道路が刻まれ，広大な森林が切り尽くされた。90年代半ばには，地元の収入の8割以上を林業が占めるようになっていた。そして98年，過度な伐採も一因となり，金沙江が氾濫，4000人近くが死亡し，多くの人が家を失った。この事態を受けて，中国政府は三江併流地域での森林伐採を全面的に禁止した。

　経済の立て直しを迫られたこの地域は観光に目を向け，この地方独特の民家と，周辺に広がる壮大な景観を観光資源にしようとした。1999年には空港が建設され，翌年には昆明へと続く道路が完成した。2001年には，観光収入がかつての林業収入を上回るまでになった。同じ年，抜け目のない中旬の役人たちは，度重なる陳情の末，町と県の名前を「シャングリラ（中国語：香格里拉）」に変えることを中国政府に認めさせた。そして2003年，シャングリラに観光地としての最高の称号が与えられることとなる。渓谷地帯の貴重な生物多様性が認められ，国連教育科学文化機構（UNESCO）が三江併流地域を世界自然遺産に登録したのだ。

　UNESCO が「中国屈指の生物多様性に富んだ地域」と評した三江併流地域には，200種を超すシャクナゲや300種類もの樹木，約500種の薬草を含む6000種以上の植物が自生している。こうした植物相に加え，実に多様な動物が生息しているのだ。ウンピョウやウシ科のアカゴーラルなどの希少種をはじめ，173種を超す哺乳類や400種以上の野鳥たちだ。

　一帯に暮らす民族も多様性に富む。渡ることが困難な河川や険しい山々に隔てられてきたため，それぞれの民族は居住環境と密接に結びついた独自の言語と伝統を形成した。世界遺産に登録されたことは，地域の貴重な自然や文化の多様性を守る必要があることを意味する。シャングリラという地名は，チベット仏教で地上の楽園とされる「シャンバラ」をヒントにしているといわれている。この地上の楽園を将来世帯にも見れるよう守っていきたい。（焦　従勉）

護するため，ダム計画について懸念を表明した。また，ダム工事のため，移転させられた住民は移転後の生活・生産活動に多くの不満を抱えていることが明らかになった。2009年，環境アセスメントが不十分を理由に，この計画は再び温家宝の関与で棚上げされた。

4　地球温暖化対策と中央政府

地球温暖化対策

アメリカを抜いて世界最大の温室効果ガス排出国となった中国は，温暖化防止対策として，2007年6月に「国家気候変動対応計画」を発表した。この計画の中で，2010年までに，2005年比でGDP当たりのエネルギー消費量を20％削減するという目標を揚げた。この目標を達成するために，強制停電など望ましくない行政手段もあったが，20％削減（実際に19.06％削減した）はほぼ達成できた。

この実績を背景に，これまで温室効果ガス削減の数量目標設定に対して消極的な姿勢を見せていた中国は，積極的姿勢に変わった。2009年，コペンハーゲンで開かれる国連気候変動枠組条約第15回締約国会議（COP15）の前に，中国政府は，GDP当たりのCO_2排出量を2020年までに，2005年比で40％〜50％削減するという目標を公式に発表した。このCO_2排出削減目標は，政府の第12次5カ年計画に盛り込まれている。同計画の中で，自然エネルギーおよび再生可能なエネルギーとして，風力発電，太陽光発電，原子力発電および水力発電を推進する方針を打ち出している（焦，2012）。

国際社会とのCO_2排出削減の約束を守るため，ダム建設による水力発電は，低炭素型であるというメリットを理由に，再び政府計画の中に多く盛り込まれるようになった。以前，ダム建設が生態環境と移転住民に悪影響を与えることで多くの批判を受けたが，今回は利益団体がCO_2排出削減を口実に，さらなる水力発電開発を進めようとした。

2009年以前，環境NGO，専門家，および環境行政部門の反対によって，い

くつかのダム建設計画が棚上げされた。しかし，2010年以後，ＣＯ$_2$排出削減の目標を達成するために，これらのダム建設計画はスピードアップすることになっている。国家エネルギー局のデータによると，中国の水力資源の開発率は34％しかなく，先進国の平均開発率の60％〜70％よりはるかに低い。したがって，中国の水力発電は，依然として遅れており，開発する余地が多く残っている。第11次5カ年計画期間中において，指導者は環境 NGO など民間団体のミス・リーディングを受け，ダム事業の停滞をもたらしたが，今後，ダム建設のさらなる加速が不可欠である。ダム建設計画は第12次5カ年計画に再び盛り込まれ，2013年1月に国務院は「エネルギー発展『十二五』計画」の中で，怒江ダムの建設計画を明確にした。これは中央政府の明らかな政策転換であった。

　この中央政府の政策転換に対して，多くの環境 NGO および専門家は批判の意見を表明し，政策論争はますます活発になった。

水力発電事業が抱える問題

　水力発電の乱開発がさらに加速した。中央政府による政策転換の影響もあって，多くのダム建設プロジェクトにおいて，生態環境への破壊および社会経済への悪影響が無視され，乱開発された。怒江を除くすべての河川において階段式大型ダムが建設された。2013年末，河川汚染と水資源の乱開発に危惧している環境 NGO は「中国河川の『最終』レポート」を発表した。このレポートの中で，生態レッドラインの早期設定，再生可能なエネルギーの発展，および河川保護法の立法を呼びかけた（顧・欒，2014）。2004年，水力発電容量はすでに1億キロワットに達し世界一になったが，2015年はさらにその3倍までに増加した。

　その結果，電力供給が過剰状態になっていった。国家エネルギー局のデータによると，2011年から2015年まで社会全体の電気消費量の増加率は，それぞれ11.7％，5.5％，7.5％，3.8％，0.5％である。中国経済成長鈍化の影響を受け，電力需要量が減少したにもかかわらず，電力生産が増大し続け，電力の過剰供給をもたらした。不十分な生産・使用計画と送電インフラの脆弱性もあって，

四川省と雲南省は発電量を減らし，ダムに貯めた水を無駄に流している。

　また，エネルギー集約型産業を招致することで深刻な汚染問題をもたらした（馬，2011）。水力発電は季節性があるため，降雨量が多い短期間に電力供給過剰になりかねない。また，水力発電容量の急増も利用効率を下げる結果をもたらす。この問題に対応するために，地方政府と電力会社がエネルギー集約型産業を招致し，発電施設の近くに位置させ，電力を大量消費することを通して，水力発電産業の経済利益を追求した。しかし，一方で鉄鋼，セメントなどのエネルギー集約型産業は，地域に深刻な汚染をもたらすケースも多い。

地震のリスク評価

　怒江は雲南省の中でかなり地質災害が多い地域である。歴史上，岩崩れ，地滑り，土石流などの災害によって怒江が塞がることが何回もあった。ダム建設には，必ずしも「良い地質条件」ではない。また，怒江は中国の重要な地震区に位置し，歴史上，中下流ではM6以上の地震を何回も経験した（範，2011）。ダム建設により地震誘発の潜在リスクを孕むことを三峡ダムの時からすでに多くの専門家が指摘していたが，怒江ダム建設計画の中では地震リスクを評価しなかった。

　そのような中で，2008年5月に四川省汶川でM8の大地震が起き，8万7000人の死者と行方不明者を出した。また，2014年雲南省に3回大きな地震（盈江地震M5.6，魯甸地震M6.1，景谷地震M6.6）が起きた。これは，四川省も雲南省も活発な断層地帯に位置していたためであり，その後両省でのダム建設計画においては，地震リスクも考慮されるようになった。[(2)]

5　国家公園地方立法と地方政府

習近平政権による政策理念の転換

　2012年に誕生した習近平政権は「青い水と山は金山銀山である（中国語：緑水青山就是金山銀山）」をスローガンに「生態文明」の建設を強調した。生態文

明の建設に関するバランスの取れた制度の確立，最も厳格な汚染源改善，損害賠償，責任追及，環境改善と修復制度の実行，および制度を活用した生態環境保全を明記し以下の4つの方針を強調して環境重視の姿勢を表した（北川，2014）。

① 自然資源財産権制度と用途管理制度の健全化

　水，森林，山地，草原，荒地，干潟などの空間に対して統一して権利を確認して登記する。帰属が明らかで，権利と責任が明確で，監督管理が有効な自然資源財産権制度を形成する。国が統一して所有者としての職責を行使するとした。

② 生態保護方針の確定

　主要機能区の設定により国土空間開発保護制度を確立する。厳格に主要機能区を位置づけ，これに基づき国家公園制度を確立する。自然資源資産負債表を作成し指導幹部に対する離任監査を実施し，生態環境に損害を与えたものに対する生涯責任制の確立を掲げた。

③ 資源有償使用制度と生態補償制度の実行

　自然資源とその産品の価格改革を急ぎ，市場需給，資源の欠乏，生態環境損害コストと回復利益を全面的に価格に反映するほか，資源使用について，汚染・破壊者負担原則を維持して，資源税を各種自然生態空間の占用に拡大する。受益者負担の原則により，重点生態機能区の生態補償メカニズムを改善し，地区間の横断的な生態補償制度を推進する。

④ 生態環境保護管理体制の改革

　あらゆる汚染物排出を厳格に管理する環境保護管理制度を確立し，陸海を統合した生態システムの保護回復と汚染防止区域との連動メカニズムを整備する。

　この政策理念の転換によって，中国政府はグリーン成長（中国語：緑色発展）と生態環境の全体改善を目指してさまざまな取り組みを実施している。その取

り組みの中の１つは，国土空間の開発および保護に関する制度としての国家公園体制の創設である。認定された国家公園においては，さらに保護を厳しくし，生態システムの中の原住民の生活・生産施設に損害を与えないこと，および自然観光に関する研究教育活動以外の開発建設を禁止し，自然生態と自然文化遺産を本来の形で全体を保護する。2015年，さらに「観光活動を通しての貧困問題の解決（中国語：旅游扶貧）」を提唱し，生態環境保全と貧困問題解決の両立を目指している。[3]

環境法の改正と制度整備

環境保護法の改正法案は2014年４月24日に全国人民代表大会を通過し，2015年１月１日から施行された。まず，「目的」について，社会主義現代化建設の促進という言葉がなくなり，「生態文明の建設の推進，経済社会の持続可能な発展の促進」という用語が加わった。また，「国の環境保護計画（中国語：国家環境保護規劃」について新たに定めた。その計画の内容は「自然生態保護と環境汚染防治の目標，主要任務，保障措置等」を含み，開発関連の規劃との整合を図った。

次に，環境保護部門の責任を明確化し，「環境保護目標責任制と審査評価制度を実行し，国務院と地方人民政府環境保護目標完成状況」を地方人民政府の環境保護部門とその責任者の審査内容とし，結果を公開することとした。さらに，県級以上の人民政府は毎年，人民代表大会および同常務委員会に環境状況と環境保護目標の完成状況を報告するとともに，重大環境事件についても報告し監督を受けなければならないとし（第27条），人民代表大会の監督機能を強化した。

自然資源については，「合理的に開発し，生物多様性を保護し，生態の安全保障」を確保すると規定し（第30条１項），「外来種の移入と生物技術の研究，開発，利用についての措置」をとり，生物多様性の破壊を防止することとした（同２項）。

「情報公開と公衆参加」について，国と並んで省級以上の人民政府環境保護

部門は定期的に環境状況公報を公布することとした（第54条１項）。地方レベルでの環境情報の公開促進が期待される。また，環境影響評価手続きにおける公衆参加について，「環境影響報告書を作成しなければならない建設プロジェクトは，建設機関が作成時に公衆に状況を説明し，十分意見を求めなければならない」とした。環境保護部門が報告書を受け取った後，国家機密と商業秘密にわたる場合を除き，全文公開が義務づけられたほか，建設プロジェクトについて十分住民の意見を聴取することを義務づけ，実質化を図った（第56条）。

　また，公益訴訟については，「環境汚染，生態破壊，社会公共利益に害を与える行為」について，法に基づき区を設けた市級以上の人民政府民政部門に登記していること，かつ環境保護公益活動に連続して５年以上従事し違法な記録がない公益組織（NGO）に訴訟の提起を認めた。

　法律責任については，「企業事業単位やその他生産経営者が違法に汚染物を排出する場合は過料の処罰を受けるとともに期限内の改善を命ぜられる。改善を拒む場合は，法により処罰決定を行った行政機関は改善を命じた日から元の処罰額に応じて日割りの処罰をすることができる」とし（第59条），有識者が強く求めていた「日罰制」を規定した。さらに，地方法規で，地域の実情に応じて対象の違法行為の種類を増加することができることとした。これに加え，環境影響評価を行わず着工し，建設停止を命じられたにもかかわらず実施する場合や違法な汚染物の排出など，悪質な行為について公安機関に案件を移送して直接の責任者を10日〜15日間の拘留ができることとした（第63条）。このほか，企業の環境情報の非公開や虚偽の情報公開について，県級以上人民政府の環境保護部門は公開を命じ，過料に処し公表するとし，企業の責任を強化した（第62条）。

　2015年，中国政府は「生態文明建設の推進を加速させる意見（中国語：关于加快推进生态文明建设的意见）」と「生態文明体制改革の全体計画（中国語：生态文明体制改革总体方案）」を公布し，生態文明体制の制度整備を行った。さらに「生態保護レッドライン（中国語：生态保护红线）」を提示し，国家レベルの生命線として注目を集めている。[4]

地方政府の政策転換

　1996年以来，雲南省は全国に率先して国家公園モデルを模索し始めた。2008年，雲南省は国家公園建設パイロット事業に指定され，2016年現在まで，すでに8つの国家公園を批准建設し，8つの国家公園地方技術基準を設定した。さらに，国家公園管理について初めての地方立法として「雲南省国家公園管理条例（以下，「条例」）」を，2016年1月1日から実施した。「条例」は国家公園の定義，管理体制，ほかの保護地とのつながり，および公園内の許可経営について明確に規定している。

　2016年1月，雲南省委書記李紀恒は，「雲南省は怒江支流のすべての小水力発電開発を停止し，怒江大峡谷の国家公園申請を進め，旅行天国にする」ことを発表した。彼が強調したのは，国家公園政策を活用し，小水力発電と小鉱山開発を停止し，堅実にエネルギー節約排出削減（中国語：生态保护红线）および汚染解決をしっかりと取り組み，国土の総合利用と補修計画を強め，生態環境保全に一層努力することであった。

　怒江州政府も国家公園計画を支持し，5年以内で勾配25度以上の耕地70万ムーを草原に戻し，草原果樹など特色産業を発展させた。一方，一部粗放型の小鉱山の生態系への破壊は回復が難しく，順次生産活動を停止させることを計画した。地元の議員も，農民が生態系保護の犠牲になっているので，その見返りとして国家の生態補償を拡大してほしい，と呼びかけた。2016年両会（中国人民代表大会と中国人民政治協商会議）で，雲南代表団は正式に怒江大峡谷国家公園の建設に関する意見を提出した。

　この地方政府の政策転換を受け，多くのダム計画に反対する環境NGO・専門家が大きな喜びを隠せなかった。13年間の怒江ダム建設反対運動をやり続け，中国で唯一開発されていない河川を保存できる可能性がかなり高まった。環境NGO団体はすでにアメリカの国家公園を考察する計画を立てている。⁽⁵⁾

　地方政府政策転換の原因は，①環境保護意識の高まり，②怒江小水力発電の非効率性，③国家公園関連の観光産業を通した貧困問題解決，であるといえる。

参加型環境ガバナンスと地域の発展

　怒江大峡谷国家公園を建設するには三江源国家公園計画が参考になる。三江源国家公園はチベット高原に位置し，長江，黄河と瀾滄江^{ランツァンジャン}の源であり，生物多様性が最も集中する地域である。中央政府は国家公園の初めての試みとして，2015年12月に「三江源国家公園体制パイロット案」を設定し，青海省は2017年６月に「三江源国家公園条例（暫定）」を公布した。2020年三江源国家公園を正式に設立することを目指し，2025年に制度整備，自然と人間の調和，持続可能な発展を実現することを中期目標としている。

　国家公園を建設するには，多くの立法活動，中央政府と地方政府の財政支持，具体的な公園管理組織の設立，行政組織間の協調などが必要になり，少なくとも数十年がかかる。怒江ダム建設計画は多くの NGO 団体・専門家，環境行政部門および移転住民の反対によって，地方政府の政策転換をもたらし，怒江国家公園計画が浮上した。これは中国における参加型環境ガバナンスの成功事例といえるかもしれない。しかし，この政策転換は持続可能な地域の発展につながるためにはまだ多くの取り組みが必要であり，多くの地域課題をクリアしなければならない。

注

⑴　2016年３月11日，緑家園の汪永晨へのインタビュー。

⑵　2016年３月８日，雲南省大衆流域管理研究及推広中心の于曉剛へのインタビュー。

⑶　2016年３月８日，雲南省大衆流域管理研究及推広中心の于曉剛へのインタビュー。

⑷　中国では，すでに「18億ムー耕地レッドライン（中国語：18亿亩耕地红线）」という言い方がある。

⑸　2016年３月11日，緑家園の汪永晨へのインタビュー。

参考文献

焦従勉（2012）「中国におけるダム事業と環境ガバナンス」『産大法学』第46巻２号。

包茂紅（2009）『中国の環境ガバナンスと東北アジアの環境協力』北川秀樹監訳，はる書房。

林秀光（2009）「中国の政策過程と三門峡ダム」『法学研究』慶応義塾大学法学研究会，第82巻 6 号。

王曦・秦天宝（2005）「リオ・サミット後10年間の中国の環境法と環境行政」平野孝編『中国の環境と環境紛争——環境法・環境行政・環境政策・環境紛争の日中比較』日本評論社。

胡勘平（2008）「中国の流域管理と環境保全における公衆参加」大塚健司編『流域ガバナンス——中国・日本の課題と国際協力の展望』アジア経済研究所。

北川秀樹（2014）「最近の環境法政策——生態文明と環境保護法改正——（その 1 ）」2014年 6 月10日，国立研究開発法人科学技術振興機構での講演資料を参考。

Dore, J and Yu Xiaogang（2004）Yunnan Hydropower Expansion: Update on China's energy industry reforms and the Nu, Lancang and Jinsha hydropower dams. Working Paper from Chiang Mai University's Unit for Social and Environmental Research, and Green Watershed, Kunming, PR of China, March 2004

章柯（2011）「怒江水電开発——徘徊在环保争议与発展压力之间」汪永晨・于暁燕主編『江河十年行』北京出版社。

汪永晨・于暁燕主編（2011）『江河十年行』北京出版社。

顧大威・栾栋（2014）「中国水電開発中不能承受之軽」『中外対話』2014年 4 月 7 日記事。

馬軍（2011）「西南水力過度開発無助節能減排」汪永晨・于暁燕主編『江河十年行』北京出版社。

範暁（2011）「怒江水電開発対環境，生態，社会的影響」汪永晨・于暁燕主編『江河十年行』北京出版社。

参考 URL

国立研究開発法人科学技術振興機構ＨＰ（2018年12月20日アクセス，http://www.jst.go.jp/).

特定非営利法人メコン・ウオッチＨＰ（2018年12月20日アクセス，http://www.mekongwatch.org/report/yunnan/nujiang.html).

中華人民共和国中央政府ＨＰ（2018年12月20日アクセス，http://www.gov.cn/).

中華人民共和国環境保護部ＨＰ（2018年12月20日アクセス，http://www.mee.gov.cn/).

雲南省政府ＨＰ（2018年12月20日アクセス，http://www.yn.gov.cn/).

怒江州政府ＨＰ（2018年12月20日アクセス，http://www.nujiang.gov.cn/）.

怒江大狭谷ＨＰ（2018年12月20日アクセス，http://www.nujiang.cn/）.

中外対話ＨＰ（2018年12月20日アクセス，https://www.chinadialogue.net/）.

澎湃新聞ＨＰ（2018年12月20日アクセス，https://www.thepaper.cn/）.

■　　■　　■

読書案内

寺西俊一監修，東アジア環境情報発伝所編（2006）『環境共同体としての日中韓』集
　英社。

　国境を越えて広がる環境危機！　日本と中国，韓国は環境問題を共有している。そ
れぞれの国の環境汚染が，他国に越境被害をもたらしているのだ。東アジアにおける
環境側面を理解するための入門書。

小長谷有紀・シンジルト・中尾正義編（2005）『中国の環境政策　生態移民――緑の大
　地，内モンゴルの砂漠化を防げるか？』昭和堂。

　遊牧民を移住させ緑の大地を取り戻そう！　中国政府が打ち出した国家的プロジェ
クトは本当に環境問題の解決につながるのか？　そして人々の生活はどうなったの
か？　その実態を問う。中国環境問題を理解するための良書。

家近亮子・唐亮・松田康博ほか編著（2016）『新版　5分野から読み解く現代中国――
　歴史政治経済社会外交』晃洋書房。

　中国理解の核心とは何か？　急速な変化を続ける今日の中国を歴史・政治・経済・
社会・外交の5分野から読み解いていく。他に類を見ない構成と内容である。中国社
会を理解するための良書。

練習問題

①　中国の環境政策はどのように変化したのか。なぜそのように変化したのか。

②　日本のダム事業について調べて中国と比較してみよう。

（焦　従勉）

───── コラム⑯　三峡ダム建設の教訓 ─────

　三峡ダムは中国長江中流域に位置する大型重力式コンクリートダムである。1993年に着工し，2009年に完成した。三峡ダム水力発電所は2250万キロワードの発電可能な世界最大の水力発電ダムである。また，ダム建設のために130万人が故郷から移転いなければならなかった。世界的に類を見ない規模である。

　三峡ダムの建設に関して，国内外から多くの批判的な意見が寄せられていたにもかかわらず，鄧小平による建設支持はこのプロジェクトの決定的な推進力になった。複雑な経済・政治体制への移行過程で，「中国特色」が強調され，先進国の「国際基準」に縛られず，中国独自の発展モデルを模索した。三峡ダム建設は中華民族の栄光として位置づけられた。

　しかし三峡ダムが完成後さまざまな問題が露呈し，国内外から厳しい批判を招いた。2010年，ダムの洪水抑制効果について活発な論争が行われた。翌年，長江中・下流域は歴史上まれに見る大干ばつに見舞われ，三峡ダムプロジェクトが異常気象を誘発したとの見方もあり，活発な論争が行われた。さらに，130万を越える移転住民の問題についての論争も並行して行われてきた。

　多くの批判を受ける中，2011年に国務院常務会議で，「三峡後続事業計画」および「長江中・下流域水質汚染改善計画」が審議され，可決された。国務院は「党中央と国務院の指導と全国民の支持のもと，17年間の努力を通じて，三峡ダムプロジェクトは初期建設計画通りにほぼ完成し，洪水対策，発電，水上運輸，水資源利用における総合的効果が全面的に現れはじめた」と評価した。その一方で，「効果と同時に，移転住民の安全かつ経済的に豊かな生活，生態環境保護，地質災害予防など各分野で早急に解決が必要な問題も生じ，長江の中・下流の水上運輸，灌漑，水供給に対しマイナスの影響が生じている」とマイナス面についても異例の指摘を行った。

　三峡ダムの建設について，中国の指導者たち（孫文，毛沢東，鄧小平）は長年に渡って，人間が自然を改造・征服することができると考えてきた。また，推進派の技術官僚は，ダムの経済効率性・水汚染など生態環境問題・被害ポテンシャル増大の問題に対して理解不足の面があった。数十年の試行錯誤を経て，特に三峡ダムが完成してからさまざまな社会問題・環境問題が生じたことによって，政府は初めてこれらの問題を認め，必要な対策の予算確保と実施計画を発表することにいたった。人類史上悲惨な教訓である。（焦　従勉）

終　章
政策の展開と自治の基盤

1　「政策と地域」への視点

　これまで本書の各章では，地域防災，消防，医療，移民，町並み，清掃，エネルギー，地域開発といった分野での政策が，地域との関連でどのように展開されているか，そこに存在する課題や問題点への考察が深められ，今後の展望が述べられてきた。どの章も取り上げた対象を専門に研究する研究者の論考であり，対象分野で展開されている政策についての最新の動向が把握できたものと思われる。しかしながら，必然的に時は経過していくものであるため，本書の中で述べられていたことは変化していくことも受け止めておかなければならない。よって，読者の皆さんには，本書における各論考をきっかけとして，議論された各分野の今日の状況を調べるとともに，さらに学習を進め，より詳細の状況を把握していただくことをお願いしたい。

　さて，本書は「政策と地域」というタイトルが付され，各章では国内や海外の幅広い分野の問題やそれを改善するための政策が取り上げられてきた。このことはすなわち，地域に存在する問題や課題が多様なことを裏づけるものである。また，それらの問題の構造は複雑であり，全体性，相反性，主観性，動態性という政策問題の4つの特徴をもち，意思決定者が多数，目標が不明確で合意がとれていない，代替案は無限定的に多数，どのような結果をもたらすかも不確実で予測不可能，といった悪構造（ill-structured）のものが多かった。[1]

　このような多様な地域課題や悪構造の問題を解決していく手段としての政策には，序章で述べた通り，「地域の持続可能性の実現」が課題となり，economy（経済），ecology（環境），equity（社会的公正）という3つの "e" を成り立た

せることが必要になる。すなわち，地域の公共空間をマネジメントしていく地方自治体の財政が破綻しないように持続させていくこと，地域住民の生活に深刻な影響を与えないように生態系を維持していくこと，地域社会に大きな格差や深刻な対立を生じさせないように調和のとれたものにすること，といった3つの側面をすべて達成していくことが必要であり，そのためには政策学習，政策波及，地域間連携が必要になってくることが指摘されていた。

　こういった序章で述べられた視点をもとに本書の各論考を見てみると，持続可能性を実現していくためには，指摘された3つの "e" が必要になることはもちろん，それに加え政策が展開される地域の「自治の基盤」もそれらに準ずる重要な要素としてより強固なものにしていく必要があることが浮き彫りになったと思われる。各論考で扱われた「政策」が「地域」で展開される際には，その地域の実情が当該政策の実質的な政策効果を規定していた。とりわけそこに存在する住民，その住民が結成している地縁組織，行政やその担当者，NPO，各種団体などといった主体がつくりだす「地域自治の実態」が政策の効果に多大な影響をおよぼしていた。この点について終章では，自治の基盤についての整理を行うとともに，いくつかの国内の事例を扱った論考でその重要性を確認し，政策が地域で展開される時に密接に関係してくる自治の基盤の創出への視点を提示してみたい。

2　自治の基盤とその創造

　政策が展開されていく地域には，自治会・町内会といった地縁組織，NPO，社会福祉協議会などの各種団体といったさまざまな主体が，それぞれが追求する価値を実現するために活動を続けている。これらの団体のうち，地縁組織については，これまでのわが国の歴史的な経緯から行政の下請け的な役割を担い，持ちつ持たれつの関係を維持しながら活動を展開していた。また，NPO や各種団体についても，自らの志を遂げるために運営資金の確保や補助金の獲得を目指し，行政の担当部局に下請け的に使われる状況であった。よって，これま

では，地域で活動を展開する組織は，地域をマネジメントしていく行政部局と相互依存の垂直的な関係を構築しながら活動を展開する形であった。[3]

　一方，これまでの中央集権型の画一的な行政や，東京への一極集中が地方の活力を奪ってきたという反省から，集まったものを地方へ分散させていく政策が国により進められてきた。その1つは地方分権改革である。1995年に地方分権推進委員会が組織され，4次にわたる勧告，それを基にした地方分権推進計画が閣議決定され，2000年にはいわゆる地方分権一括法が施行された。これにより，国の地方への関与のあり方が見直され，機関委任事務の廃止などが行われ，理念上は，国，都道府県，市町村がともに対等・協力の関係となり，同格の立場に置かれるようになった。もう1つは，1962年に始まり5度にわたって展開された全国総合開発計画（全総）である。概ね，均衡的に国土を発展させていくといった趣旨のスローガンを掲げ，一極集中の是正のために地方へ分散させていく政策が展開されてきた。現在では，2014年に「地方創生」といったアドバルーンがあげられ，人口減少に歯止めをかけ，それぞれの地域に住みよい環境を確保してくことで東京圏への人口集中を是正し，活力ある日本社会を維持していくことを目的として政策が推進されている。国は2060年に1億人程度の人口を確保する長期ビジョンの策定と，2015年から5カ年にわたる「まち・ひと・しごと創生総合戦略（以下，総合戦略）」の策定と実施を行い，地方自治体は地方の人口ビジョンの策定と，総合戦略を勘案し地域の実情に応じた施策をまとめた地方版総合戦略の策定と実施に取り組む形がとられている。

　このような地方への分散政策の展開が，国と地方との関係や自治体そのもののあり方に迫るものになることはもちろん，それのみならず，その前提となる民主主義社会の中で生活している私たち自身のあり方，地域そのもののあり方，についても見直しを迫るものとなった。社会の進展によりさまざまな課題が生じているが，行政の担当部局のみでは対応できない領域が増えている。そのような状況の中で地方分権時代に相応しい自治体となるよう自立化を進めていくには，私たち一人ひとりの自治自立を出発点として，公共の領域を担うのは行政のみではないという考えに立ち，自助・共助・公助といった補完性の原理に

したがって地域で生じる課題を解決していくような形を構築していくことが期待される。また，行政サービスを得る「顧客」という立場のみならず，地域づくりや行政サービスの提供に責任をもち，積極的に参加していくことも期待されることになる[4]。

このような形で私たち自身のあり方や地域のあり方を展望していくと，これまでのような地域と行政の垂直的関係から，住民，自治会・町内会，NPO，各種団体が水平的に連携し，総合的な視野で地域課題を分析し，行政と対等な立場で課題解決能力を高めていく形が展望される。そしてそのような仕組みを積極的に活用していくことで，自立した個性的な地域社会を創造していくことができるようになる。

このように，個人の自治意識を出発点とする地域への参加や，そこで活躍するアクターが水平的に連携して課題解決への調整力を高めていくことにより，自治の基盤はより強固なものになっていく。そのことにより，民主主義に基づく地域の政治も成熟し，それぞれの地域特性に応じた豊かさを追求していくような地域づくりがなされていくことになる。一方，行政には，このような自治の基盤が強固なものになっていくように，どのように支援していくのかということがアカウンタビリティとして問われる[5]。

このような自治の基盤に関する整理をもとにして，国内の事例を扱った論考の中で，地域で各政策を展開する際に自治の基盤がどのように関係してきたかを見ていきたい。

3　防災政策と自治の基盤

第1章は，現代社会における災害リスクが発達している状況において，それに対する政策的対応の1つである地域防災について分析が加えられた論考であった。そこでは，地域防災に関するパラダイムシフトについて説明がなされていた。

1995年の阪神・淡路大震災以降は，「ガバナンス志向」の防災対策がとられ

ることになり，社会の多様な主体が協働して防災対策を進めていく形が志向されるようになった。その後発生した東日本大震災で露呈した防災課題に対応していく一手段として，災害対策基本法の改正により「地区防災計画制度」が取り入れられることになり状況が変わった。これにより，行政補完型の防災対策からボトムアップ型のものへとパラダイムがシフトすることになり，このような背景において，地区防災計画による住民主体の地域防災に取り組んだ特定地区の事例が紹介されていた。

　事例で取り上げられた地区が防災に関する地区内のルールづくりや，それを基にした避難練習を繰り返して地域の防災力を高めていくことができたのは，その根底には強固な自治の基盤が存在していたからだとわかる。行政により以前から地域の数多くの主体が参加して連携を結んでいく「防災福祉コミュニティ」づくりが進められており，それが基盤となることで数々の取り組みが行われていた。いくら政策でボトムアップ型の防災対策を志向するような形をデザインしても，当該政策を地域で実施する際にそれを受け止め展開していくことができる状況になければ政策の効果はおよばない。日頃から各主体間で生じるさまざまな利害を調整して連携を深めていくということが行われていなければ，地域における防災への意識は高まらないであろうし，ましてや地区の運用ルールの策定というところまでは辿り着けないものと考えられる。防災政策の地域での展開には，自治の基盤が前提となり，そのうえに政策が講じられることにより効果が生じるという形が存在していたといえる。

4　ニューカマーへの政策と自治の基盤

　第4章では「ニューカマー」が取り上げられ，「移民を受け入れるための政策」がない日本において，今後の課題を抽出するといった議論が展開されていた。

　わが国では1980年代から「ニューカマー」と呼ばれる南米出身日系人の受け入れを行ってきており，彼らはいわゆる「3K労働」に従事し，製造業の下

請け工場が集まる地域に集中して居住しエスニック・コミュニティを形成した。その生活の中からは数々の問題が生じたが，それらを解決する国レベルの政策は存在せず，問題を抱えた地方自治体の施策として対応していかざるをえない状況であった。

　その施策では，官民で設立した団体が中心となって地域課題を解決していく形がとられていたが，そこで展開された事業では，地域の団体との連携や協力がその事業が有効に機能し効果を発現させていく前提となっていた。それらの連携や協力のないところでいくら施策を展開しても，実質的に機能せず形骸化したものになることはいうまでもない。一方，地域の団体としては，地域課題を行政任せにせず自らの課題であると認識し，それを解決していこうとする姿勢が見受けられた。また，その過程では，多文化共生への地域の理解がそこに住む人々の力によって涵養されていたと考えられ，その価値を共有する地域のアクター同士の連携が強固なものであったため，課題の解決が進んでいったと思われる。今後生じる地域の課題に対しても地域で活動する各主体の連携により柔軟に対応していくことが期待できよう。

　論考での記述から判断するかぎり，政策が展開された地域の自治の基盤が確立されていたがゆえ，地域課題の解決がなされていったと理解できる。また，その基盤を強固なものにするために，行政が一定程度の支援を行っており，今後の当該地域のアクターがどのように地域課題を解決していくか，継続的な観察が期待されるところである。

5　町並み保存政策と自治の基盤

　第5章では，文化財保護法に基づく伝統的建造物群保存地区の制度を利用して全国的に展開されている町並み保存活動について分析が加えられた論考であった。そこでは，制度が利用されるにしたがって，文化財としての町並みが出現することにはならず，まるで映画のセットの如くとってつけたような町並みになってしまっているという現象が取り上げられ，町並み保存を行っていく

にあたり地域側で必要になる要素が述べられていた。

　この町並み保存という政策を地域で展開していくためには，その政策が地域に投げかける2つの大きな課題に地域が答えていく必要がある。それは，①「保存と活用を同時に行う」という相反する価値に地域がどのように向かい合うか，②過去から現在までの時の流れがある中で，「町のグランドデザインをどのように確立するのか」という課題である。これらについては答えがあらかじめ用意されておらず，「自らの町をどのようにしていくのか」という議論を当該地域の住民同士が積み重ね，意識を高め合いながら答えを見つけ出していくしかないものとなる。

　その議論の過程においては，個人の資産に対してさまざまな利害が生じ，それらを調整してくことが必要になることが見込まれる。かなり難航することが予測されるため，地域の人々はこのような問題を地域全体の課題であると認識し，主体的に解決していこうとする意思が求められる。よって，町並み保存は地域自治と密接に関係しており，ハードを整備する政策ではあるものの，その根底には自治の基盤の確立がなければ成り立たないものとなる。

　事例として取り上げられた地区では，以前から地元の課題を解決へと導く公共事業への賛否を巡り，地域が二分化するほどの意見の対立が生じていた。その影響があり，町並み保存を担っていく組織も今のところ2つ存在する形となっている。この先どのような展開になるのか継続的に観察していく必要があるが，町並み保存の政策が地域で有効な効果を発現していくためには，地域側のアクターが水平的に連携し1つにまとまっていくような形が展望される。そのような形になるように地域をマネジメントしていくことが，地元行政としてのアカウンタビリティとして問われることになる。

6　地域内紛争と自治の基盤

　これまで，国内事例を扱った論考をもとに，各政策が展開される際の自治の基盤がどのように関係していたかについて述べてきた。前項でも多少ふれた通

り，地域の主体が地域内で対立し，それらの連携が見込めないといったケースも存在する。そのような状況で政策が当該地域で展開されても，当初想定していた効果は十分に発現しないと見込まれる。よって，自治の基盤の再確立へ向けた何らかの対策が必要となる。そこで，甚大な公害の影響を受けて地域が二分化されてしまい混沌とした状況となってしまったが，それを克服して自治の基盤を再構築していった熊本県水俣市の事例を取り上げ，分析を進めていきたい。

水俣市では，1908年から日本窒素肥料株式会社（現：チッソ）が操業を始め，地元での雇用や所得向上に大きく貢献した。しかし，メチル水銀を何も処理せず水俣湾に流し続けたため，1956年，中枢神経疾患となる水俣病が公式に発見されることになった。発見当初，原因不明の奇病，伝染病として扱われ，患者と家族は差別や偏見にあった。また，患者の子どもは就職や結婚で差別を受けた。さらに，水俣病が全国に認知されることで水俣市民に対しても差別の目が向けられ，「水俣出身」ということを憚り，水俣市民としての自信と誇りを失っていった。

一方，水俣病の公式認定後は補償をめぐって「患者対チッソ」「患者対行政」という対立のみならず，補償金を受け取った患者や家族に対しての嫌がらせ，補償金目当ての「ニセ患者」という謂れのない差別，利害を異にする患者同士の分裂などが起こった。また，身内にチッソや行政の勤務者がいれば発病しても認定申請を憚り，補償を受ければ争いが，受けなければ経済的な困窮といった泥沼が待ち構えている状況であった。

1990年，熊本県はそれまでタブー視され議論すらできなかった水俣病問題に正面から取り組む「環境創造みなまた推進事業」を開始した。そこでは，行政職員が患者宅を門前払いになることを覚悟で訪ねて対話を求め，市民各層に対しても積極的に接触し再生への意欲をかきたてた。それらが契機となり，水俣市市議会議員，市職員，若い市民が目を覚まし，水俣再生への意欲が生まれていった。市内全域に地域おこし組織としての「寄ろ会」が結成され，地域住民の自発的郷土づくりが始まり，若い市民は「環境行動隊」を結成して環境美化

の活動を展開し，水俣青年会議所は水俣病支援団体との対話を試みるように
なった。さらに，「百人委員会」という市民の会が生まれ，愚痴を述べる代わ
りに知恵が出始めるような動きが芽生えた。

1994年5月に開催された慰霊式の式辞で吉井正澄市長が，行政の長として初
めて水俣病問題に陳謝を表明した。これは，水俣病発生で多様化した価値観が
ぶつかり合い，他を排斥し，偏見を生み，誹謗中傷を浴びせるといった内面社
会を修復していくために，お互いに尊重し合い，立場の違いという壁を乗り越
えて対話を蘇らせるといった意識改革を促す機能を果たした。そしてこの首長
の謝罪がきっかけとなり，融和や協調が市民の中に生まれ，違いは違いとして
認めながらも一緒にできるところは取り組むという形で，市民を「主」に据え
た行政運営が行われていった。

その後，水俣病の教訓を活かした地域再生への方策を探るために，環境モデ
ル都市づくりの実現に向けた取り組みが行われ，水俣市で開催される国際会議
で積極的に情報発信を行い，国際社会を相手に自らの町のあり方を考えていく
ようになった。「環境モデル都市づくり宣言」によるごみの19分別の展開や，
水俣独自の環境ISO制度をつくり，市民と協働でさまざまな環境政策に取り
組んでいった。そして，これらの取り組みが評価され，2008年，国の環境モデ
ル都市（全国13都市）に認定されるにいたった。

このように水俣市では，まさに手の施しようがないともいえる地域社会の分
断の中から，違いを認め合うことで対話を蘇らせる「もやい直し」を行い，自
治の基盤の再構築を目指す取り組みを行ってきた。そこでは，県の職員が地域
に入り真摯に住民に向き合い始めたことを契機として，市の職員も対立する住
民の間に入っていき，双方が地域で対話する組織を市内全域につくり，自らが
仲介者となり住民が相互理解を深め地域を見直し誇りをもつような流れを創出
した。その中には，市の職員による「地元学[6]」の創出や，吉井市政のもとで総
合計画づくりや施設づくりを住民参加型で行い，対立する住民の相互理解に努
め水俣市の再生に尽力した職員の活躍もあった[7]。このように，地域で活動する
アクターが水平的に連携し自治の基盤を創造していくことが難しい時には，地

域のマネジメント主体となる行政がよりいっそう地域とコミュニケーションを取りながら真摯に向かい合っていくことが求められる。水俣市の事例は，地域内紛争による住民間の対立が存在する中で，住民参加を取り入れた自治体運営により地域の各主体が水平的に連携していくような形づくりを行い，自治の基盤を再生したうえで数々の政策を地域で展開し，その効果を最大化させていった事例として捉えられる。

なお，水俣市の自治の基盤は完全に再構築されたというわけではない。住民間の対立が解消できず，まだ時間がかかると見られる面もある。今後も継続して住民の相互理解が進むような取り組みが期待されるところである。

7　政策の展開に必要不可欠な自治基盤の創出に向けて

これまで，地域における政策の展開にあたり，持続可能性を実現していくことと同程度に重要な要素となるものとして自治の基盤を取り上げ，それについて述べてきた。最後に，この自治の基盤をより強固なものにしていくために，どのようなことが必要となるのか，その視点を提示してみたい。

政策が地域で展開される際には，地域で活動を展開するアクターとの連携が必要不可欠となるものもあり，それらが深く関与することにより当該政策の効果が実質化するものもあることから，強固な自治の基盤が存在すればするほど，政策の効果の最大化を見込むことができる。そのためには，①住民一人ひとりの地域への参加意識の向上，②地域団体同士の水平的コミュニケーションによる横断的連携，③地域と行政とのコミュニケーションを前提とした行政の地域マネジメント，といった要素が政策の効果を実質化させていく前提となると見込まれる。

①については，私たちの地域社会とのかかわり方を変えていくことが１つの解になる。「税金を払い後は役所にお任せ」というスタンスで地域に見向きもしない人が多くなっていく中で，そのようなお任せ民主主義のスタンスを脱し，自らの地域社会の主人公という意識で主体的に地域にかかわっていくことが私

たちには求められる。②については，各主体が自らの強みを活かしながら不足する部分を相互に補完し，重層的な連携を構築していくことが期待される。また，それぞれの違いを認め合うような普段からの地域団体同士のコミュニケーションがなさされていくことも期待される。③については，地域の民主主義が実現していくようなさまざまな参加の仕組みを取り入れた地域運営を前提として，地域と行政が密に連携しながら地域のマネジメントが行われていくかが求められる。

　この 3 点が満たされることにより地域の自治の基盤が強固なものとなり，政策の発現する効果をより実質的なものにし，さらにはより効果的なものにしていくことであろう。政策を地域で展開する際には自治の基盤についても視野に入れ，足元をしっかりと固めておくということが，何よりもまず必要になるものと考えられる。

注

(1)　秋吉ほか（2015），28-30頁，68-70頁，参照。

(2)　この「自治の基盤」は 3 つの "e" のうち equity（社会的公正）に近いものがあろうが，公平性というよりも人々のつながりといった関係性や地域社会への参加という点で，あえて別立にして議論を進めていくことが有用であると考えられる。

(3)　今川ほか（2005），3 頁参照，今川ほか（2009），1 頁参照。

(4)　今川（2009），4-12頁参照。

(5)　今川ほか（2005），5 頁参照，今川ほか（2009），11頁参照。

(6)　詳しくは吉本（1995）を参照されたい。

(7)　詳しくは森（2013）を参照されたい。

参考文献

秋吉貴雄・伊藤修一郎・北山俊哉（2015）『新版　公共政策学の基礎』有斐閣。

石橋章市朗・佐野亘・土山希美枝・南島和久（2018）『公共政策学』ミネルヴァ書房。

今川晃・馬場健編（2009）『新訂版　市民のための地方自治入門』実務教育出版。

今川晃・山口道昭・新川達郎編著（2005）『地域力を高めるこれからの協働——ファシリテータ育成テキスト』第一法規。

今川晃編 (2014)『地方自治を問い直す──住民自治の実践がひらく新地平』法律文化社。

佐藤竺 (1990)『地方自治と民主主義』大蔵省印刷局。

農山漁村文化協会 (2001)『現代農業五月増刊号』第52号，農山漁村文化協会。

藤井誠一郎 (2013)『住民参加の現場と理論──鞆の浦，景観の未来』公人社。

水俣病センター相思社 (1998)『ごんずい』第49号，水俣病センター相思社。

森近 (2013)「もやい直しと地域公共人材──熊本県水俣市」今川晃・梅原豊編『地域公共人材をつくる──まちづくりを担う人たち』法律文化社，104-113頁。

吉井正澄 (2012)「わたしを語る　もやいなおしの人生」熊本日日新聞 (2012年5月13日～7月5日掲載)。

吉本哲郎 (1995)『わたしの地元学──水俣からの発信』NEC クリエイティブ。

吉本哲郎 (2008)『地元学をはじめよう』岩波書店。

（藤井誠一郎）

索　引

（＊は人名）

234

《監修者紹介》

佐野　亘 (さの・わたる)

　　1971年　名古屋市生まれ。
　　1998年　京都大学大学院人間・環境学研究科博士後期課程単位取得満期退学。
　　1999年　博士（人間・環境学，京都大学）。
　　現　在　京都大学大学院人間・環境学研究科教授。
　　主　著　『公共政策規範（BASIC 公共政策学）』ミネルヴァ書房，2010年。
　　　　　　『公共政策学』（共著）ミネルヴァ書房，2018年。

山谷清志 (やまや・きよし)

　　1954年　青森市生まれ。
　　1988年　中央大学大学院法学研究科博士後期課程単位取得退学。
　　2000年　博士（政治学，中央大学）。
　　現　在　同志社大学政策学部，同大学大学院総合政策科学研究科教授。
　　主　著　『政策評価（BASIC 公共政策学）』ミネルヴァ書房，2012年。
　　　　　　『公共部門の評価と管理』（編著），晃洋書房，2010年。

《執筆者紹介》

焦　　従勉（じゃお・つぉんみぃえん）　はしがき，序章，第8章
　　　編著者紹介欄参照。

藤井誠一郎（ふじい・せいいちろう）　はしがき，第5章，第6章，終章
　　　編著者紹介欄参照。

永松伸吾（ながまつ・しんご）　第1章
　　　1972年　福岡県北九州市生まれ。
　　　2000年　大阪大学大学院国際公共政策研究科博士後期課程退学。
　　　2001年　博士（国際公共政策）大阪大学。
　　　現　在　関西大学社会安全学部教授。
　　　主　著　『減災政策論入門』弘文堂，2008年。
　　　　　　　『キャッシュ・フォー・ワーク』岩波ブックレット，2011年。

永田尚三（ながた・しょうぞう）　第2章
　　　1968年　東京都文京区生まれ。
　　　1996年　慶應義塾大学大学院法学研究科修士課程修了。
　　　現　在　関西大学社会安全学部教授。
　　　主　著　『消防広域再編の研究──広域行政と消防行政』武蔵野大学出版会，2009年。

宗前清貞（そうまえ・きよさだ）　第3章
　　　1964年　埼玉県所沢市生まれ。
　　　1999年　東北大学大学院法学研究科博士後期課程退学。
　　　現　在　関西学院大学総合政策学部教授。
　　　主　著　「医療政策における専門知の形成と機能」久米郁男編『専門知と政治』早稲田大学出版部，
　　　　　　　2009年。
　　　　　　　「自民党政権下における医療政策」『年報政治学』2012(1)，2012年。
　　　　　　　「専門性の政治過程」新川敏光編『現代日本政治の争点』法律文化社，2013年。

中井　歩（なかい・あゆむ）**第 4 章**

　1971年　大阪府大阪市生まれ。
　1999年　京都大学大学院法学研究科博士後期課程単位取得満期退学。
　現　在　京都産業大学法学部教授。
　主　著　「内閣機能強化と行政の役割」土井真一編『岩波講座　憲法第 4 巻　変容する統治システ
　　　　　ム』岩波書店，2007年。
　　　　　「世界的人口移動と地方政府——浜松市の事例を中心に」『産大法学』43巻 3/4 号，京都
　　　　　産業大学法学会，2010年。
　　　　　「ポピュリズムと地方政治」新川敏光編『現代日本政治の争点』法律文化社，2013年。

的場信敬（まとば・のぶたか）**第 7 章**

　1973年　神奈川県川崎市生まれ。
　2003年　Ph.D. in Urban and Regional Studies（University of Birmingham, UK）.
　現　在　龍谷大学政策学部教授。
　主　著　『地域空間の包容力と社会的持続性』（共編著）日本経済評論社，2013年。
　　　　　『エネルギー・ガバナンス——地域の政策・事業を支える社会的基盤』（共著）学芸出版
　　　　　社，2018年。
　　　　　*Depopulation, Deindustrialisation and. Disasters : Building Sustainable Communities in
　　　　　Japan*（共編著）London : Pargrave Macmillan, 2019.

《編著者紹介》

焦　従勉（じゃお・つぉんみぃえん）

1969年　中国河北省晋州市生まれ。
2006年　京都大学大学院人間・環境学研究科博士後期課程修了。博士（人間・環境学）。
現　在　京都産業大学法学部教授。
主　著　『日中通商交渉の政治経済学』京都大学学術出版会，2009年。
　　　　『比較環境ガバナンス――政策形成と制度改革の方向性』（共著）ミネルヴァ書房，2011年。
　　　　Local Commons and Democratic Environmental Governance（共著）United Nations University Press, 2013.

藤井誠一郎（ふじい・せいいちろう）

1970年　広島県福山市生まれ。
2013年　同志社大学総合政策科学研究科博士後期課程修了，博士（政策科学）。
現　在　大東文化大学法学部准教授。
主　著　『住民参加の現場と理論――鞆の浦，景観の未来』公人社，2013年。
　　　　『ごみ収集という仕事――清掃車に乗って考えた地方自治』コモンズ，2018年。

これからの公共政策学④
政策と地域

2020年 3 月31日　初版第 1 刷発行	〈検印省略〉
2022年12月10日　初版第 2 刷発行	

定価はカバーに
表示しています

監 修 者	佐	野		亘
	山	谷	清	志
編 著 者	焦		従	勉
	藤	井	誠 一	郎
発 行 者	杉	田	啓	三
印 刷 者	坂	本	喜	杏

発行所　株式会社　ミネルヴァ書房
607-8494　京都市山科区日ノ岡堤谷町 1
電話代表 075-581-5191
振替口座 01020-0-8076

ISBN 978-4-623-08687-0

Printed in Japan

これからの公共政策学

体裁　Ａ５判・上製カバー（＊は既刊）

監修　佐野　亘・山谷清志

──────── ミネルヴァ書房 ────────

https://www.minervashobo.co.jp/